天下文化
BELIEVE IN READING

教育教養 BEP019A

讓天賦發光

Creative Schools

The Grassroots Revolution That's Transforming Education

肯・羅賓森 Ken Robinson
盧・亞若尼卡 Lou Aronica —— 著
卓妙容 —— 譯

Ken Robinson

讓天賦發光

—目錄—

推薦語

也許，您是父母？是老師？也許都是……

書裡兩句關鍵的話，請記得：

一：文明，是「災難」與「教育」間的一場競賽（我們都參與其中，也令人害怕）。

二：討論「教育的目的」之前，先釐清我們似懂非懂的四個名詞：「學習」、「教育」、「訓練」與「學校」（作者花了整本書的篇幅，說明這個）。

最難的部分，是我們要一邊閱讀一邊體會，每個生命各有天賦，也各有意志，教育者如何做到「既放手，又照顧」？這是最難，也最關鍵的功課。

大小創意齋負責人　姚仁祿

—推薦文—

標準化教育的傷害

秀山國小校長、淡江大學課程與教學研究所
兼任助理教授　林文生

教育是將人教成相同的成就，還是發展每一個人不同的個性，一直是教育所面臨的難題。肯・羅賓森爵士在之前的著作《讓天賦自由》裡，舉了非常多的例子，說明同一格式的教育，如何扼殺並限制了孩子天賦的發展。讓我印象最深刻的是創作《貓》（*Cats*）音樂劇的舞蹈家吉莉安小姐，她從小就被認為是過動兒，因為她必須不斷扭動自己的身體，老師卻因為這個動作，讓她媽媽帶她去看醫生。這本書經常被我當作研究生閱讀的第一本教材。

這次，《讓天賦發光》重點放在標準化教育對學生帶來的傷害。學校是一個充滿標準的地方，家長希望學生的成績都能夠很好，老師期待學生都能坐在座位上乖乖地聽課，政府希望學生的成績能夠不斷進步。學生一進學校就必須按照這個格式，標準化地成長。

有一次我在教室裡，看到一個被孤立坐在前面的孩子，我很好奇，於是我向老師借了一節數學課，發現他不斷想舉手想發表，因為他的程度已經可以挑戰四年級的課程，可是現在上的是二年級的進度。我請他自製一張九九乘法表，他已經算到三十七，可是課本的內容還在處理十以內的倍數關係。如何兼顧全班的需求與個別學生的發展，一直是教育的難題，也是教師的挑戰。

有一位喜愛畫畫的孩子，他上課常在課本畫了許多漫畫，老師經常送他到學務處罰站，我問他：上課怎麼在課本畫畫？他說，老師講的他都會了，他就將多餘的時間，將課本的意思畫下來。隔年換了一位老師，也很喜歡畫畫，他知道喜歡畫畫的孩子的特性，老師不但容許他在課本畫畫，聯絡簿也以漫畫的方式與老師回應。後來他的畫作還被美術老師選為特優的作品，公開展示很久。

這本書裡批判了小布希的「不讓任何一個孩子落後」（No Child Left Behind，簡稱NCLB）法案，以及歐巴馬政府所推動的「奔向頂峰」（Race to the Top）政策。這兩項政策讓美國的中小學教育，逐漸從多樣性轉成一致性，從天賦開發轉成成績追求。這種轉向，也許會提升美國學生的標準化測驗的成績，同時也會扼殺美國教育的多樣性以及創造性。

這兩項政策對於美國中小學的影響有多大？現在，只要上任何一所學校的網頁，就可以查到該所學校參加州政府標準化測驗所獲得的成績。除了各科的平均之外，還統計了白人、非裔、亞裔、西班牙裔所獲得的分數。

這種政策，對於美國政府而言，可能是一種不得不的選擇，因為美國家庭並不重視孩子的學業成就，記得有一年訪問美國的小學，某個老師很感歎地說，在標準化測驗前，發一張通知單給家長，請他們幫忙複習一下功課，得到的回應竟然是：考試的成績是學校的責任。

政策的引導，也會造成教師教學流程的標準化，「這單元會考嗎？」變成老師不得不重視的議題。老師太重視考試，就讓兒童多元的天賦，減少嘗試的空間。不管孩子有沒有數學天賦，在標準化的教育下，一定要通過國家的考試，要不然就要參加永無止境的補救教學了。

有一次校務評鑑，一群學者專家到偏鄉濱海學校評鑑，校長簡報時說，這裡的孩子，每個人都會潛水、游泳，這裡的海產養殖也需要具有這些能力的人才。可是孩子的學業表現，國、英、數成績都在平均數以下，所以這所學校還是沒有通過嚴格的評鑑標準，而被列為追蹤輔導的學校。

我們真的需要將每一個孩子教成同一標準，還是讓每個地區的每一個小孩，都有他伸展跳躍的空間？

推薦文

昨天你教了什麼？

國家教育研究院長　**柯華葳**

本書英文書名是創意的學校，副標題是讓教育改頭換面的草根革命。換句話說，作者旨在說明創意的學校讓學生天賦發光，而且這是由學校啟動，由下而上可以做出的改變。熟悉肯・羅賓森爵士的讀者，知道他在TED有很多影片，其中一集「學校扼殺了創意嗎？」是最受歡迎的短講。談過學校謀殺創意後，羅賓森爵士提出創意學校非常的重要，否則會讓讀者陷入只看到問題不知如何往下走的絕境。

羅賓森爵士很會組織資訊，加以命名，例如8C核心能力，4E教學力量，他也會說故事，介紹不同的創意學校，非常吸引人。全書前四章論理說服讀者為什麼是改變的時候了。總而言之，學生都有渴望學習的天賦，但不一定對學校科目有興趣，甚或就是不喜歡。這些學生絕大多數被學校放棄。主因是我們辦學思維仍囿於工業革命氛圍，統一設計教學、教材及測驗，以培養工廠人才。工廠作業線上大量生產，一定有瑕疵品。同理，學校也產生沒跟上的學生、不適應的學生、成績落後的學生。生產線上的瑕疵品可以挑出來丟棄，但我們若違反基本人權，不義與不公的丟棄學生，導致的結果，不只是個別學生受苦，社會集體都要面對此一困境。

羅賓森爵士引用因應工業化農場所產生的問題而形成的有機農場四原則，提出了「有機教育」四原則，是本書創意學校的原則，其中關鍵如：學校不能離世索居，所有教學、課程、人際互動都要與社會發展出相互依存的關係。我們的任務就是「活化學校的環境和文化」，創造學生有意願學習的環境，而老師則需要在其中不斷吸引學生注意力、賦予能力、表達期望以及賦予權力。本書的後半部，作者談到課程、教學、評量、家長扮演的角色等並以學校為主，介紹由幼兒園到大學各種讓學生學習有成效的案例，讓讀者知道創意學校是做得到的。

身為教育人，讀過這些案例，非常感歎，因其中不乏是「沒有傳統的教育背景」，是「非」教育相關的專業人士，帶出的草根革命。我們在教育體系內是否麻木，沒看到因學習受苦的學生？亦或許我們看到了問題，可惜身陷其中，找不到出路，日復一日，忽然可以退休了，只剩歎息，沒早點為學生做點事。或是我們有太多藉口，認為是行政不配合、家長不關心等不利條件，又擔心牽一髮動全身，只好以不變應萬變？

或許沉重，大家不妨先放下書，想想五年、十年後班上每一位學生會成為的樣子。基於未來的特色就是變動。你的學生有沒有信心面對未來，是否有能力自學以面對各種新知。即使還有許多工作尚未產生，我們更不知道新型態工作的需求，只要學生有行動力，迅速轉換跑道，自學新知，就有工作機會。我們給學生面對改變的能力了嗎？

改變不保證立竿見影。但只要給想學習的學生機會，也讓自己常因應學生學習需求有創意的變化一下，必滿足自己的專業成長，更成就學生。第一屆全球最佳教師獎（Global Teacher Prize Award）今年產生，百萬美元獎金頒給美國的南西・艾特威爾（Nancie Atwell）。艾特威爾老師喜歡和老師們談「昨天你教了什麼，怎麼教？」這是反省。就讓我們從討論自己的教學開始。這一定會帶出改變。受益的自然是我們未來的主人翁。

—導讀— 這是一場由下而上的草根革命

公益平臺文化基金會董事長 嚴長壽

讀肯・羅賓森的《讓天賦發光》這本書，我的感慨和別人很不同。

不到五年前，我帶著他的《讓天賦自由》這本書，去教育部拜訪首長。我當時認為，如果能讓世界級的教育專家將全世界改變的現象反映給政府，提醒台灣政府，那是更好的教育改革方向，如果政府能直接被說服，我就不需要再採取甚麼行動了。

後來我發現這個想法滿天真的。教育的問題不是哪一位首長的問題，從肯・羅賓森的書來看，所有從上而下的改革都不可能成功。

一方面，我們的教育政策並不寬鬆，另一方面，不論大學教育或一般教育，政府以公平為最高考量，進而利用考試來衡量孩子的能力，用各種方法來管制老師的教學內容。

過去幾年我出了兩本教育相關的書，我很意外的，從《讓天賦發光》一書的全球高度來看，過去我在書中所描繪的現象，並不是台灣所獨有的，而是全世界的普遍問題。也就是說，每個國家為了公平或有清楚的管制，都以標準化來辦教育。

現在這種死背式的教育或我提到的代工式訓練，很容易被開發中國家或經濟比較弱勢的國家所取代。因為只要有工資更便宜的地方存在，有一天，中國可能被孟加拉取代，孟加拉會被非洲某一個國家取代，這是非常反映真實的世界問題，台灣也是如此。

你就是教育系統

當政府無法從上而下進行改革時，在我的上一本書《你就是改變的起點》，我就將責任指回到老師和家長的身上。

要進行教育革命，必須從下而上。

《讓天賦發光》書中有一段文字，很值得引述給大家參考：「革命不會為了等待法律修正而停下腳步，第一線的人開始動手之後，力量就會團結起來。教育並不發生在立法機關的會議室裡，也不藏身於政客的華麗辭藻中。教育只存在於真正的學校裡，只存在於學生和老師的互動中。如果你是老師，對學生來說，你就是教育系統；如果你是校長，對你的社區來說，你就是教育系統。」

教改必須走到基層，必須以老師和校長的角色，去觀察自己的系統需要面對怎麼樣的改變。

書中提到一個很重要的觀念：「教育系統需要的不是修正微調，而是徹底改變。」那麼，甚麼是徹底改變？

肯・羅賓森強調「教育絕對是個在地的、草根的過程。這是一場註定由下而上、遍地開花的草根革命」。

以前我一直希望影響政府，認為只要決策者眼光正確就能帶來改變，但是經過幾年實地歷練，我發現事實並非如此，而是「你就是改變的起點」。肯・羅賓森讓我再度印證，這不只是台灣的問題，而是全世界的問題。

這是全世界官僚體制的問題，以及隱藏在官僚體制後的力量的問題，我在《教育應該不一樣》一書中就提醒：「醒醒吧，家長，你就是扼殺子女的天賦的殺手。」家長與選民，是影響教育及政府政策的最大力量。

從整體社會來看教育問題，書中還提到一個很重要的觀念，是「社會排除」現象（social exclusion）。也就是我所謂的，「弱勢翻身的機會消失了」。一部分人擁有某些能力或資源之後，就會試圖排除別人，例如貧富差距變大了，受困於貧窮與匱乏的孩子就愈多；都市資源多了就會忽略偏鄉的問題，都市就期待大家都照他那一套標準做事。

肯・羅賓森強調，教育是非常草根性的，不再是從國家整體或全世界的角度來進行。如果說，你是卑南鄉的老師，你就要和阿美族的老師不一樣，如果你是蘭嶼或阿里山上的校長，你就要和當地的學校、社群互動，從中找到自己的優勢，一方面你可以連結主流和全球的價值，但是應該找到在地的優勢，造成草根性的革命或改變。

你必須知道世界的發展，但也一定要找到自己的優點。一個國家如此、一個地區如此，個人更是如此。如果只能看到別人的能力，可是別人的能力可能是你的弱點，那就會永遠浸泡在沒有自信的痛苦裡。

找到自己的優點或在地的優勢，從中萃取出可以連結外面、走向世界的能力，或者當國際人士進來之後，你要有能力表現自己，這樣就能面對國際的挑戰。

如果你不相信嚴長壽的話，請相信世界教育專家的話，顯然這是大家非常一致的看法。

我的教育藍圖

想改革教育，得先問一個問題——教育的目的到底在哪裡？

一種是知識的萃取，這有很大部分可以被科技取代。很多世界級的老師都把課程放在網路上，讓人學習，你可以透過可汗學院、edX、Coursera等免費網路課程找到所有的資源。但是在此之前，要有基本的學習能力。

我的未來教育藍圖分成兩部份，一部分是可以取代的，一部分是不可取代的。

不可取代的教育中，第一個領域就是基本能力，也是基本加減乘除、寫字、閱讀、論述、表達能力，第二個領域是社群的能力，品格修為、公民素養、人文藝術的素養。這三項，在肯・羅賓森的書中，又細分為八種核心能力：好奇心、創造力、評判力、溝通力、合作力、同情心、內心的平靜、公民權。

這些能力不能利用科技解決，必須靠自己親身體驗、操作，才能擁有，每個人也應該擁有相同的學習機會。

再下一個程度的學習，就是就業能力。

這也可以劃分成兩部分，有一部分的人在研究、學術上自我提升，這也可以透過在網路搜尋各種資訊而做到，另一種是技術的、藝術的，需要個人經過不斷演練往上精進。

基本能力大家都應該一樣，如果你是一位木匠，你要有看懂設計圖、了解設計概念，以及專業說明的能力，這部分的能力應該大家都一樣，但是你要不要成為一位最棒的國文老師、最棒的研究員，這就不一定。

這個藍圖，就是未來可以面對的方向。

戲劇是最佳學習工具

要培養不可取代的能力，在《讓天賦發光》中，戲劇變成未來教育很重要的學習工具。這一點，和我自己看到的很吻合。

肯・羅賓森特別分享了他去看《五十六號教室的奇蹟》的雷夫老師怎麼教課。雷夫老師讓一群九到十歲的五年級學生，演出莎士比亞的《暴風雨》。這齣戲，是莎士比亞晚年才完成的戲劇，藝術及哲學的境界非常成熟，不過孩子們卻接受了挑戰。他們藉著演出自己的角色，在無形中理解各種錯綜複雜的人性，學習了人文藝術的修養，更重要的一點，孩子在融入故事情節以後，甚至背下整本劇本。

這是一種愉快的從戲劇中的學習，讓我不禁想到，我在《你就是改變的起點》這本書提到的華德福教育。

讓孩子動手參與的學習，是他帶得走的、一輩子的能力。就像在戲劇中，有人管燈光、有人管道具、有人管服裝，每個人演出不同的角色，甚至大家互相輪調，這樣培養出來的能力是多元的，不是單一的、應付考試的。而且，孩子可以在其中探索自己的性向——到底自己是喜歡靜態的或動態的，是喜歡攝影、文學、導演或表演的。

如何讓孩子在所有學習中探索自己的天賦，是每個家長和老師需要的能力，我們絕對不能期待每個孩子都一樣。

肯・羅賓森對這方面也有很多描述，他特別強調，每個孩子有個人不同的專長、專注的方式，有自己可能的痛苦、面對壓力的方式，把每個孩子視為不同的個體，才能在教育上找到更明確的方向。

未來的老師

對於老師在未來要扮演的角色，肯・羅賓森提醒，老師必須要有自覺。這一點，我也非常欣賞。

他指出，老師是最缺乏社會能力的一群。我如今也是教育工作者，我們一直被教，有一天突然換我們開始教別人，這之間始終缺乏社會歷練，我們沒有產業的複雜歷練、沒有更多受挫折的經驗，考試就是我們唯一的挫折，但是能當到老師的人，大部分是考試的常勝軍。

當這樣的經驗值已經不足以幫學生面對未來，這時候，老師就要自己走向外面的世界。

我在「均一」中小學努力做的，就是幫老師走向世界。在教學上，老師比我更厲害，但是我必須讓他們知道外面的世界是甚麼樣子，這是一件非常重要的工作。

書中一位老師深深感慨：「等級成績本來是老師的工具，可是時至今日，老師反而成了成績的工具。」成績本來是老師用來衡量學生理解程度的工具，但是現在的老師，往往為了追逐成績，忽略了更重要的事，反而變為成績的工具。

不論未來的世界或外面的世界，都和教育者傳統的經驗不同。

記者艾倫・米勒（Erin Millar）說：「愈來愈多的企業僱主相信，傳統的評量，不是幫助學生發展要在今日世界成功所需要的技巧的最好方法。他們在乎的是，僱員能不能有條有理地分析資料、合作、溝通、解決問題和創意思考。」

這些企業主看重的能力，都是靠學術和科技做不到的，是處理挫折的能力、面對問題有思辨和創意的能力、溝通的能力、合作的能力，了解別人的能力，還有理解弱勢者的能力，有熱忱、有愛心。

擁有這些能力，才能為企業所需要，也才能在未來的世界成功立足。

每個人都有影響力

既然從底層開始，每個人都可以盡一份力改變教育，那麼，應該從哪裡開始？對父母來說，時代不一樣了，如果愛你的孩子，父母必須學會傾聽，不能再用後照鏡的方式來看孩子的未來。

世界的變化很寬廣，但是台灣在某方面已經被框限住了，這種框限起因於制度、民粹或不夠國際化，讓家長退縮到原點。

有些家長因此有個錯誤的觀念，認為不如讓孩子在家自學。在家自學最大的盲點是，你可以提升孩子考試的能力、讓他們不受社會污染，但是這同時，孩子也將失去免疫的能力，他沒辦法和群體生活，他沒有社會經驗、沒有忍受挫折的能力。當孩子再度回到社會時，很難自己生存下去。

家長必須了解，未來需要的不再是那樣單純的學生了，而是如肯・羅賓森所提的，要擁有好奇心、創造力、溝通能力、和人合作的能力等。

未來企業挑選人才，不會看這個年輕人的在校成績是九十六分，另一個人是九十三分，他就挑選九十六分的人。相反的，即使一個年輕人的成績只有八十五分，但是他更有熱忱、更能和人合作、更有創意、有思辨能力、責任感夠，那企業寧願選擇這個只有八十五分的人。

至於老師，可以從改變自己的角色做起。

工業革命時代死背的方法，已經被資訊快速成長所淘汰，老師的角色必須從講授者回歸為研究主持人，讓每個孩子有機會去尋找問題、探索資料，共同創造討論的環境。

學生的基本學力要靠老師教導，在觀念上，老師要記住三個基本問題：為什麼教、教什麼、怎麼教。在行動上，老師要重新學習教學方式，讓學生對學習產生興趣，學得會。最後，老師要扮演研究主持人的角色，讓孩子丟問題、提問題，然後繼續讓問題發展，進而帶動孩子討論，啟發他們去創造更好的答案。

而對一個正在受教育制度影響的孩子來說，雖然孩子大部分都是受學校和家長影響，自覺比較晚，但是在成長過程中，如果發覺自己有某方面的天賦，就要努力去分析：這天賦到底是你的嗜好，或者可以成為將來就業生存的能力。

這時候，你就要變成發問者。

我們華德福有個孩子對廣告特別有興趣，他就深入去研究廣告這個題目，主動去發掘廣告對社會有甚麼影響力，自然而然地，他就了解自己是不是適合做行銷、做美術設計或作發想的創意總監。

開始深入了解工作內容之後，如果你了解自己的特色，就會找到適合自己發展的方向。

給未來領導人

台灣未來會辛苦更多，因為我們很久沒有產業政策，但是所有鄰近國家已經急起直追，中國、韓國、印度有明確的方向，甚至印尼、越南，都有清楚的產業政策，雖然它們是在另外的層次往上攀升，但是已經取代我們以前的地位。

未來台灣要有競爭力，必須全面鬆綁教育。這也是未來的國家領導人，唯一能做的。

國民教育是人民的基本受教權利，但是有一點政府一定知道的，要改變現在的體制非常困難，無法從上而下改變時，最好的方法，就是鬆綁。

學習美國、學習全世界的做法，當你無法撼動體制內的教學時，《讓天賦發光》說最好的方式，就是讓體制外有發展空間。既然受教是國民的基本權利，政府就允許像KIPP課程或一些特許學校，無論私立的、公辦民營的，都讓它們自由發展，政府只補助學費，由父母和孩子去選擇適合他們的教學環境，學校就會往家長喜好的方向發展。

私立學校現在經營比較困難，但是，只要它有能力募到錢，有能力教出不一樣的孩子，政府一樣按照學生人數補助學校，幫助他們生存下去。

這時候，多元的教學不必靠政府用標準的模式去管制，家長能自由選擇，教育自然而然產生良性競爭。政府不必從上而下用奇異的方式改變社會，而是要讓百花齊放，有不同的領域、不同的環境、不同的背景，自然會創造出不同的花朵。

獻給布萊頓赫爾學院（Bretton Hall College, Wakefield, 1949-2001），以及跟隨它腳步的人。

謝辭

我畢生從事教育工作。一路上，受到各種領域許多卓越的老師、學者與實務工作者的啟發，難以一一道謝。當你閱讀本書時，尤其是看到我們所提出的學校，以及引述的其他思想與案例，就可以發現這件事的困難。儘管如此，我還是要對那些對於本書出版有直接協助的人誌謝。

首先，我要感謝合著者盧・亞若尼卡。他將書中許多採訪與案例研究整理並寫成草稿，有始有終直到出版，是專業又明智的合作夥伴。對此，我非常感謝他。

約翰・羅賓森（John Robinson）做了很多背景研究與正確度檢查。他對於整個查詢的過程付出了極大的心力，使得這個計畫對我來說既愉快又重要。

感謝出版經紀人彼得・米勒（Peter Miller）和過去一樣專業，確保了書的最佳品質。也感謝企鵝出版社的凱瑟琳・寇特（Kathryn Court）與塔拉・辛格・卡爾森（Tara Singh Carlson）在書問世的過程中，一直是我們最專業的合作夥伴。

感謝茱蒂・羅絲（Jodi Rose）在複雜的日程安排活動裡，安排了優先次序，並幫助我釐清有時我覺得重要但其實不然的事情。

還有愛女凱特，總是給我建設性的支持與分享，因為她對於這些問題確實擁有極大的熱情。吾兒詹姆斯像以往一樣對我施壓，讓我對於自己所說的，能成為更清晰銳利的觀點。

最後，對我工作與生命最重要的夥伴泰芮，致上言語無法形容的感謝。謝謝她一直支持並堅信我們所做的是重要的事情。她每天都激發我思考，應該採取什麼方法與堅持什麼原則。她就像指導者與導師，如果沒有她，我很難想像自己會達成什麼樣的成果。

前言 改變，迫在眉睫

你擔心教育嗎？我承認我很擔心。看到全世界每個國家都在進行教育改革，可是其中不少卻是由根本不懂孩子該怎麼學習、好學校該怎麼運作的外行人主導，還將政治權力和商業利益列為優先考量，更是讓我擔心得不得了。這樣的教育改革不但沒有幫助孩子，還毀了無數年輕人的大好前途，實在不令人意外。也許你還沒生養小孩，覺得這件事與你無關，但是教育遲早會影響到你或你身邊的人。了解當今的教育改革很重要，如果你同意目前發展的方向錯了，我希望你會願意盡一分力，幫助推動真正尊重孩子天賦、蘊育孩子多元發展的全面教育。

我想在這本書裡陳述標準化對學生和學校造成的嚴重傷害，也想請大家跳出固有觀念，以全新的角度看待教育。同時，我也想讓你知道，不管你是誰、身在哪裡，你都有改變現有教育系統的能力。話說回來，改變其實已經在發生了。世界各地有許多很棒的學校、優秀的老師、有洞見的領袖，正努力且充滿創意地提供學生更個別化、更有同理心、和社會緊密結合、更符合需要的教育。我也見過整個學區，甚至整個國家朝著相同的方向前進。目前陷在標準化教育系統中的人，無不和我一樣迫切地希望看到改變。

我曾經在二〇〇六年加州的TED年會上，發表過一場名為「學校扼殺了創意嗎？」（Do Schools Kill Creativity？）的演講，主要談到人類生來都帶著無窮天賦，但是大多數人的才能卻在接受教育的過程中被消磨殆盡。我當時說過，許多很有天份的孩子並不認為自己很厲害，因為他們擅長的事在學校不受重視，有時甚至飽受師長同學的打壓批評。這些被埋沒的天才，不管對個人或整體社會，都造成了極大的損失。

這場演講創下了TED史上的最高點擊率。它在網路上被播放了三千多萬次，估計全世界有超過三億人看過。我知道這和偶像小天后麥莉・希拉（Miley Cyrus）比起來不算什麼。不過，我走的也不是電臀舞路線（至少在公共場合時不跳）。

自從那場演講被TED放上網路之後，我收到來自世界各地的迴響，有學生說，他們放給老師、爸媽看；有爸媽說，他們放給孩子看；有老師說，他們放給校長看；還有學區教育局長說，他們放給許許多多的人看。熱烈的反應讓我知道，我不是唯一一個這麼想的人，同時也證明了大家的不滿早已壓抑許久，不是最近冒出的新問題。

去年我在美國中西部一所大學演講。吃午餐時，一位教授對我說：「你做這個已經好一陣子了，對吧？」我反問他：「做什麼？」他回答：「試著改變教育啊！到現在已經幾年了？八年左右，是不是？」我說：「你是怎麼得到八年這個數字的？」他說：「就是從那場TED的演講開始算。」我說：「沒錯。可是在那之前，我也是在做同樣的事……」

到了今天，我已經投入教育超過四十年。我曾經當過老師、研究學者、訓練講師、檢驗人員和指導顧問。我合作的對象除了各式各樣的教育人才、機構和系統之外，也包括世界各國的企業、政府和文化組織。我主導過學校、學區和政府的各種方案計畫，在大學裡教過書，幫助成立過新的機構。而在這四十年中，我一直很努力地提倡更均衡、更個別化、更有創意的教育方法。

尤其在過去十年裡，我聽過太多人說他們有多痛恨僵化的標準教育和測驗制度，他們本身、孩子、親友又是如何深受其害，但是通常最後的結論卻是感到很無助，認為自己沒辦法改變教育。有些人說他們喜歡我的演講內容，可是對我沒告訴他們要怎麼去改變系統感到失望。對這一點，我想到三種回應的答案。第一種是：「那不過是一場十八分鐘的演講，你饒了我吧！」第二種是：「如果你對我的想法真的有興趣，我出版了許多相關的書、報告和評論，你可以去找來看，應該會有幫助[1]。」而你手上的這本書，就是我的第三個答案。

大家問我的問題都差不多：我們的教育到底出了什麼問題？為什麼？如果你能重新規劃理想的教育，你會把它設計成什麼樣子？學校還會存在嗎？你會將學校分類嗎？學校裡要教什麼？每個人都得上學嗎？幾歲應該開始上學？還會有考試嗎？既然你說每個人都可以盡一份力改變教育，那麼我該從哪兒開始？

其實，最基本的問題是：**教育的目的是什麼？**我相信每個人的答案都不盡相同。「教育」和「民主」、「正義」一樣，都屬於哲學家華特・布魯斯・蓋里（Walter Bryce Gallie）所說的「高爭議概念」。對不同文化背景的人，它代表的意義就不一樣。然而，就像每個人對道德、性別、貧困、社會階級的認知也有很大的差別，這並不表示我們就不能去討論、改變它。只是在這麼做之前，我們必須先把前提講清楚[2]。所以，我想先釐清四個時常讓人混淆的名詞：「學習」、「教育」、「訓練」和「學校」。

學習是取得新知識和新技巧的過程。人類是具有高度好奇心和學習力的物種，打從出娘胎，小嬰兒就擁有強烈的學習慾望。但是大多數人的學習慾望卻在上學之後漸漸消失。能不能夠讓孩子保持旺盛的求知慾，是我們改造教育能否成功的關鍵。

教育是有組織的學習程序。正規教育認為孩子需要知道、了解、學會那些單靠自己無法完成的事。至於是什麼事，以及教育要怎麼幫助學生學會這些事，則是最主要的兩大問題。

訓練是一種專注於學會特定技巧的教育。我記得以前遇過一個老是分不清楚教育和訓練有什麼不同的學生。我總是教他用「性教育」去類比，它們之間的差異就會變得很清楚了。大多數學生家長知道學校給予青少年性方面的教育時，心情都不錯；可是如果他們家的青少年在學校得到的是性方面的訓練，家長想必會暴跳如雷吧？

這兒說的**學校**，指的不只是我們在兒童和青少年時期去上的傳統機構，而是任何一群人聚在一起相互學習的地方，包括了在家自學（homeschooling）、彈性自學（unschooling），以及從幼稚園到大學以上的實體或網路聚會。傳統學校的某些活動其實和學習沒什麼關係，事實上還有可能成為學習的阻礙。在接下來的改革裡，我們必須重新思考學校應該如何運作、怎麼樣才算是學校，並建立大家對不同的教育的信心。

每個人都愛聽故事，即使是虛構的也無所謂。在長大的過程中，我們學習世界的方法之一就是透過聽來的故事。有些是家族朋友的事蹟逸聞；有些是文化裡反映先人的生活方式、世代流傳的神話、寓言和童話故事。在口耳相傳中，事實和神話之間的界線變得愈來愈模糊，人們也就愈來愈弄不清楚真假。許多人眼中的教育也是一樣，他們太常聽說、太常轉述某些說詞，便以為它們是真的，即使從頭到尾他們相信的一切都是假的。通常的說法是這樣的：孩子上小學主要是為了學習基本的閱讀、寫作和數學技巧。只有具備這些重要的技巧，他們在中學的成績才會好。如果他們繼續升學，取得大學學位，就能找到一份高薪的工作，國家也會因此繁榮。

在這個故事裡，只有你在學科學習上用得到的天份才算數。但是這種天份的多寡每個孩子生來都不一樣，所以當然有些人可以在學校裡表現得很好，有些則不行。那些真正聰明的孩子和其他成績優秀的孩子，一起進入了好大學，拿到的學位讓他們能在事業上功成名就。沒有那麼聰明的學生在學校的表現自然沒有那麼好，有些可能需要重讀，有些可能乾脆輟學。有些從高中畢業之後不再升學，直接去找個收入不高的工作。有些可能會選擇社區大學，主修較實用的職業課程，然後從事收入不錯的服務業，或者當個需要專門技術的藍領。

因為我說得這麼直接了當，讓整件事看起來簡直像幅諷刺漫畫。可是，當你看著學校裡的情形，聽著學生家長對孩子的期望，再想想世界上這麼多政策制定者推動的政策時，這些人似乎是真心相信現有的教育制度並沒有什麼太大的問題，它的表現不如預期只是因為標準過低，於是他們想盡辦法透過更多的競爭和責任制來提高標準。很有可能，你還相信著他們的說法，只是覺得有些懷疑，卻不知道哪裡怪怪的。

這種說法不僅是個危險的神話，也是為什麼教改努力了這麼久還不成功的主因之一。教改不但沒有解決原本宣稱會解決的問題，反而讓它們更加惡化。高中和大學的中輟率大幅提高；學生和老師的壓力加劇、情緒更為沮喪，甚至連自殺率都上升了；大學文憑愈來愈沒價值，大學學費卻愈來愈貴；而且不管有文憑或沒畢業，失業率都在同步攀升。

政策制定者往往想不通為什麼會變成這樣？有時，他們會處罰達不到預定標準的學校。有時，他們會另外撥出預算辦補救教學，想將成績拉回正軌。可是問題依然存在，在許多方面甚至愈來愈糟。為什麼？因為系統本身才是造成問題的主因，所以只要系統不變，不管其他方面再怎麼努力，產生的效果都很有限。

所有的系統都有自己特定的行為模式。我二十多歲住在利物浦時，曾經去參觀過屠宰場（我不記得為什麼了，我猜大概是和當時的女朋友約會吧？）屠宰場是設計來宰殺動物的，效果很好，幾乎沒有動物能逃得掉。參觀接近尾聲時，我們經過一扇門，上頭掛著「獸醫室」的牌子。我想像著裡頭的人每天心情應該都很沮喪，所以我問解說員為什麼屠宰場需要獸醫。動物都死了，獸醫還能做什麼？他說獸醫只是定期來抽樣驗屍的。我在心裡想，到現在他應該也看得很習慣了。

如果你設計某個系統做一件特定的事，那麼它做到了，自然理所當然。如果你在設計教育系統時將標準化和一致性，凌駕於學生的個性、想像力和創造力之上，那麼實行之後，標準化和一致性果然侵蝕了學生的個性、想像力和創造力，也沒什麼好驚訝的。

請注意，病症和病因是不一樣的。目前的教育確實有許多讓人不快的病症，但是唯有弄清楚造成它們的病因是什麼，才有減輕症狀的希望。其中之一就是公共教育的工業化。簡單的說，大多數已開發國家的公共教育系統依然，和十九世紀中葉時差不多。這些教育系統原本只是為了滿足工業革命後的大量勞工需求，而設計架構則以「大量製造」為基本原則。後來的標準運動更是以加強這些系統的效率和可靠性為目標。問題是，這些老舊的教育系統早就不適合截然不同的二十一世紀了。

全球人口在過去四十年裡，從不足三十億成長到超過七十億。我們生活在地球有史以來人口最多的時代，而且根據預估，在二十一世紀中葉時，人口甚至會突破九十億。在此同時，日新月異的電子科技大大改變了我們工作、玩樂、思考和人際關係的形態，而這場電子革命顯然才剛開始。那些老舊的教育系統在設計時，根本無法預見這個全新的科技世界，所以，想以提高傳統標準來改善教育系統，並不會幫助學生面對今日的挑戰。

請不要誤會，我的意思並不是所有的學校都很糟糕，整個教育系統一無是處。公共教育在許多方面嘉惠了包括我在內的幾百萬人，如果不是英國的免費公共教育，我不可能擁有現在的人生。我出生在一九五〇年代一個食指浩繁的利物浦工人家庭，沒有教育，我的人生可能完全不同。教育打開了我的視野，讓我看見廣闊的世界，給了我創造現有成就的基礎。

對無數的人而言，公共教育為他們開了一條路，讓他們能脫離貧困和不利的環境，擁有充實的人生。許許多多人能適應這個系統，而且表現傑出，如果刻意去扭曲這一點，未免太過可笑。但是更多人在漫長的教育路途上卻只是虛擲時光，並沒有得到教育應該給他們的好處。為了少數在這個系統中表現傑出的佼佼者，卻犧牲了大多數人，這樣昂貴的代價真的值得嗎？尤其是在標準運動介入之後，我們所付出的代價也跟著水漲船高。更何況這些佼佼者能在這個系統裡成功，大多是因為沒有別的選擇，而不是因為這個系統栽培了他們，造就了他們的出類拔萃。

所以，你能做些什麼？不管你是個學生、老師、家長、行政人員或政策制定者，只要你和教育沾得上邊，你就能為改變教育出一份力。為了做到這一點，你需要先了解三件事：對現況問題的**不滿**、對未來教育該是什麼樣子的**願景**，以及教育該如何從現在走向未來的**改變理論**，而這些也是本書所要討論的。在接下來的章節裡，我會以分析、原則和案例交叉闡述。

如果你想要改變教育，當然要先學會辨認它是屬於哪一類的系統。它不像巨石是整塊的，也並非不能改變，這就是為什麼你可以讓它不同。它是由許多面向、許多相互影響的利益組成的，所以也有許多潛在的改革施力點。知道這一點後，我才能為你解釋為什麼你要改變它，以及如何改變它。

我所提倡的教育革命，是以和標準運動完全不同的原則為基礎。它推崇個人價值、保留自行判斷的權利，相信人人都有進化和發展充實人生的潛力，同時強調公民責任和尊重他人的重要。在之後的章節裡，我會詳細說明我對個人、文化、社會和經濟這四個教育基本目標的看法。對我來說，教育的目的是：**讓學生了解周圍的世界和自身的天份，以幫助他們擁有充實人生，並成為有熱情、有生產力的公民。**

這本書裡有許多各式學校發生的故事，勾勒出成千上萬在教育體系裡的人和組織，努力改造現況的事實。它不僅受到很多最新研究報告的支持，也開始被應用在實務教學上。我希望能夠提供目前在學校裡迫切需要的觀念，包括轉化教育型態、改變學校生態，以及學習、教學、課程、評量與政策等核心問題。當我們談到這麼大架構的議題，難免無法顧及細節。因此，我在書中會提到許多其他人的著作或報告，它們對於我限於篇幅而無法論及的某些議題，有更深入的討論。

我對教育承受的巨大政治壓力非常清楚。面對這些壓力，政策制定者必須接受挑戰，做出改變。一直以來，我都主張政策制定者要勇於面對急劇變化的改變需求，但革命不會為等待法律修正而停下腳步。第一線的人開始動手之後，力量就會團結起來。教育並不發生在立法機關的會議室裡，也不藏身於政客的華麗辭藻中。教育只存在於真正的學校裡，只存在於學生和老師的互動中。如果你是老師，對學生來說，**你就是**教育系統；如果你是校長，對你的社區來說，**你就是**教育系統；如果你是政策制定者，對所有你負責的學校，**你就是**教育系統。

如果你和教育沾得上一點點關係，你有三個選擇：你可以在體制內尋求改變、可以施壓要求教育系統改變，或者積極參與體制外的革命。這本書裡有很多以不同做法在體制內革新的例子。整體的教育系統同樣也能改變，而且事實上也已經在改變當中。當體制內的改革增加得夠多時，教育系統整個大進化的可能性自然也會跟著提高。

我在英國居住、工作了大半輩子，到了二〇〇一年，才舉家搬到美國。從那之後，我去過美國非常多地方，和各階層的老師、學區、職業工會和政策制定者一起工作，因此，書中談的似乎不是美國就是英國的現況。可是這些教育問題其實是全球性的，所以在書裡也舉了不少其他國家的例子。不過，書的重點主要還是放在從幼兒到高中的教育之上。我們想要處理的議題，對中學教育產生重大影響，其中許多機構都發生了根本性的轉變。我只能對這些變化提出概述，如果真的認真以待，甚至可以另外成書了。

在最近的一次專訪中，主持人請我解釋我的理論。我的回答是，雖然我的確提出不少學術研究來支持我建議的方法，但它們並非純粹的理論。我的理想並不是架構在假設上，而是立基於我長年在教育界服務，知道怎麼做才行得通、怎麼做才能激勵學生、怎麼做才能讓老師完全發揮的豐富經驗之上。我提倡的方法在遠古時代的教學歷史就有記錄，不是什麼新的流行趨勢，而是先人留下的傳統。它們基於引發多次教育改革的原則，是達成目的後的工業化教育系統走到末路，不得不改變的原則。

我們在地球上面臨的挑戰也不是理論性的問題，每一個都是真實的，而且大多數都是人類自己創造出來的。在二〇〇九年，英國國家廣播公司（ＢＢＣ）曾製作過《地球上可以容納多少人居住？》（*How Many People Can Live On Planet Earth?*）的紀錄片。現在地球上有七十三億人口，是一九七〇年的兩倍，到了二十一世紀中葉，人口就會突破九十億，而二十一世紀末時，則會高達一百二十億。每個人都需要飲用水、食物，以及某種形態的能源，所以地球的最大承受人口會是多少？

那個節目訪問了許多世界級研究人口的專家、食物製造專家和能源學家。大家的結論是，如果地球上的每個人，以印度人口的平均消耗率來使用飲水、食物和能源，那麼可以有一百五十億人住在地球上。以此為基礎，現在的全球人口已經飽和了百分之五十。糟糕的是，並不是所有的人都以印度人口的平均消耗率在過活。如果每個人以現在北美洲人的平均消耗率來使用飲水、食物和能源，那麼只能有十五億人住在地球上。換句話說，地球的最大承受量不過是現在全球人口的五分之一。

所以，如果每個人都想過我們在北美洲過的舒適生活，而且看起來是大家都這麼想，那麼在二十一世紀中葉之前，我們得趕快再找五個地球。不管是我們的思考方式、生活方式和人際關係，都面臨了必須快速調整的迫切需求。然而，現在地球上的人們卻因文化差異和對能源的經濟競爭，比歷史上的任何時候都要對立。

我們時常聽到有人倡導要拯救地球，我對這一點感到困惑。地球已經存在了五十億年，看起來再過五十億年也不見得會撞上太陽。據我們所知，像我們這樣的人類存活在地表的時間不會超過二十萬年。如果你把整個地球的歷史想成一年，人類是在十二月三十一日晚上十一點五十九分之後才出現的。有危險的不是地球，而是人類能不能繼續在地球上生存。

科幻作家和未來派小說家赫伯特・喬治・威爾斯在說出「文明是一場教育和災難

之間的競賽」時，腦海裡可能就是在想這一類的東西吧？事實上，教育真的是我們所能冀望的最佳期待了，但不應該是設計來滿足十九世紀末、二十世紀初的老舊工業化教育，而是能符合現代挑戰，並啟發學生真正天賦的全新教育。

面對非常不確定的未來，我們該做的不是把以前一直在做的事做得更好，那樣無法解決我們的問題，我們必須做的是找出一條完全不同的路。教育系統需要的不是修正微調，而是**徹底改變**。在舊有的系統上設法改良是不夠的，它需要的是脫胎換骨的轉化。諷刺的是，雖然對現有教育不滿，但我們其實曉得應該怎麼教導孩子，只是有幸被以正確方式輔導的孩子實在太少。現今，有了現代科技的幫助，加上自身的創意，我們比以前任何時代的人都有機會彌補這個遺憾。現在的我們不但有無數機會去激發年輕人的想像力，甚至還有能力為每個孩子量身打造最適合的教學模式。

雖然教育是當今世界共同的問題，但既然所有孩子都深受影響，教育絕對是個在地的、草根的過程。明白這一點是我們改造教育能否成功的關鍵。全世界都在發生革命性的變動，教育也需要一場大革命。就像歷史上多數的革命一樣，它已經蘊釀了好長一段時間，而許多地方早就等不及地揭竿起義了。這不會是一場由上而下的革命。因為這是一場注定由下而上、遍地開花的草根革命。

01 回歸基礎

若是蘿莉・巴倫博士（Laurie Barron）到喬治亞州紐南市（Newnan）煙路中學（Smokey Road Middle School）報到的第一天，發現自己的校長辦公室被學生和同事裝上了旋轉門，她也不會太過驚訝。畢竟，在她之前，這所甫成立五年的學校已經換過四位校長。她告訴我：「並不是前輩們缺乏領導力或不夠能幹。事實上，他們都是非常成功的老校長，其中三位更被推選為學區教育局長。問題是，這所學校缺乏穩定的領導，他們在這裡的時間太短，短到來不及有所作為。」

像煙路中學這樣條件惡劣的學校，又碰上經常更換領導人的問題，影響尤其嚴重。距離亞特蘭大市（Atlanta）三十五英哩的紐南市，有將近百分之二十的人生活在貧窮線下，而煙路中學更有超過六成的學生符合清寒資格。蘿莉在二〇〇四年就任校長時，煙路中學學生的學業表現，一直是同學區五所中學裡的最後一名。然而，這裡的學生曠課時數、記過處分、被少年法庭起訴的案件，以及因行為問題轉進特殊教育資源班的數目，卻居學區之冠。煙路中學需要多方面的幫助，蘿莉卻相信學校最迫切需要的反而是穩定性和安全感。「我在這兒的第一年，天天都忙著跳過桌子、拉開學生，阻止他們打架。當人們問我手上有什麼資料時，我會回答我忙著跳桌子，沒時間蒐集資料。我是個做事有條理、重視分析的人，可是當我回顧在那裡九年的所有筆記，卻發現沒有一本是在第一年寫的。第一年裡，我唯一能做的就是努力建立安全感。因為校園裡時常上演各式各樣的紛爭，沒有一位學生在學校裡會覺得開心。」

蘿莉在第一年裡花了很多時間拉開打成一團的孩子，而且縱使心裡並不願意，她還是會勒令學生短期停學，因為那是必須的手段。蘿莉發現，當學生不是忙著挑釁就是在害怕被捲進爭執時，根本沒法靜下心學習。到了第一年快結束時，她已經清楚堅定地立下了夠多的規則，讓學生開始明白師長對他們的行為要求。最重要的是，她在第二年開學時又出現了。她讓旋轉門停了下來，讓學校終於能有效執行長期計畫，打破校園中根深柢固的文化陋習。

「我們學校不會被認為是所好學校，大家也不覺得那有什麼關係。對我們的表現，沒人會感到失望。人們的態度就好像：『你手上的材料就是這樣，所以能有這種表現也算不錯了。』我們不好，可是無所謂。到了第二年，我們才真正開始思考自己將來想變成什麼樣子。我們需要改變，讓孩子們有意願上學。我們花了一整年的時間架構出學校的使命和願景，那時我們才發現必須去認識每一個孩子。這個過程非常耗時，而且牽涉的人數極多，包括所有的老師、學生、事業夥伴和社區人士，沒有一個人能置身事外。我們成立了家長教師聯誼會。因為有一些好老師一直到今天都還留在煙路中學，所以我相信許多老師是信任孩子的，但以學校整體的角度來看，我不認為我們對孩子們有信心，而社區也同樣不信賴我們的學生，我們看不到一個清楚而全面的使命。」

這個願景逐漸發展成一個四階段的計畫，第一步是確定孩子們會來上學。一直以來，學生的出席紀錄十分糟糕，蘿莉發現學校的風氣讓孩子覺得來或不來根本沒有差別，而**她自己**也是問題的一部分。她說：「我老是勒令打架的人短期停學，而這就好像在告訴他們，我並不想要他們在這兒出現。」

接下來，她和團隊需要讓學生覺得在學校很安全。雖然大多數的爭執並不會造成嚴重傷害，但是如果要讓孩子覺得在學校很安全，且學習不分心的話，就一定要終止總有人不時打架的惡習。

做到這一點後，下一步是幫助學生發現自己的價值。當蘿莉和老師明白自己必須依照每個孩子的興趣和需求與他們互動時，真正徹底的改變就開始了。稍後我們會再回頭討論這一點。

第四步是調整教學內容，幫助學生邁向成功的未來。值得注意的是，蘿莉將它列在最後一項。因為她認為，唯有在其他目標都已達成的前提下，學術課程的重要性才能成立。而在衡量學校教師時，她也採取同樣的標準。

「我們的重點並不在教學上，因為教學從來沒有停過。我不認為問題出在老師不懂得怎麼教孩子，而是太多外在的因素防礙了課程進行。我相信只要可以讓學生集中注意力，在每一堂課的七十五分鐘之內好好聽老師的話，一定可以教會孩子不少東西。只有移除阻礙後，才能回頭來評量老師。在那之前，我們無法確定老師是否需要幫忙，因為問題可能出在學生缺乏安全感、教室秩序不佳，甚至是建築物老舊。我和兩位副校長每個星期都會到各個教室巡查，分頭坐到不同的教室裡，視察所有老師的上課狀況，但是在每天都有七十幾個孩子因行為問題，被送到校長室等待處分的情況下，我們的時間就被剝奪了。」

就在蘿莉開始思考什麼對孩子才是「重要的事」時，煙路中學也開始慢慢改變了。「學生注重的事才是真正重要的事，並不是數學、英文就比較重要。我們的做法是，如果足球對你來說是天底下最重要的事，我們就會盡一切努力讓你留在足球隊裡。在開始採取這種做法，孩子看到自己重視的事情被人看重之後，他們也會想要回饋，開始在我們重視的事情上努力。一旦師生間建立起友誼，他們看到我們失望，就會產生罪惡感。

他們也許不喜歡數學，可是不想讓數學老師失望。如此一來，老師終於可以正常教學，不再忙著送搗蛋的學生到校長室來接受處罰。

「有位老師對足球一點興趣都沒有，但每場比賽都會去看，在他的學生巴比得分時大聲歡呼，為他加油。然後在第二天的物理課上用巴比的名字舉例，代入方程式計算。不用說，為了那位老師，巴比什麼物理作業都肯做。」

為了貫徹這種做法，蘿莉不能採用州政府和聯邦政府預先設計好的現成模型，同時必須對抗殘留的「我們一直都是這樣做」的陳規舊習。這種新做法的效果非常顯著。當時有位運動健將，因為行為問題被送進校長室三十三次而必須重讀六年級。不過，當他終於明白蘿莉是真心接受「在他的生命中運動才是最重要的事」之後，行為問題便改善許多。「在七、八年級的兩年中，他一共只被送到校長室兩次。而且他通過了美國標準化測驗（standardized test）的所有科目。他是個黑人，需要特殊教育，拿食物券吃免費午餐，具備了所有失敗者的條件。我們告訴他足球確實可能比其他的事都重要，但是他得先讓我們幫助他順利從中學畢業。」

蘿莉舉了另一個例子：「合唱團裡有個白人女孩，需要特殊教育，來自經濟弱勢家庭。在四年級時，她父親過世了，她從此自我封閉，什麼事都不想做，她也得重讀六年級。學校的合唱團老師看到她的天份，指派她表演獨唱。她在十一月舉行的音樂會上一鳴驚人，並在接下來的整學年裡每科都得到優等。如果事情沒有改變，她幾乎不可能表現得這麼出色。所以我們一定要仔細聆聽孩子的心聲，了解對他們來說，什麼才是最重要的事。

「我們的老師不會當著全班的面說：『你們每個人都要通過數學考試。』他們會直接去找孩子，告訴他：『你想參加樂隊？想當首席？數學好的話，會幫助你實現願望。』你可以請任何人幫忙，但是無法強迫所有人聽從命令。」每個人都注意到了煙路中學的改變，各項統計數字更是扶搖直上。學生們所有學科測驗成績都進步了，尤其是接受特殊教育的學生，在數學和閱讀上更激進了百分之六十。不但學生的出席率大幅增加，被送到校長室記過處分的人數也急劇減少。

煙路中學的驚人轉變不僅讓它被評為喬治亞州劣勢傑出學校之一，更在二〇一一年以優異成績獲得「大都會人壽基金會暨美國中等學校校長協會突飛猛進學校獎」（MetLife Foundation-NASSP Breakthrough School）的殊榮。最重要的是，它幫助了許許多多經濟弱勢的孩子。蘿莉・巴倫也在眾望所歸中，成為二〇一三年「大都會人壽基金會暨美國中等學校校長協會年度最佳校長獎」的得主[1]。

蘿莉・巴倫看出煙路中學迫切需要改革。她明白它需要的是徹底了解學生和老師後，因材施教的改革，是再多州政府的規定或聯邦政府的標準都做不到的。其實不只是煙路，許多學校都有改革的需求，然而蘿莉拒絕接受現狀，努力將問題具體化並採取行動。然而，在接下來的章節裡，你卻會發現原來「改革」的定義亦因人而異。

標準運動

「改革」在教育界從來不是新鮮事。自古至今，教育的目的、應該教什麼和應該怎麼教，一直是熱門的討論話題。可是正在全世界進行得如火如荼的標準化運動，卻讓情況變得更加複雜。教改研究專家帕思・薩爾博格（Pasi Sahlberg）將這種現象稱為「全球教育改革運動」（Global Educational Reform Movement）。如果你知道熱中此道的國家數目有多少，一定會懷疑它是不是已經成了一種傳染病。以往被當成內政分支的國家教育政策，如今卻成了國際事務。各國政府以評估敵國軍事武力的謹慎態度，分析彼此的教育系統，徹底到令人難以置信的程度。

教育和政治當然脫不了關係。比爾・柯林頓曾在一九九二年說過，他想成為「教育總統」。將教育改革列為第一任總統任期主要目標的前總統小布希，也說過類似的話，他在二〇〇二年一月馬丁・路德紀念日之前發表的公開演講中，說到他相信教育是現代的民權問題：「美國已經從制度面實踐了金恩博士一生追求的夢想……而我們現在最大的挑戰，就是確定每個孩子都能公平獲得邁向成功的機會[2]。」現任總統歐巴馬亦將教育改革列為施政重點之一。中國政府最新訂定的國家政策，更是以大規模的教育改革為主體[3]。巴西首位女總統迪爾瑪・羅塞夫（Dilma Rousseff），則將教育當成政府革新的重點[4]。放眼世界，沒有一個國家不注重人民的教育。

從二〇〇〇年起，在「國際學生能力評量計畫（Program for International Student Assessment，簡稱PISA）」排名表的推波助瀾下，標準運動加速襲捲全球。國際學生能力評量計畫每隔三年，會對世界各地的十五歲學生進行一次數學、閱讀和科學的標準化測驗。試題則由總部設在巴黎的經濟合作暨發展組織（Organization for Economic Co-operation and Development，簡稱OECD）負責。測驗結果出爐後，國際學生能力評量計畫便會依照各國學生成績製作排名表。參與的國家由二〇〇〇年的三十二個，飆升到二〇一二年的六十五個，接受測驗的學生則從二十六萬五千人，倍增為五十一萬人[5]。

國際學生能力評量計畫的政治影響力也跟著水漲船高。二〇〇一年僅有歐洲媒體以不大的篇幅報導測驗結果。但是到了二〇一三年，國際學生能力評量計畫的評量排序卻成了全世界的頭條新聞，並在各國政府引起極大的震動[6]。教育部長以健美先生炫耀二頭肌的心態看待自己國家的排名，他們和媒體似乎都認為，國際學生能力評量計畫的排序，就是衡量國家教育是否成功的絕對標準。

中國上海在二〇〇九年首次參加國際學生能力評量計畫，便一舉奪下三個科目的冠軍。這個結果帶給西方各國極大的衝擊。在二〇一二年的評量中，上海再次奪魁，南韓、新加坡和香港緊跟在後。一時之間，西方媒體熱烈報導「亞洲教育模式」的神力，並且大聲疾呼自己國家的政府官員應當想辦法改善教育、提高標準，以跟上全球競爭的腳步。

美國教育部長阿恩・鄧肯（Arne Duncan）曾評論：「美國在二〇一二年國際學生能力評量計畫的表現，是個殘酷的教訓，反映出我們教育的停滯不前。這些結果對美國教育的自滿和低期望猶如當頭棒喝。問題不是今天的十五歲少年表現得比幾年前的孩子差……而是我們的學生失去了競爭力。我們維持一貫速度在原地跑步，其他名列前茅的國家已經紛紛躍過我們往前衝了。」[7]所以歐巴馬政府在推動中小學教育改革的「奔向頂峰」（Race to the Top）計畫中，嚴格要求各州政府必須提出一套高標準的評鑑系統，而學生必須在測驗中達到及格標準，州政府才能領取鉅額聯邦補助款，這也就沒什麼好意外了。[8]

為什麼教育會是這麼熱門的政治議題？第一個原因是**經濟**，教育和經濟繁榮息息相關。在過去的二十五年裡，快速發展的高科技和大量人口成長，改變了商業進行的方式。隨著時代潮流，不管是在貿易、製造或服務業，各方面的經濟競爭愈來愈激烈。各國政府明白受過良好教育的勞動人口，是國家經濟繁榮的關鍵，紛紛喊出強調改革、創新和應用「二十一世紀」最新技術的響亮政策口號。這就是為什麼他們願意在教育上花這麼多錢，也解釋了為什麼教育是全世界最大的熱門生意之一。光是在美國，二〇一三年的教育和訓練費用就高達六千三百二十億美金[9]。如果把版圖擴張到全世界，這個數目更高達四兆美元[10]。

第二個原因是**文化**。教育是將價值觀和傳統一代一代流傳下去的主要管道之一。在某些地區，教育是他們保留自己文化不受外來影響的唯一方法。而對另一些人來說，教育則能提高不同文化的相互容忍度。教育在文化中的顯著地位，為它之所以成為政府熱門議題，做出了部分的解釋。

第三個原因是**社會**。公共教育最明顯的目標之一，就是提供所有人富足、成功的機會。希望不管他們的背景、環境為何，將來都能成為有用的公民。實務上，各國政府也會灌輸學生，他們認為有助社會穩定的態度和行為。當然在不同的政權主導下，這方面的教育內容也天差地遠。

第四個原因是**個人**。幾乎所有公共教育政策的願景，都會提到教育應該協助所有學生開發潛能、追求個人理想、成就豐富生活。

所以，政府到底應該怎麼做？

控制管理

當今全世界的政府無不拉緊公共教育的韁繩，控制教學內容，設立測驗系統檢視成果，並處份達不到要求的學校。有些國家的政府在教育中非常強勢；另一些國家則依循傳統，讓學校擁有主導權。美國的教育向來由州政府主導，直到最近，聯邦政府才開始積極參與；轉捩點在二〇〇一年國會通過的「不讓任何一個孩子落後」（No Child Left Behind，簡稱ＮＣＬＢ）教育改革方案。這幾年來，美國聯邦和各州政府在全新的數千種課程和測驗系統上的花費，超過了八千億美元[11]。

雖然各國的教育改革重點不同，但不可否認的，許多政策特徵卻很相似。一般說法大概是如此：績效優異的教育系統，是國家經濟繁榮和領先競爭對手的重要關鍵。學術成就標準必須訂得愈高愈好，學校必須讓學生明白學習科目的優先順序，而老師的教學方法則要以通過這些準則為目標。在知識經濟的快速成長下，國家應該讓愈多人接受高等教育（尤其是大學）愈好。

因為這太重要了，所以不能交由學校任意主導。政府必須挺身控制教育系統，設立標準，訂定課程內容，有系統地測驗學生以確定他們符合各項標準，並藉由增加競爭和責任評鑑，來提升教育的績效。

就像我在前面講過的教育故事，這套改革的劇本看起來非常合理。可是不久之後我們就會發現其實它隱藏著極大的問題。不過，先讓我們看看在實務上，這套劇本是怎麼演出的。

提高標準

提高教育的標準看起來似乎是個好主意，畢竟沒有理由該往下調。問題是，我們要設立的是什麼標準？為什麼要設立？如何設立？人們很常將學校應該「回歸基礎」掛在嘴上。聽起來很有道理，似乎是每個人都能接受、實際可行的好方法。就像你應該多吃蔬菜、睡眠充足一樣直截了當。那麼，學校應該回歸的基礎到底是什麼？教改支持者明白列出了四個要點：三個「R」、提高學科標準、「STEM」（科學〔science〕、科技〔technology〕、工程〔engineering〕和數學〔math〕方面的能力），以及上大學。

在包括英國和美國的許多國家中，人們長期質疑學生的**讀寫**和**數學標準**是否設得太低。在這一點上，教改支持者說得很對，它是有問題，而且是老問題了。早在一九八三年，美國教育部就曾發表一篇名為〈處於危險中的國家〉（A Nation at Risk）[12]的報告。它警告美國國民，「美國正被一股平庸的浪潮所侵蝕」，未來的國家經濟和社會和諧都將受到破壞。因此，教改支持者認為學校要將正確的文法、拼字、標點符號，以及基礎數學當成最主要的教學重點。

標準運動興起後，提高**學科標準**的呼聲就更高了。它聽起來一樣非常有道理，可是學科的學習不過是教育的一環。它牽涉到的就是特定類型的分析論證，尤其是在學習文字和數字時，而且十分集中在所謂的「命題型知識」（propositional knowledge）上。雖然理由不盡相同，但是我們發現，學科的學習才是教育的主流。

諷刺的是，充實學生職場技能和面對國際挑戰，也是標準運動的目標之一，所以大家格外強調「STEM」。你大概已經看出了其中的衝突。政治人物一方面向學校施壓，要求加強學科成績，另一方面又說他們注重的是未來經濟能力的培養。可是一般人總認為學者是一群住在理論象牙塔的怪人，根本和真實世界脫節，為什麼學術研究在現代反而被視為拯救國家經濟的生力軍呢？這是個很有趣的問題，我們在之後的章節裡再進一步討論。

於是，許多國家的大學生人數不斷增加。一九五〇及六〇年代的歐美各國，平均每二十個高中畢業生才有一個上大學。但從一九七〇年到二〇〇〇年，全球高中生繼續升學的比率增加了百分之三百[13]。至少在已開發國家中，平均每三個高中生就會有一個進入大學就讀。就讀高中的最終目標就是上大學，已經成了普世的價值觀[14]。

那麼教育改革到底是在做什麼？我們一起來檢視教改中最重要的四項政策：標準化、評量測驗、競爭力，以及企業化。

標準化

正規教育有三項主要元素：課程、教學和評量，將它們盡可能標準化是很基本的政策。許多國家強制規定各級學校的教育內容，要求依照國家訂定的課程大綱教導孩子。英國、法國、德國、中國，還有其他許多國家都這麼做。但另外也有國家只提供一個寬鬆的架構，例如芬蘭、蘇格蘭，還有目前仍算寬鬆，但已逐漸在加強控制的美國和新加坡。

大多數的國家依照不同的學科訂立課程內容，我們之後就會看到這麼做所衍生的問題。大部分的系統建立在清楚的架構上。重要的學科包括了語言藝術、數學和最近強調的「STEM」能力。人文學科如歷史、地理、社會研究等，則被放在第二層。標準運動強調學科成績，不重視親手實作的技巧，於是大家普遍認為繪畫、戲劇、舞蹈、音樂、設計和體育等技能科目沒有價值。而一般被視為「非學科」的興趣科目，如演講溝通、媒體研究等，同樣遭到輕視。但是傳統上，學校多半認為繪畫、視覺藝術和音樂，又比戲劇和舞蹈重要，於是學校裡往往不教授任何戲劇和舞蹈科目。許多學校停掉工藝製作和持家經濟等職訓課程。在某些國家，凡是被列為不重要的科目，更是徹底被踢出校園。

在標準運動的影響下，**教學方法**逐漸偏向事實資訊和技巧的直接傳授，並且以全班教學為主，大大減少分組活動的比例。但是這種做法不僅可能壓抑學生的創造力和情緒表達，在非語言、非數學相關的學習上成效可疑，而且剝奪了學生親自實驗發現和想像扮演的樂趣。不幸的是，現在許多國家連幼稚園都採用這種教學方法。

至於標準運動中的**測驗**，則完全著重在正式的筆試，並且大量使用評分便利快速的選擇題。報告、作品集、開卷考試、教師評量、同儕評量等不易量化的測驗方法，則鮮少被使用。這也是為什麼現在的學生不得不長時間孤單地坐在書桌前死背。

競爭力

許多人相信測驗會提升水準，所以增強學生、教師和學校之間的競爭力，便順理成章的成為舉行測驗的目的之一。畢竟就像我們已經看到的，現在的競爭全面走向國際化，在

三個「R」為例（譯注：即閱讀〔Reading〕、背誦〔Recite〕、溫習〔Review〕），雖然政府花費了數十億美元，充其量只能算是部分成功。美國和英國等國家為了提升學生的讀寫及計算能力，做出不小的犧牲，可是目標學科的測驗結果，卻依舊差強人意。

美國二〇一二年的高中畢業生，有百分之十七無法流利地閱讀、書寫，在拼字、文法和標點符號上的使用上也有困難（未能達到國際學生能力評量計畫的第二級標準）[16]。而一半以上的成年人讀寫程度也在第三級標準之下[17]。「雖然在『美國國家教育進展評估』（National Assessment of Educational Progress，簡稱NAEP）裡，有部分科目成績緩慢而微幅地上升，但許多科目在過去幾年卻明顯停滯。」國家音樂教育協會（National Association of Music Education）前主席保羅・李曼（Paul R. Lehman）在二〇一二年表示：「教育部長阿恩・鄧肯於二〇一三年三月曾警告國會，在『不讓任何一個孩子落後』的教改下，全美超過百分之八十的學校在二〇一四年評鑑時，極有可能達不到合格標準[18]。」

值得一提的是，美國學生不只有基礎認知的問題，基本的文化常識也極為缺乏。《國家地理雜誌》（*National Geographic*）二〇〇六年一次全國性的文化知識調查顯示，十八到二十四歲的青年中，有百分之二十的人無法在地圖上指出太平洋的位置。更令人吃驚的是，百分之六十五的人無法在地圖上指認英國。不管以什麼標準來看，都未免太過離譜

[19]。然而，不管英國座落何方，它的子民受調查的結果也是一樣糟糕[20]。

標準運動並沒有幫我們做好面對目前經濟挑戰的準備。訓練年輕人進入職場向來是教育的明確目標之一，可是全世界年輕人的失業率屢創新高。全球介於十五歲到二十四歲之間的人口約為六億，其中有七千三百萬人長期找不到工作，這是有史以來的最高數字。換句話說，那個年齡層裡將近百分之十三的人長期失業[21]。從二〇〇八年到二〇一三年，歐洲青年失業問題更是急劇惡化，將近百分之二十四的人找不到工作[22]。

再努力用功的大學畢業生，都不見得能擺脫這波失業的浪潮。從一九五〇年到一九八〇年，只要拿到大學學位就幾乎一定可以找到不錯的工作。有了學位，僱主們搶著要和你面談。現在的情況卻不同了[23]。問題不是學位的品質變了，而是它的數量變了。學術成就也是貨幣市場的一類，和其他幣值一樣，價值會受到市場環境影響。以前很少有人讀大學，所以學位很值錢。但是現在大學生滿街都是，只有學士學位並不足以顯示出一個人的優秀。

二〇〇八年的經濟衰退，使得許多大學畢業生找不到工作。雖然剛出校門的年輕人確實需要一點時間，才能在他們選擇的職場找到第一份工作，但是自從二〇〇一年經濟衰退後，不管是失業率或「低就業率」（underemployed，指大學畢業生屈就不需學士學位的工作）都在持續上升。更糟的是，最近連這些「低就業率」的工作數量都在減少，許多社會新鮮人為了生活，只能接受低薪的工作，或以打工的方式暫度難關[24]。

全球大學畢業生的前景似乎愈來愈黯淡。中國政府在一九九九年開始全力擴張大學和學院的數量，從那之後，大學畢業生的失業問題也就愈來愈嚴重。二〇一三年應屆畢業的大學生多達七百萬人，教育部長悲觀表示：「即使八成的大學畢業生能順利找到第一份工作，失業人口仍舊非常龐大[25]。」

大學文憑是進入某些行業的基礎門檻，而且平均來說，大學畢業生在一生中賺到的錢還是比沒有大學學位的人多。可是不管主修什麼，擁有大學學位再也不能保證一定能找到工作，而在某些領域中，學位和工作更是完全無關。

當然，也有人上大學是因為真的想學習更高深的知識。可是從大學畢業率不高的事實來看（美國有超過四成的大學生沒有拿到學位[26]），尤其在西方國家，許多人上大學的唯一理由，不過是因為大家高中畢業後都這麼做。就算順利畢業，往往也不曉得自己下一步該怎麼走，更別提往往因為讀書背負了一屁股債。二〇一四年的美國大學畢業生，平均每個人的負債少則兩萬美金，多則十萬美金[27]。美國的學生貸款從二〇〇四年起，已經從三千億美金增加到一兆三千億，比全美信用卡卡債總額還大[28]。

雪上加霜的是，學校教授的知識和實務工作需要的技巧差異，亦達到顛峰[29]。許多國家其實有相當多的工作迫切需要完成，但是即使政府已經在教育上投入大量金錢，還是有太多人並不具備職場需要的技能。雖然標準運動教導學生就業的宣言說得很好聽，但是它強調的向來是提高學科標準，而非學生的職前訓練。

趙勇（Yong Zhao，音譯）是奧勒岡大學（University of Oregon）教育學院全球暨網路教育學院的院長。根據他的統計，在一九七七年到二〇〇五年的二十八年之間，平均每年有一百萬個工作職位從美國現存企業中消失。但是在同一段時間裡，新成立的公司卻每年創造出三百萬個以上的職缺。這些新工作需要的技巧，往往和消失的舊工作大不相同，不過卻很少有人能事先得知新工作需要些什麼技巧。因此，如果你不是本來就擁有這些技術，你就必須很有創造力、行動力，能迅速轉換跑道、訓練自己學習新知，才有可能搶到這些新的工作機會[30]。

我們的社會是由非常不同而多元的人才、角色和職業組成的。水電工、建築工、廚師、護理人員、木匠、技師、工匠、保全人員，以及各種從業人員，不管他們有沒有大學文憑，都對我們的生活品質具有絕對的影響力。許許多多各行各業的人很喜歡自己的工作，也從中得到極大的成就感。然而，在太過強調學科成績的教育系統下，學校往往不會注意這些人，而且通常認為他們是因為達不到學科標準，才不得已選擇了這些職業。在這種教育的主導下，聰明的學生全上了大學，剩下的孩子可能成了中輟生、開始工作，或者申請職訓課程以學得一技之長。

不管是前者或後者，他們都成了教育系統裡第二階的次等公民。這種學術／職業的分歧系統，是當前教育中最具破壞性的嚴重問題之一。

我想用一個小故事來解釋這種教育二分法，會讓我們錯過什麼。和美國大多數學校一樣，加州塞瓦斯托波爾市（Sebastopol）安那里（Analy）高中的工藝課早已荒廢許久，工藝教室內堆滿雜物，根本成了貯藏室。學校將心力專注在幫助學生進入大學，以及在標準化測驗中取得好成績，並不重視為數不多的職訓課程。

不過塞瓦斯托波爾市也是倡導自己動手的著名雜誌《Make》的總部所在地。《Make》雜誌邀請安那里高中的學生到公司，一起利用電腦輔助設計及３Ｄ印表機創作，共同探索更多這方面的可能性。結果非常成功，希望參加的高中生人數愈來愈多，多到《Make》雜誌的辦公室根本擠不下。於是，雜誌社開出條件，只要安那里高中能擴大他們的職訓課程，他們便將所有設備捐給學校。

安那里的老師凱西‧席亞（Casey Shea）答應了。工藝教室被徹底打掃清空，電腦儀器和印表機準備就緒。向社區募捐的材料、工具、現金和專業指導也紛紛到位。很快的，這門課便受到學生熱烈歡迎，甚至吸引了許多原本不會想上工藝課的孩子。

凱西告訴我：「什麼樣的學生都有，從在『基礎代數』掙扎的孩子，到選讀『微積分』的數理高材生，超過半數的孩子都來自所謂的『升學班』。我猜是因為我們的東西太酷了，3D印表機、電腦和機器人，全是青少年夢寐以求的新玩意兒。」

孩子們在這門課上學會的可不只是如何使用數位切割機。「真正讓我們興奮的是它帶來的創業精神。相較之下，它比上大學更有吸引力，因為孩子們可以親眼看到自己的想法被具體化，變成可以販售的商品。對我來說，它打開了一條進入現實世界的全新通道，讓他們除了去當披薩店員外，還有其他選擇。學生們做出很棒的耶誕吊飾，光這些就賣了超過一千美元。我們剛為當地一家釀酒廠完成一整套杯墊的設計。我相信接下來會有不少藝術工作者和中小企業，委託我們做類似釀酒廠那樣的設計，到時候，孩子們就得到公司參觀，聽取客戶要求，分析材料、人工和其他附加的成本。我現在正和一位財經老師討論，請他來開一門教導學生創業的商業管理課程。」

健康的經濟取決於三件事：做新生意的好點子、讓事業成長的能力，以及創造就業機會。IBM曾經在二〇〇八年做過一次「主管最需要下屬具備什麼能力」的調查，接受訪問的八十個國家五千名主管表示，**面對改變的適應力和想出新點子的創造力**，是他們最注重的兩項，他們發現這些反而是許多學業成績優秀的畢業生欠缺的[31]。企業最需要的這兩項能力，在教改制度下普遍不受重視。孩子們的創造力和革新力雖然是當今經濟社會最看重的，卻在標準化的教育制度下遭到扼殺。

所以，就像趙勇教授指出的，當我們看到在標準測驗中表現得很好的國家，沒什麼人創業，而嶄露出創業精神的國家，往往在標準測驗中吊車尾，也就沒什麼好驚訝的[32]。

之前提過，上海在最近一次的國際學生能力評量計畫中獨佔鰲頭。然而這個引起外界極大震撼的結果，在上海本地卻沒引起什麼波瀾。上海市教育委員會領導官員尹後慶表示，他很高興看到這個結果，可是對他們學生的傑出表現並不意外。畢竟，中國的教育系統就是在訓練學生死記硬背，並在這類的測驗中取得高分。所以，結果並不是重點。他說上海市教育委員會正在考慮，何時該退出國際學生能力評量計畫。他說：「上海並不需要外界所謂的第一流學校，我們需要的是會聽從明確教育政策、尊重學生身心發展，並且能幫助學生建立一生發展基礎的學校[33]。」

一九八二年世界上最偉大的冰上曲棍球員韋恩・格雷茨基（Wayne Gretzky）曾經說過自己成功的祕訣，當其他球員奔向冰球位置時，他卻選擇奔向冰球即將停下的地方。在一片混亂中，要阻止自己跟隨他人的決定很難，但是現在，在一片標準運動的熱潮中，不就是有許多國家正朝著他們認為的目標飛奔，而不是朝它實際上的方向移動嗎？

失業率不只是經濟問題，它根本是場足以摧毀生命和社會的瘟疫。在許多國家，社會排除（譯注：social exclusion，指弱勢社群遭主流社會排擠或邊緣化，並被剝奪滿足生活需要的資源和機會）的問題日趨嚴重。在已開發國家中，貧富差距愈來愈大。根據二〇一二年美國商務部人口普查局（US Census Bureau）的研究，美國的貧窮缺口（譯注：poverty gap，負所得稅制下，貧民所得與救濟標準所得之間的差距）高達一千七百八十億美元[34]。貧窮與匱乏絕對足以腐蝕一個年輕孩子的學業成就。雖然有些意志堅定的清寒子弟能戰勝環境、出人頭地，但無法掙脫的孩子更多。造成收入差距的原因當然不只是教育，可是標準運動下的教育制度卻加速了它的惡化。很可悲的，單調乏味的標準化教育不能啟發窮孩子，引導他們奮發向上，也不能給予力量，幫助他們脫離貧困。

外在因素

標準運動不但沒有達到它為自己設下的目標，還重重打擊了學生投入和教師士氣。一九七〇年代的美國，擁有全世界數一數二的高中畢業率，現在卻只能敬陪末座。

根據經濟合作暨發展組織的統計，當今美國的高中畢業率只有百分之七十五，在二十八個接受調查的國家中排名第二十三名。在某些地區，高中畢業率甚至更低[35]。每天平均有七千名孩童成為中輟生，累積下來，一年將近一百五十萬名。其中有些孩子會以另外的形式接受教育，例如參加社區大學或自修通過美國高中同等學力測驗（GED）。可是絕大多數的中輟生卻只是認為傳統教育不適合他們，從此不再進修。其他國家也有類似的統計結果。可以想見，這在社會和經濟上造成了多大的損失。

一般而言，高中畢業生比中輟生更容易找到工作，並且能賺到更多的錢，繳更多的稅。他們也比較有可能繼續升學或接受職業訓練。他們通常比較投入社區活動，需要社會福利金救助的比率也相對較低。有人曾經預估，如果美國的中輟生減少一半，節省的社會福利支出和增加的稅金收入，一年就高達九百億美元。換句話說，十年就將近一兆美元[36]。這是多麼大的天文數字啊！而且，想一想，成千上萬的年輕人可以擺脫貧困，過著更充實、更富足的一生，對整個國家會造成多大的不同。

拉近不同社經地位族群的學業表現差距，是「不讓任何一個孩子落後」法案的重要使命之一。但就目前看來，這一點似乎也失敗了。美國全國教育局長協會（National Association of School Superintendents）執行長丹尼爾・多曼奇（Daniel Domenech）在二〇一三年表示：「『不讓任何一個孩子落後』通過已經十二年了。標準及責任運動的旋風橫掃全國，由非教育者主導的教改計畫緊接著開始實行。直到現在，仍然有半數的非洲裔和拉丁裔學生無法從高中畢業。他們成為中輟生的比率大得可怕，而繼續升學、拿到學士學位的數目卻少得可憐[37]。」

另一方面，教師的耗損率卻高到無法忽視。在美國，平均一年有二十五萬名教師轉業，估計有超過百分之四十的新老師，在教了一年到四年的書之後，就決定離職。這種現象在貧窮地區的學校更為明顯，幾乎每年都有高達五分之一的老師辭職[38]。

工作環境不佳是教師高耗損率的主要原因。「研究資料指出，學校組織結構的問題，和人們對待老師的態度，造成了學校僱員的高流動率。當局不斷要求老師們精進工作品質、增加工作量，卻沒有相對的改善他們的工作環境[39]。」

從學校到監獄的直達車

某些沒有完成高中學業的孩子，下場可能非常淒慘。美國是世界上監禁率最高的國家，大約每三十個成人就有一個在管訓體制內，不是在監獄，就是被判緩刑，不然就是假釋中。我們當然不能說從高中輟學的年輕人，百分之百會為非作歹，還是有不少中輟生擁有很成功的精彩人生。不過，在長期失業者、街友、靠社會救濟生活和在管訓體制內的人之中，未完成高中學業的人口比率確實相當高。在美國只收容男性的聯邦監獄和州立監獄裡，超過三分之二的受刑人沒有拿到高中文憑。

美國政府教育一個高中學生一年的平均費用是一萬一千美元，而把一個人關在監獄裡的國家成本卻高達兩萬美元。美國目前一年得花七百億元在受刑人身上[40]。從一九九八年到二〇〇七年，這項支出增加了百分之一百二十七。相對的，同一段期間高等教育的支出卻只增加了百分之二十一[41]。你會不會覺得，我們應該要停下來好好想想？

「中輟生」這個名詞聽起來像是在說，這些年輕人是教育系統中的失敗者；然而事實卻是，這些年輕人會失敗，全是當前不良的教育系統所造成。每個提早離開學校的孩子都有不同的理由，也許和家庭環境有關，也許是同儕壓力過大，也許是根本不相信體制。不管個人因素為何，高中輟率是整個教育系統深層問題的表象，而不是單一問題。打個比方，如果你經營一家公司，每年流失三分之一的客戶，年復一年，你會開始懷疑自己的公司到底出了什麼問題？還是依舊堅信一切都是客戶的不對？

等待撤離

中輟生的數字已經夠驚人了，但是好幾百萬名仍然待在學校，但覺得教育無聊透頂、抱怨連連的學生問題更大。一份加拿大的研究報告指出[42]，多達八成的學生有這樣的感覺。他們不甘不願地留在學校，對課堂上教的一點興趣也沒有，每天迫不及待等著下課，一心盼望能趕快畢業，脫離高中生涯。

焦慮和壓力

為了改善在國際學生能力評量計畫的排名，各國政府到底讓學生和老師付出了什麼樣的代價？以每次都能在國際學生能力評量計畫擠進前五名的南韓為例，南韓政府平均一年花費七千五百美元教育一個學生，相當於百分之八的國內生產毛額（GDP），這個數字在經濟合作暨發展組織的會員國裡是第二高的[43]。南韓家長每年付出的補習費更是高達好幾千元。可是南韓要在國際測驗中表現得這麼好，付出的真正代價還不只於此。在經濟合作暨發展組織的統計裡，南韓的自殺率比任何已開發會員國都高[44]。

過去四十五年裡，全世界的自殺率增加了百分之六十。自殺已經變成十五歲到四十歲族群的前三大死因之一，而這還不包括高達自殺死亡人數二十倍的**自殺未遂者**。以前自殺最多的是老年男性，現在年輕人的自殺率快速攀升，情況嚴重到在三分之一的已開發和開發中國家裡，年輕人才是自殺的最高危險群[45]。

回歸教育的最初目的

各地的證據都顯示，標準運動達不到它自訂的大部分目標，而且創造出的問題比它解決的更多。同時，許多在國際學生能力評量計畫名列前茅的國家也開始體認到，標準運動系統性地扼殺了學生的天份、惡化孩子們的學習態度，因此逐漸不再盲從。我們迫切需要這種改變，我們的孩子和社區需要以不同原則，架構出的不同教育。我們真的必須回歸基礎，才能了解我們所需要的教育看起來、感覺起來是什麼樣子。這兒的「基礎」並不是一套特定的課程內容，也不是特別的教學方法，甚至不是設計過的評量策略，而是要大家想一想教育的最初目的是什麼。

某些案例的低水準表現，無疑是因為學校本身，以及教學質量與方法上的缺失，其中可能包括了對於「改進」教育核心觀念的誤解，以及與「傳統」教育錯誤的對立，我稍後會再回頭探討。不管原因是什麼，研究與實務經驗一次又一次證明，在各個層面上提高學生成績的關鍵因素，是學生自己的期望與動機。提高它們的最好方法，就是提高教學品質，讓課程豐富且均衡，並且讓評量系統具有支持性且多元化。政策上的反應卻是相反的：把課程縮小，並盡可能地將內容、教學與評量標準化，而這已被證明是錯誤的反應。

標準運動大部分因其自身的條款，創造了比它解決的更多的問題，證據隨處可見。同時，有些在ＰＩＳＡ聯盟裡表現最突出的國家，現在正在找尋新的方向，以培養學生那些在標準運動下被壓抑的技能與態度。這種轉變是當務之急。

事實上，我們的孩子以及社區，需要一種立基於和標準運動原則不同的教育。為了明白這種新教育的樣貌，我們確實需要回歸基礎。這種教育並不是再提出一組特定的教學方法或評量策略，而是把「教育的目的是服務」當成首要任務。

為了達成教育的基本目的，我們必須立刻改變對學校的刻板印象和學校的經營方法，必須從守舊的工業模式切換成不同的全新原則和做法。你不能設定標準尺寸、形狀，然後才開始生產人類，所以同樣的，你也不能要求每個人的能力、個性都要一模一樣。了解這個基本的真理之後，你才能看清為什麼現有的制度會失敗，才能明白該怎麼改造它。為了做到這一點，我們必須改變劇本，不能再以傳統的工業思維去考量教育，我們需要拋開固有觀念，才能對教育有更進一步的認知。

02 改變認知

史堤夫・李茲（Steve Rees）是個住在堪薩斯市（Kansas City）的年輕爸爸。有一次他受邀到專門收容邊緣學生的特許高中德拉薩教育中心（DeLaSalle Education Center），參加職業介紹午餐會。在餐會上，史堤夫發現許多德拉薩的學生都是被其他學校踢出來的，其中更有少數幾個背負著不良紀錄。但他也發現，這些孩子對於在人生中有所成就的渴望，強烈到他無法想像的程度。

史堤夫告訴我：「許多孩子沒有辦法找到一門適合他們的課程。有的孩子有學習和情緒問題，有的有社交障礙，但是他們卻擁有不容忽視的潛力。」他決定為學校盡一份力。他為德拉薩的應屆畢業生設立了一個允許他們選修大學一年級學科的計畫；同時設立一套讓德拉薩學生和堪薩斯市白領成人配對的導師系統。這些成人義工會帶著自己分配到的學生去吃午餐，然後讓他們進辦公室參觀，幾天後再出去吃一次午餐。這些孩子窺見他們可能可以擁有的未來，心裡受到很大的鼓舞。沒有意料到的是，義工們和許多孩子建立起友誼，同樣覺得自己受益匪淺。

計畫得到很好的效果，但是史提夫不以此為滿足。雖然他在此時剛好賣了他的建築師事務所，離開美國兩年，不過他從來沒有忘記過德拉薩高中還有孩子們帶給他的衝擊。「他們很有勇氣毅力，只不過這樣的勇氣毅力有時會被導往錯誤的方向。」

當他再度回到美國時，他向德拉薩的校長提議在學校裡開一門創意創業課程。學校很快同意了。「我們在課堂上做一些像用牙籤組成橋梁、怎麼寫一本書，或怎麼去做某些事之類的計畫，我的目的只是要讓他們開始思索實踐的過程。開一家理容院需要做什麼？如果你一年想賺八萬美元，你應該怎麼經營自己的理容院？在孩子們產生興趣之後，他們甚至會一起討論《紐約時報》商業版上的文章。」

成果非常正面，學生們十分熱情地投入。可是真正的突破這時才要登場。自稱是汽車迷的史提夫和學生們一起設計了許多概念車。「我們本來只打算設計車型，並未考慮機器構造。孩子們自己做了小模型，然後我們投票選出其中一輛，大家合力用保麗龍做出一比一的大模型。孩子們開始問我：『為什麼我們不能組裝一輛真正的車子？』他們不會因為怕問題可笑就不發問。我一直告訴他們不行，可是在被問了一百次之後，我轉念一想：『孩子們跳脫了思想的框架，我得想個辦法實現他們的願望。』」

史堤夫買下一輛被撞爛的Indy賽車送到學校。一下子，他們從只能靠做些牙籤橋梁、保麗龍來想像，進步到可以親手修復一輛有形的車子。因為它原本是輛賽車，所以車體異常輕巧。史堤夫發現他可以引導孩子們把賽車改裝成電動車，如此一來，他們不但學習了新的科技，也同時明白什麼叫環境責任。

到了此時，這套課程的經費已經擴張到超過德拉薩所能負擔的範圍，於是史堤夫為它成立了一個非營利組織，命名為「心靈之旅」（Minddrive）。普利司通（Bridgestone）輪胎公司給了一筆贊助金，並且將他們的第一輛車運到公司測試，結果發現它居然能用一加崙汽油跑四百四十五英哩。「孩子們立刻覺得自己做了一件了不起的事，他們發現自己是有能力的。而在過程中，他們學會了基礎的機器運作、高科技原理和團隊合作。」

在我寫這本書時，「心靈之旅」的學生已經改裝了四輛車，分別是：報廢的一九九九年的Lola Champ賽車、報廢的二〇〇〇年Reynard Champ賽車、一九七七年Lotus Esprit跑車，以及一輛徹底被改裝成電動車的一九六七年福斯Karmann Ghia汽車。他們在二〇一二年開著自己改裝的車，從聖地牙哥（San Diego）到傑克遜維爾（Jacksonville），一路上只停下來充電四十次，並在每一站發表演說。邀請他們的團體從一般學校、中等職校、公民團體到亞爾拉山友會（Sierra Club）都有。

二〇一三年，他們開著另一輛車從俄亥俄州的阿克倫（Akron）到華盛頓特區。這個計畫特別和社交網站合作，只要它在網路上被提及，社交網站就會依次數贊助燃料費。許多媒體報導了他們的故事，甚至包括了好幾家外國新聞台，還有不少名人，如維珍集團執行長理查德・布蘭森（Richard Branson），和美國眾議院議長南希・裴洛西（Nancy Pelosi），都特地發表文章，為他們喝采。

現在，參加「心靈之旅」的成員遍及七所不同地區的學校。史堤夫說：「所有的孩子都喜歡汽車，因為它代表了自由。所有的孩子也喜歡網路，因為那是他們溝通最便宜的方式。一開始是各學校的輔導老師推薦學生給我們，然後學生們開始口耳相傳，現在想要參加的人太多，我們反而為了要選擇誰很為難。我們去年在德拉薩只貼了一張海報，上面寫著：『請有興趣的人在十點半到體育館集合』。結果全校一百八十個學生，一共來了五十三個。想一想實在很感動，這些孩子為了參加這個課程，居然願意犧牲自己的週末假期。

「他們在過程中因為親手做出成果而增加了自信，每個人都認為這種感覺太棒了。我們盡力為孩子們策畫一個特別的結尾，像是開著電動車橫越美國。在完成之後，他們對自己的看法再也不一樣了，他們開始相信自己有能力完成任何事，而這種態度也會影響學校裡的其他學生。他們簡直將這些參加『心靈之旅』的孩子們，當成名人堂的英雄。孩子會覺得自己很特別，不少人還特地穿著『心靈之旅』的T恤去上學！」

「心靈之旅」的學生成就讓孩子們雀躍，但更引人深思的是，為什麼這些長年被認為成績很差、被教育系統放棄的孩子，能夠達到這種成就？「他們是在教育系統中排名最後百分之二十的高風險學生。我們接觸到的是幾乎快成年的孩子，有些高一學生剛來時，甚至不懂如何使用量尺，你就不難想像他們的程度了。即使是學業成績很差的學生，我們還是能夠影響他們。我們發現他們有能力以不同的角度看待自己的未來，他們有熱情，可以改變生命，朝向更好的方向發展。我們有個原本幾乎每科都不及格的女孩，大家都告訴她這一輩子不會有出息了，在參加『心靈之旅』後，她不但以優異的成績從高中畢業，後來還順利當了大學新鮮人。

「他們在學校裡找不到真正的價值。可是一旦有了自信，孩子們的成績就會突飛猛進。這一年，我們有十二個應屆畢業生，全都順利拿到高中文憑，其中八成的孩子更進入大學就讀。當然，我們其實並不在乎他們是否繼續升學。我們的目標是永續性的，希望他們能擁有平穩的人生，有個幸福的家庭、一棟房子，和一輛車子。」

另類教育

幾年前，我受邀到洛杉磯參加一場關於「另類教育」的研討會，與會者全是專門幫助在正常學校不適應，或已經輟學的孩子的教育組織。這些機構各有不同的主題：科技、藝術、工程、社區發展、商業管理和職訓課程。雖然有許多相異之處，但這些組織的基本特徵卻很類似。他們教化的是在傳統教育制度下表現不佳的學生，全是一些成績落後的、孤僻自閉的、極度自卑的、對未來悲觀的孩子。這些機構提供了不同的學習機會，讓這些憤世嫉俗的年輕人有所選擇。

他們通常會學習一些實用課程，或者在社區裡幫忙，或在藝術和表演團體後台見習，大多是分組行動。除了專任老師之外，他們還有各行各業的專家，例如工程師、科學家、科技人員、藝術家、音樂家、商業領袖親身為他們示範，更親切充當他們的心靈導師和好榜樣。這些「另類教育」的結果往往都非常成功。

本來在學校都在睡覺的學生醒了；原本認為自己太笨的，發現他們其實蠻聰明的；以為自己什麼都做不到的，看到了非凡的成果。在過程中，他們建立起強烈的使命感及自尊心，通常他們在傳統學校的功課也會跟著突飛猛進。早就放棄上大學的孩子們驚喜的發現大學的門為他們打開了。至於那些不想上大學的孩子則發現，人生還有許多不同的道路，可以得到同樣的成就感。

我聽到這些機構被稱為「另類教育」時，心裡非常感嘆。如果所有的教育都有這麼好的成果，世界上根本就不需要「另類教育」。當然，像「心靈之旅」這類的另類教育的成果並非一蹴可幾，也無法掛出保證。沒有參與的義工的耐心、熱情和專業知識，以及孩子們的信任、毅力和決心，一切都是空談。每一個課程、每一段關係，都需要小心呵護，就像「心靈之旅」的學生照顧他們改裝的車一樣。但是這些課程清楚地證明了這些學生不是沒有學習能力，他們的未來也不是一定黯淡無光，是傳統的教育系統將他們孤立、邊緣化。除了他們之外，還有很多仍然在學的孩子也一樣深受其害。最主要的原因是，大眾教育以和另類教育完全不同的原則運轉。那麼，公共教育的原則到底是什麼？為什麼我們的教育會走到今天這個地步？

工業教育

在所謂已開發的國家中，我們認為孩子大約在五歲開始上學，接受十二年義務教育是理所當然的事。上學似乎是一件天經地義的事，就像車輛必須靠右（或者有些國家靠左）行駛一樣。可是公共教育的系統其實是近代的發明，大多數的教育制度設立於十九世紀中葉，當工業革命正蓬勃發展的時候，之後才在一百年前的歐洲被廣泛推行。

更早以前，絕大多數的人口住在鄉下，以耕種為生，城市不過是小型交易和商業的中心。在十六世紀的歐洲，僅有百分之五的人口住在城市裡[1]，大多數的農村人口在貴族的封建統治之下生活、工作，四季的運轉和宗教節慶才是他們的生活重心。除了賴以為生的手工或交易知識外，這些人幾乎沒有受過任何教育，幾乎都是文盲。只有富裕人家和神職人員，才有機會讀書識字。

工業革命改變了一切。從十八世紀中葉開始，一連串的科技革新，讓以前製造商品和材料的傳統方法脫胎換骨，尤其徹底顛覆了木材和棉花業。也因為工業革命，以前沒有的鐵製品和鋼製品被大量製造，引入市場。機器工具和蒸氣引擎，更是將運輸業推向前所未有的高峰，鐵路、鐵橋和可以全世界到處航行的輪船，把人們和貨物以更快的速度載向更遠的地方。工業主義讓煤、石油等能源的需求大幅增加，也因此帶動了採礦業和更為精進的原料提煉技術。大量的人口從農村湧入城市，投入工廠、造船場和製造廠工作。另一大批人則進入地底採挖煤礦，以及工廠需要的其他原料礦石。

工業革命在邁入十九世紀後，社會的結構也跟著發生改變。最底層是住在郊區出賣勞力，讓巨大的工業機器得以運轉的男人、女人和小孩。勞工階層不管在生活或工作上都很悲慘，物質生活窮困、時常生病，並持續暴露在受傷和意外死亡的風險中。他們是一群工業制度下面目模糊的無名英雄。

在勞工階層和舊式貴族之間，出現了一群在新型經濟中變得富裕的新階層，稱為「中產階級」，包括企業的老闆、律師、醫師、會計師、創業家，以及資助新工業發展的投資人和銀行家。有些本來很窮的人，靠著自身的天份和毅力往上爬，晉身成為中產階級。一般來說，這些中產階級對他們自己和家人都抱持高度期望，更重要的是他們有錢，也有意願努力追求成功。基於不同的理由，勞工階層和中產階級都開始在政治上施壓，希望能對自己受到什麼樣的統治，具有更大的參與權。在他們真的擁有參政權力之後，封建制度下的貴族們失去了絕對優勢，全新的政治形態開始成形。

然後，歐洲和北美出現許多提倡商業、貿易、科技，以及推崇藝術和科學交流的機構。同時，也出現了許多新的慈善機構，從健康、教育、社會福利等不同的角度，試圖改善勞工階層可怕的環境。

在這一片混亂中，要求政府提供有組織的公眾教育的聲浪愈來愈大。人民的納稅錢和中產階級日漸增長的消費能力，讓國家能夠負擔得起教育龐大的支出。於是在各方的助力下，教育系統從此誕生。

工業目的

工業化之後，礦區、工廠、鐵路和造船場都需要大量的**勞工**，去執行極耗體力的重複性工作。但在工程、焊接、貿易、工藝、製造和營建方面的工作，需要擁有**特殊技術的人**，才能勝任。蓬勃興起的貿易和製造業，則需要眾多的**計帳員和辦事員**。另外，還需要少量如律師、醫師、科學家、學者等**專家**，為付得起他們費用的人提供服務。所有的工業國家，尤其是擁有廣大殖民地的英國，也需要為數不少的**管理階層**，如外交官、大使和公務員來處理母國和海外的公共事務。

除此之外，初期的公眾教育也帶著強烈的社會目的。在美國，它的目標是製造出受過教育的好公民，以更落實民主制度。因為就像湯瑪斯・傑佛遜（Thomas Jefferson）說過的：「如果一個國家期望在國民無知的情況下卻擁有自由，這種期望無論在過去或未來，都絕對不可能實現[2]。」有些人認為公眾教育是控制社會的一種手法，另一些人則認為教育代表了社會機會和公平性。還有一些人則覺得選擇對的學校、認識對的人，是中產階級和上流社會兒童社會化的主要過程。事實上，到現在還是有不少人依舊有這種想法，而這些不同的看法全反映在公眾教育的**組織和構架上**。

工業組織

工業化社會需要的勞工數量，比大學畢業生的數量多很多，比例上大約是八比二。所以公眾教育在架構的設計上是一個正三角形，以每個人都要接受的小學教育為廣大的基底，往上是人數較少的中學教育，然後才是位於頂角的高等教育。

小學的課程普遍強調讀寫及算數能力。而在大部分的國家，中等教育通常分成兩類：以學科為主的一般中學和以職業技能為主的職業中學。舉例來說，在德國想學得一技之長進社會工作的孩子，會讀**職業預校**（hauptschule），將來想當銀行員之類的白領的孩子，會讀**實科中學**（realschule），要繼續升大學的孩子，則進入**文理中學**（gymnasium）。英國政府也在一九四四年設立了三種不同型態的中學：幫助少數人成為管理階層、專業人士及進入大學繼續深造的「菁英文法學校」（selective grammer school）；教導學生專門技術將來成為木匠、水電工等的「技術學校」（technical school）；還有供將來從事藍領工作的一般人就讀的「現代中學」（secondary modern school）。

在工業時代，大多數年輕人離開學校時幾乎都未滿十四歲，從事的不是體力勞動的工作就是服務業。我的父母和祖父母就是這樣。有些人會接受訓練成為牧師，有些則學習一技之長，還有一些則跟著師傅當學徒，只有非常少數的人能上大學，成為合格的專業人才。我在一九六八年成為全家族裡的第一個大學生。有些出身良好的人選擇對他們有利的大學，畢業之後便在政府或殖民地擔任公職。不過我並沒有走上那條路。

工業原則

工業生產的目的是大量製造出一模一樣的產品，成品如果有任何**不同**，就會被扔掉或重新製作。而公眾教育也是設計來塑造學生，希望全部的人都能符合某些標準。因此，不是所有孩子都能順利走完整個系統，有些甚至會遭到系統踢除。

在工業製程中，有許多**必須遵守**的特定規則和標準，這個原理同樣適用在傳統教育上。想一想，標準運動的基本要求，不就是要所有的學校遵守課程、教學和評量上的規定嗎？

工業製程就是一條不斷往前進的**生產線**。原料在變成產品之前，要經過一連串的測試關卡，只有通過檢查的半成品才能進入下一個階段。公眾教育的設計原理也相同，所以它分成了小學、中學到大學以上等階段。學校一般依照學生的出生日期，以年為單位將學生分班，然後大家便一學年、一學年地，一起在教育系統中往上爬。雖然每個國家的系統規定不一，大多數的國家仍會定期舉行考試，決定哪個學生在哪個時候走上哪一條路[3]。

工業製造和市場需求息息相關。一旦**市場需求**有所變動，製造商自然要跟著調整產量。因為工業經濟需要的管理人員和專業人才相對較少，所以大學接受的學生數目便受到嚴格的控制。但是在我們的時代，隨著智慧型勞工需求的增加，大學也跟著大開方便之門，以增加可以投入職場的大學畢業生的數量。之前談過，強調科學、科技、工程和數學方面能力的「STEM」，就是市場需求影響教育的好例子。

和傳統工廠一樣，高中和大學也是以**分工的理念**來設計組織架構的。高中生活的一天通常以一段一段的時間區分。鈴聲一響，所有的人都得趕快切換到下一個模式（有時還要換教室），開始進行下一件事。每個老師都有自己負責的專門科目，每天在不同的時段裡去不同的教室授課。

雖然這些原則確實可以讓產品製程流暢順利，但是應用在教育學生上卻問題叢生。

人性問題

一**致性**的教育當然會有問題，因為每個人天生就不一樣。所有的個體都是獨一無二的，大家的外型、天賦、個性和興趣全不相同。狹隘的一致性觀念製造出很多被系統拒絕的非標準品，以及被強迫接受補救教學的次級品，都是無法避免的結果。能夠符合系統要求的人就能表現良好，不能的人則無所適從。

這是嚴格要求**服從**的教育形態的主要問題。我說的不是遵守行為或社會風氣的生活規範，而是在教育學生時，是否會鼓勵孩子發問、尋找其他答案、探索不同可能、善用創造力和想像力等等。嚴格遵守規定是製造流程中很基本的原則，但並不適合用在人身上。因為我們不只長相不一、體型相異，而且只要在適當的環境裡，人人都有展現高度想像力和創造力的潛能。只不過在服從的文化下，這類能力卻受到極度打壓，甚至成為被老師、同學厭惡的理由。

生產線對製造業來說很方便，卻無法套用在人的身上。依照年齡分級教育的假設前提為：孩子們最重要的共同點就是「相近的製造日期」。事實上，不同的學生在學習不同科目時，速度都不一樣，一個在某方面資賦優異的孩子，很可能在另一方面欠缺天份；某些活動不輸大孩子的學生，可能在另一些活動不及比他小的孩子。除了學校之外，我們在日常生活中並不會這樣分組，不會規定十歲兒童只能去某些場所，而且九歲的就不行。只有學校才會採用這種不合理的分類方法。

供給和需求原則也不能套用在人的身上，因為生命並不是一條生產線。你不妨去問問中年人或老年人，問他們現在做的事是不是自己在高中時想做的事，十之八九他們會回答你：「不是。」我們的生命充滿了各式各樣的變數，而其中絕大多數是我們當初連想都沒想過的[4]。

付出真正代價

在工業製程中，除了產品的主要原料之外，其他原料的價值往往被忽視。在教育中也一樣。對特定科目和特定能力太過專注的投入資源，等於是在系統化地抹殺掉學生其他的天份和興趣。不可避免的，許多人無法在學校找出他們真正的長處，只能一生窮困潦倒。

大部分的工業製程會產生很多廢料和沒什麼價值的副產品。教育也是。目前為止，我們可以看見的包括了中輟生、打混摸魚的學生、極度自卑的孩子，和有限的就業機會。

工業製程可能造成嚴重的環境污染，而通常清理善後的也不會是始作俑者。經濟學家將這種事稱為「外部效果」（譯注：externalities，指行為使他人受害卻不需付出代價）。化學和毒物廢水排入河川大海，污染環境，危害脆弱的生態；工廠和引擎的廢氣散佈在大氣層裡，造成吸入者嚴重的健康問題。要將這些污染清除乾淨可能要花上好幾十億美元，但是通常付錢的卻不是製造商而是納稅人。製造商並不認為污染是他們的問題，在教育上也是一樣。

覺得自己被當今標準化和測驗系統排斥的孩子，極有可能乾脆輟學，而將來要付出代價的卻是其他納稅人。如果教育真的能給予每個學生同樣的機會，去發展各人真正的天賦，創造充實的人生，那麼他們就不會需要失業救濟金和其他的社會福利了。

工業教育會製造出這些副產品並非意外，有現在這樣的系統，就注定會有這樣的結果。他們依照特定的天份概念和經濟需求來「製造」人，所以便會在這些條件中製造出勝利者和失敗者。事實就是這樣。

那麼，如果這些工業原則不能應用在教育上，我們又該使用哪些原則？什麼樣的系統才算教育？我們又該如何改變？如果這些工業原則對教育無效，那麼什麼是有效的？教育要有什麼樣的制度，又如何更改？

思考如何轉變的一個好方法是改變認知。如果你認為教育就應該是一種機械化的工業製程，而且運作得沒有以前好，那麼對於如何修正它，就很容易做出錯誤的假設；也就是說，你認為只要以正確的方式調整並規範的話，它將繼續有效運行。事實上，教育根本不是一種工業製程，所以即使再多政治人物希望它能成功，工業化的教育還是注定只能失敗。

機制和生物

如果你讀過《讓天賦自由》（*The Element*），可能還記得英國中部格蘭治小學（Grange Primary）的校長李查．葛維爾（Richard Gerver）和他創造的「格蘭治鎮」（Grangeton），以及每個孩子在校內小鎮擔任一個真實世界職位的故事。藉由他們在鎮上的工作，這些學生除了學會主要學科上的知識，還得到許多其他寶貴的經驗，更展現出不凡的高度參與精神[5]。

李查接掌格蘭治小學時，它正因長年表現不佳，面臨學生人數大幅減少的困境。學校的名聲不好，隨時都有可能被廢止。就在這個時候，許多人開始建議學校應該要回歸基礎。李查也認為是該回歸基礎，但是他的想法和其他人不一樣。

李查說：「我所想的『基礎』是，我們生來就有渴望學習的天賦。人類是一種非常懂得學習的生物，我們出生時，就已經擁有所有會用到的基本技巧。看嬰兒和幼童是多麼敏銳、有創意，而且充滿好奇心就知道了。當我們在討論要怎麼改變格蘭治時，我就一直在想有沒有什麼辦法，能讓我們利用天生的學習能力，同時搞清楚為什麼現在的教育系統會失敗。如果我們能找出答案，或許就能創造出一個很棒的學習環境。

「於是我們決定觀察孩子怎麼學習。我們花了很長的時間觀察幼稚園和低年級的兒童，看看可以怎麼利用他們的行為推廣教育。我們發現每個孩子都喜歡角色扮演和實際體驗，總是全心全力地投入。他們會藉由品嘗、嗅聞和觀察，進行大量的模仿和高度的學習。我認為這種學習才是全方位的學習。」李查想要複製幼稚園裡較為自由活潑的學習方式，於是有了創造格蘭治鎮的靈感。

「我們在小鎮裡設置電視台和廣播電台，因為它是一個角色扮演的環境，要讓孩子們覺得很酷，不能讓他們覺得那不過是幼稚園的扮家家酒。當你想教幼稚園的孩子怎麼照顧身體時，你會佈置一個醫師診所，讓他們藉由假扮醫師、護士來學習。既然我們想要學生了解文字和語言發展的力量，不如幫他們辦個電視台和廣播公司吧！他們就能在真正的環境裡利用這些技巧。十一歲的孩子會覺得這樣很酷，就像五歲的孩子在扮演醫師一樣。對我們來說，當時設計的一切，都是為了提供孩子豐富的學習經驗和環境。」

低年級的孩子們並不參與小鎮的建設，他們只負責玩，但是看到他們專注投入的模樣，大家都很開心。「為低年級設計的環境，最主要的考量是如何增進孩子的技巧發展。我想要試試看利用角色扮演的經驗，發展團隊合作、彈性、自信和社會責任，會得到什麼樣的效果。」

革命性的格蘭治鎮獲得了空前的成功。本來缺乏學習動機、無精打采的學生，變得十分投入、充滿高昂的學習興致；在校成績突飛猛進，遠遠超過預期。不過三年左右，格蘭治小學已經從學區裡成績最差、最不受歡迎的學校，搖身一變成了傑出優秀的明星小學。

「格蘭治小學的學科表現，排名在全國的前百分之五。老師和學生們比在標準學校更用心、更賣力，可是沒人抱怨，因為大家都看得見成果。工作量非常大，但是大家心甘情願為它投入百分之百的心血。」

格蘭治小學的改造過程，正好可以拿來說明我主張的三個要點：**即使是在現行的教育系統中仍有徹底革新的空間、有願景的領袖就有力量改變現狀**，以及**校長和老師共同創造能讓孩子們完全發揮的環境的必要性**。

我們看得到的範例全符合這三個要點。它們也讓我們明白，雖然政治人物時常將教育當成一種工業製程，可是兩者根本是天差地別、截然不同。教育是活的，是有生命的，如果只是將學生當成產品或資料，我們顯然誤解了教育的真意。不管是小小的螺絲釘或龐大的飛機，它們不會對自己怎麼被製造、被對待有意見或感覺，可是人類卻會。孩子們有動機、有情緒、有背景、有天份，環境會影響他們，然後他們會做出回應，進一步影響環境。他們可以選擇反抗或合作，融入或淡出。了解這一點後，你就會更明白將公眾教育當成工業製程，實在是大錯特錯。

目前為止，我一直拿教育和製造業相比。而你大概在想，反正沒人會真的相信學校是工廠，學生是原料。你這麼想也不算錯。事實上，我覺得拿工業化農場來比喻工業教育，其實更加貼切。

工業革命不只改變了物品的生產方式，也改變了整個農業形態。我之前提過，在工業革命前，絕大部分的人口住在鄉下，大多數人的工作不是務農就是養牲畜，除了供自己食用之外，也在當地販賣。而這些農耕畜牧的方法代代相傳，基本上和幾百年前沒有太大的差別。到了十八世紀，一切開始改變。耕耘機和打穀機的發明，還有方便處理棉花、甘蔗、玉米等農作物的工具出現，在農業上掀起了不下城裡製造業的大革命。機器大大提升了每一種農作物種植、收割、處理的效率。到了二十世紀，化學肥料和農藥的廣泛噴灑，更大幅提高了農作物的收成率和數量。這些工業化的農業和食品生產業，剛好為急速增加的人口提供了足夠的糧食。

工業化農場最主要的目標之一，就是生產出更高收益率的農作物和牲畜。他們確實在這一點上做得非常成功，人類也因此得到極大的助益。然而就像其他工業製程，這些成功的背後卻隱藏了極高的代價。

農藥和化學肥料流入河川、進入大海，產生了嚴重的污染。無差別地撲殺昆蟲，導致需要昆蟲當媒介的生態失去平衡，才讓海洋生物學家瑞秋・卡森（Rachel Carson）寫出了《寂靜的春天》（*Silent Spring*）這樣的作品[6]。而為了得到更多的收穫量，全世界的表層土壤都遭到破壞，已經到了無法再維持同樣耕作型態的地步。

工業化的畜牧業也面臨類似的問題。企業工廠化的牧場，取代了工業革命前的放牧，極大量的動物被養在室內，唯一的照料原則，就是以最少的成本養出最多的肉。於是，為了增加動物的體型和價值，生長激素被廣泛使用。因為牠們被豢養的環境實在太過不自然，所以必須利用強力的抗生素來控制疾病。但是所有的這些工業化的技術，對人類的健康卻有非常不利的影響[7]。

在最近三十年裡，有機農業慢慢興起，成了工業化農場之外的另一種選擇。有機農場的經營重點不在農作物，而在培養土壤。有機農業和工業農場最基本的不同在於，前者認為所有的農作物全要靠肥沃的土壤和永續生長的栽種方式。只要妥善維持生態，農作物的健康和收益率也會愈來愈好，而最終目標是將農業變成生物供給鏈大網中的一部分。同樣的方法也適用在畜牧業。雖然有機農業的實務做法千百種，但是最主要的原則只有四個[8]：

健康原則：在農產過程中所有相關的一切，從土壤到家畜到整個地球，都要保持健康，而且任何損及相關事物健康的事，都應該避免。

生態原則：農產過程必須和生態系統、周期一致，維持生物系統的平衡和相互依存的關係。

公平原則：農產過程中牽涉到的所有人，從農場主人到工人到消費者，都受到公平的對待。

小心原則：在任何新的技術或科技被實際施用在農務之前，必須做好徹底的研究與全盤的考慮。

和農業要求成果和收益率一樣，工業教育也一直在強調改善測驗分數、提升競賽排名、增加畢業人數，而且頗有愈演愈烈的趨勢。百年前設計出的工業化學校系統，在當時確實有效，可是現在已經不合時宜，不管是系統本身或牽涉在系統裡的人，無不覺得精疲力竭，而被掏空侵蝕的學習文化，則是我們不得不付出的高昂代價。

傳統教育就像工業化畜牧一樣，把許多學生和老師都囚禁在限制成長的室內。他們不但時常覺得無聊、不滿，並且被迫只能將注意力投注在學校指定的課程上。同時，外部效果的成本實在是高得嚇人，而且還不斷增加。只有我們了解教育也是活生生的系統，某些環境可以讓人成長茁壯、某些卻不能時，我們才能真正去改變它。

有機農業的四個原則，可以直接套用在我們極度需要的教育革命上。將主題改成教育後，我們可以這樣類比：

健康原則：有機教育提倡的是，讓所有學生在智力、體力、心靈及社交能力上，全面穩定發展。

生態原則：有機教育強調各方面發展的相互依存關係，不管對單一學生或對整體社區都很重要。

公平原則：不管學生的背景、情況為何，有機教育對每個孩子的天賦和潛能一樣盡心栽培。

小心原則：有機教育本著熱情、經驗和務實的智慧，為學生發展創造一個最有利的環境。

這些原則在許多好學校裡早就行之有年。如果所有的學校都能這麼做，我們需要的教育革命就會有個良好的開始。無論如何，我們的任務不該是犧牲學生的學習興趣以增加學校的收益率，而是活化學校的環境和文化，才符合這四個原則的真正意義。

那麼學校文化應該達成的基本教育目的又是什麼？我認為可以從四個方面來講：**個人目的**、**文化目的**、**社會目的**和**經濟目的**。現在，就讓我們從最後一個講起。

經濟目的

教育應該讓學生取得足夠的知識、技術和常識，以期在將來成為有經濟能力的獨立個體。

有種說法主張教育本身就很重要，學校裡進行的事不應該受到任何如經濟或商業需求等「外力」的影響。然而這種說法未免太過天真。公眾教育向來有其經濟目的，而且它有經濟目的是件百分之百合理的事。不過，教育的目的當然不只是為了經濟。我們很快就會討論到其他方面，但是經濟對教育的影響力，不管是在個人、社區，還是國家層面，都大到不容否認。我們面對的挑戰是去了解它是什麼，還有該怎麼處理。

政府之所以在教育上投資這麼多，是因為他們知道受過教育的勞動人口，是經濟繁榮的關鍵。學生和家長自然也明白。這就是為什麼印度的窮人，願意把扣除食物和居住費用後，剩餘家庭收入的百分之八十花在孩子的教育上。因為和其他地方的父母一樣，他們期望教育會幫助自己的孩子找到好工作，將來能經濟獨立。我也抱持同樣的想法。我實在很想要我的孩子們盡早經濟獨立，不要再來花我的錢。但是面對快速變動的職場，現在的學生到底需要什麼樣的教育，才能做到這一點？

一百多年前設計出的教育制度想要滿足的工作，在現今的世界已經消失了一大半。同時，新型態的工作不斷出現，尤其在電子產業蓬勃發展之後，出現了許多前人想都沒想過的工作機會。預測未來五年、十年或十五年後，現在的學生如果找到工作，內容會是什麼，根本是件幾乎不可能的任務。

最近有不少人建議，學校應該多提供二十一世紀新科技的課程。美國十九個州和三十三個企業夥伴合組的「二十一世紀關鍵能力聯盟」（Partnership for 21st century skills），就提供了許多這方面的課程和訓練[9]，包括：

跨學科主題：

- 全球意識。
- 金融、經濟、商業和創業介紹。
- 公民素養。
- 健康養生。
- 環境教育。

學習能力：

- 創造與革新。
- 關鍵思考和解決問題。
- 溝通與合作。
- 資訊、媒體和科技相關能力。

生活和職場能力：

- 彈性和適應力。
- 主動與自主。
- 社交和跨越文化的能力。
- 生產力和守承諾。
- 領導力和責任感。

我們會在之後的章節討論上述的一部分內容。但是，我想指出這些所謂的「二十一世紀關鍵能力」，並不是真的最近才出現，許多學校和教育家在很久以前便開始大力推展這些課程。它們一直都很重要，只是到了現代就變得更重要了。標準運動也承認它們很重要，可惜的是在實務上，標準運動卻鼓勵學校忽視這些能力的培養。

為了真正達到教育的經濟目的，學校必須讓孩子展現他們的多元天賦與興趣；消除學術科目和職業訓練的分歧，平等重視它們；並且和真實的職場世界合作，讓孩子們有機會實際體驗不同的工作環境。

文化目的

學校應該要讓學生了解、重視自己的文化，並尊重包容不同文化的多元性。

當人們在生活中時常有互動，就會逐漸受彼此的思想和行為影響。經過一段時間，便會發展成具有相似想法和價值觀的團體，然後發展出自己的文化。我將「文化」定義為**區別不同社會團體的價值觀和行為規範**。簡單的說，「文化就是我們這兒的做事方法。」

一個團體的文化是由多種元素交織而成的，包括了信仰系統、法律規定、工作形態、受到認可的男女關係、食物、衣飾、藝術表現、語言和方言等等。活的文化會受到各種元素的相互影響。文化之下通常還會存在許多看法和主流團體不同的次文化，像是不願受到物質社會束縛，可是仍然在超級市場購物、在高速公路開車的「地獄天使」（Hell's Angels）。

一個團體除非受到地形限制，長期不與外界接觸，比如許多亞馬遜部落至今都還過著與世隔絕的生活，否則不同的文化彼此之間一定會相互影響。因此在世界人口不斷增加、互動也日趨頻繁的現實之下，當今的文化也變得愈來愈複雜。我最近在網路上讀到一篇描述現代英國人生活的文章，它寫到：「現代的英國人下班後開著德國車回家，中間停下來買印度咖哩或義大利披薩當晚餐。吃過飯後坐在瑞典牌子的家具上，一邊喝比利時啤酒，一邊用日本製的電視機看美國的電視節目。那麼，我們固有的英國文化呢？還在，我們仍然對任何外國人或產品都抱持不信任的態度。」

其實在生活中有不少人同時隸屬於一種以上的文化或次文化團體，孩子們的世界尤其如此。舉例來說，擁有七十萬名學生的洛杉磯聯合學區（Los Angeles Unified School District，簡稱LAUSD），是僅次於紐約市的全美第二大學區。它的學生包括了百分之七十三的墨西哥裔、百分之十二的非洲裔、百分之九的白人、百分之四的亞裔和百分之二的菲律賓裔。該學區裡的孩子母語共有九十二種，英語對超過三分之二的學生都是第二語言。

倫敦大學（University of London）的哈洛．羅森（Harold Rosen），是我在一九七〇年代寫博士論文時的指導教授之一，他不僅是位傑出的老師，更是位相當活躍的優秀英文教授。我記得我在參加一場以倫敦學校語言的多元化為主題的會議後，和他有過熱烈的討論。會議中有人抱怨因為學生使用的語言種類太多（如果我沒記錯，當時是說有八十多種），讓他們的工作變得很困難。哈洛對語言學老師居然把多元化的環境視為問題感到不解，因為他認為多元化反而提供了極佳的機會。多元的文化是人類歷史的榮耀，各個社群都會以自己的文化為榮，但若包容了其他文化的做法和傳統，自然會變得更豐富、更精彩。

可惜的是，文化差異也帶來了不少問題。價值觀和宗教信仰的歧見，讓人們彼此怨恨、仇視。翻開人類衝突的歷史，起因往往不是金錢、土地和權力，就是文化。宗教衝突是文化差異裡最難解的心結，基督徒和回教徒、遜尼派（Sunni）和什葉派（Shia）、天主教和新教、盧安達的胡圖人（Hutu）和圖西人（Tutsi）等，都是有名的例子。價值觀不同的族群，例如白人和黑人、異性戀和同性戀、老人和年輕人等等，也容易在社會中對立。世界人口不斷增加，互動也愈來愈頻繁，尊重、包容多元文化不再只是道德上的選擇，而是現實上的必須。

學校應該努力幫助學生了解自己的文化、了解其他的文化，並教導他們何為文化的包容和共存。為了達到這些目標，學校需要設計出宏觀而豐富的課程，摒棄只以成績為考量的貧乏內容。面對複雜的文化現象，標準運動是完全幫不上忙的。

社會目的

教育應該提倡、實行公平正義的社會原則，幫助年輕孩子成為積極、熱忱的公民。

公共教育很早以前就許下承諾，不管學生來自何種「社會階層或出生背景」，公共教育將會是幫助他們通往充實、富裕人生的黃金大道[10]。對一些人來說，這個願望確實成真了，但對另一些人卻沒做到。貧富之間的差距愈來愈大，而且並不只美國才有這種現象。學生的成就落差也愈來愈大，尤其有色人種更是如此。

對窮人家的孩子而言，教育的天梯搖晃得愈來愈厲害。過度集中的資源、超高的教師流動率、日益惡化的社會問題，代表了學校往往不是條通往成功的大道，而是條此路不通的死巷。標準運動對這些不公平的狀況視而不見，甚至成了落井下石的幫兇。除此之外，還隱藏了另一個更大的問題。

民主社會裡，提倡公民積極參政，是教育的責任之一，畢竟手上的選票就是民主政治裡最有力的武器。但是在許多民主國家，這個武器卻變鈍了。目前我住在洛杉磯，二〇一三年六月選市長的時候，八位候選人和其支持者，共花了一千八百萬美元在宣傳上。可是，一百八十萬個有資格投票的選民中，只有百分之十六的人去投票[11]。這發生在一個人民曾經犧牲生命爭取選舉權的國家，實在諷刺。但是在其他許多國家，包括英國，投票率也沒好到哪兒去。

一九一三年，英國的葉森德比（Epsom Derby）發生了一件舉世矚目的大事。葉森德比是平地賽馬的主要競賽場地，一九一三年，英王喬治五世的馬也參賽了。就在馬兒們跑最後一圈時，躲在跑道旁火車車廂下的年輕女子愛蜜莉・戴維森（Emily Davison），突然衝向國王的賽馬前方。馬兒撞上她，慌亂地從她身上踏過去，她陷入昏迷，再也沒有醒來，三天之後便死在醫院裡。沒人知道她是否意圖自殺，不過她衝撞國王馬兒的原因卻很清楚。愛蜜莉・戴維森是爭取女性投票權的代表人物，而她最終為了自己的主張犧牲了生命。

五十年之後的一九六三年，馬丁・路德・金恩博士，在首都華盛頓發表了歷史上著名的演講「我有一個夢」（I have a dream）。他勾畫出一個如果美國的開國元勛們還在世，都會熱烈贊同的民主願景。他說民主是「包容的、真實的、有改革能力的」。但是五十年後的今天，世界上還是有許多人沒有投票權；而在有投票權的人中，又有太多人選擇不去投票。

民主社會需要大多數的人民在投票時以及在社區中的積極參與，才能發揮力量。學校在教育人民什麼是公民權上扮演了重要的角色，只在公民課上講解、考試是沒有用的，學校必須成為一個實踐民主原則的場所，學生們才能在日常生活中學會公民權力的真義。

個人目的

教育應該讓孩子能夠發展自己的天賦與興趣，並且能和他們的內在和外在世界互動連結。

教育不只是全球性的問題，也是極嚴重的個人問題。如果我們忘了教育最終的目的是充實人們的心靈和頭腦，那麼之前討論的其他目的也就不可能成功。現今教育系統的許多問題，就是因為不明白這個基本的道理才會發生。所有的學生全是獨一無二的個體，每個人都有自己的心願、天賦、憂慮、恐懼、熱情和志向，能和他們一對一交流，才是輔導他們有所成就的重點。

所有的人類都活在兩個世界裡。一個是不管你存不存在，都會照常運行的世界；那是你出生前就存在，在你死亡後仍然不變的世界；是由物質、事件和其他人構成的世界，是外在的世界。另一個則是因為你存在所以存在的世界；是你的思想、感覺、認知構成的個人世界，是你內在的世界；這個世界因為你出生而存在，在你死亡後也就隨之停止。我們只能經由內在的世界去認識外在的世界，經由對外在產生的感覺和認知，一點一點地學習周遭環境。

在西方文化裡，我們很習慣將這兩個世界劃分得清清楚楚，所以才有思考和感覺、客觀和主觀、事實和價值等對立概念的存在。我們之後會再討論這一點。可是其實這種二分法並不像大多數人想像的那麼可靠，我們眼中的外在世界很可能嚴重地受到內在情感的影響，而我們的知識、認知和個人經驗，又會干擾內在的感覺。這兩個相互影響的世界決定我們生命的輪廓，我們在其中一個世界裡的看法和行為，一定受到另一個世界的左右。

傳統的學術課程幾乎只注重外在的世界，對內在的世界往往不聞不問。所以我們天天看到學生們覺得無聊、打混摸魚、感到壓力、遭受霸凌、焦慮沮喪，終至輟學的惡果。這些全是人性的問題，自然也需要以人性才能解決。

就像我們在《讓天賦自由》裡討論過的，人們對外在世界的貢獻，和他們怎麼對待自己的內在世界息息相關。我們希望學生在受教育後，都能知道、明白、有能力去執行某些事。可是別忘了，每個孩子都有自己獨特的資質、興趣和個性，這些在教育中也必須列入考量。只有全面改變課程、教學和測驗方法，教育才有可能個人化。這麼做，勢必掀起學校文化的大改革。在實務上，它又會是什麼樣子？

03 改變學校

「你知道嗎？從今天開始，你不用再上學了。那麼，現在你想做什麼？」麻州的「北極星青少年自發學習中心」（North Star Self-Directed Learning for Teens）的共同創辦人肯恩・丹佛德（Ken Danford），時常對想要學習，可是在尋常學校飽受挫折，覺得既無法融入又學不到東西的孩子這麼說。他們對肯恩的話的反應又是什麼？「目瞪口呆，」他告訴我。「他們通常會說：『真的嗎？如果我們真這麼做了，還能上大學、找到工作、世界不會因此而討厭我們嗎？』因為從來沒有人向他們講過同樣的話。」

肯恩並非一開始就是個反傳統的人。他上大學，成為合格教師，在麻州愛姆赫斯特（Amherst）的中學教書。他向來很喜歡上學，所以當他站上講台，發現情況和他預想的完全不同時，心裡非常驚訝。「簡直是糟透了！這些孩子根本不想坐在這兒。我試著讓他們了解美國歷史，可是他們一點都不想學。我想和他們講道理：『如果你不在八年級把美國歷史學好，你就**什麼都做不好了**。』這些話連聽在我自己的耳朵裡都沒有說服力。

我和學生因為他們遲到、奇裝異服和在課堂中出去上廁所而起爭執，我並不想這麼做，只是如果我不嚴格把持這些細節，學校管理人員就會盯上我。可是我發現我真的做不來，我沒辦法一本正經地為這種小事警告孩子，然後把它放大成不得了的大事處理。

「然後我讀了描述對傳統學校不滿，而在家自學或彈性自學的《青少年解放手冊》（*The Teenage Liberation Handbook*），對書中人物所說的：『我要改變我的人生，我沒有時間可以浪費，我不想等到十八歲再開始，我現在就要去做。』感到震撼。事實上，真的鼓起勇氣去做的人，後來的人生全變得更精彩。所以我開始想，如果不上學會怎麼樣。我想直接問他們要學什麼？今天想來上課嗎？你想去哪裡？和誰一起去？去多久？你們不想和我一起上歷史課嗎？好啊！那麼就不要上我的歷史課了。你們不想閱讀嗎？好啊！那麼就不要閱讀了。要怎麼樣才能這麼做呢？你得創造出一個社區中心而不是學校。你規劃好課程，告訴大家：『我要幫助你和你的父母完全掌控你的人生。我們會設立一個溫暖愉快的場地，你可以自己決定你要多常來這裡。只要不惹事，你想在這裡做什麼都可以。你可以想來就來，想走就走。』你猜怎樣？結果運行得還滿順利的！」

「北極星」是個幫助青少年挖掘出，在正規系統下被忽視或打壓的學習熱情的自學中心（肯恩和他同事非常謹慎地不稱它為「學校」，因為事實上它也不是一所政府承認的學校）。雖然它不是學校，但是在很多方面卻有效地取代了學校的功能。「北極星基本上是為了還在上學卻痛恨上學的青少年設計的。有成績非常優異的孩子，有專注自己興趣的孩子，但也有不少分不清上下，問題複雜的孩子。

「讓他們為自己做選擇是一件意義深遠的事。當我們還在學校教書時，是不可能這麼做的。你想要做什麼？你想要我怎麼幫助你？他們也還不知道，所以為了找到答案，他們就必須嘗試各式各樣的方法。這可能包括了拒絕一切，清空自己的生活，等看看如果他們什麼都不做一段時間，會發生什麼事。過程非常有趣。」

雖然聽起來參加北極星的孩子，應該很快就會變成中輟生，但事實正好相反。大多數來北極星的孩子都上了大學，其中不乏麻省理工學院、布朗大學、史密斯學院、加州大學洛杉磯分校和哥倫比亞大學等名校[1]。孩子在申請大學時，他們在北極星的經驗往往被大學當局視為資產，因為它們代表了孩子懂得自發性學習，對知識充滿了好奇心。

肯恩告訴我一個很具代表性的例子。

「有個一直在家自學的學生，七年級時參加了北極星。他來這裡和大家閒聊，一起玩耍，試著開放原本封閉的生活。他拿著數學課本在中心裡走來走去，決定在這兒找個一對一的老師教導他。十五歲時，他在社區大學註冊，選修了初級微積分，表現很好。

為了選修中級微積分，他申請在麻州大學旁聽，表現一樣優異，這時他才十六歲。可是他沒辦法以旁聽生的身份選修更難的課程，所以他跑去招生辦公室對職員說：『我只有十六歲，但是我不想浪費四年做一件事，浪費三年做另一件事。我從來沒有考過學術能力測驗（SAT），我只知道我要上麻州大學，不然我沒辦法去上我想上的那些高深數學課。』結果他們將他放入原本只提供給高中最頂尖畢業生的聯邦計畫。他二十歲便拿到了數學和中文雙主修的大學學位。」

當然並不是每個參加北極星的孩子都這麼傑出，但或多或少都從其中得到了傳統學校無法給他們的成就感，而且通常在離開中心時，都已經做好了正面迎向未來的心理準備。有了北極星的成功，才有後來「解放學生公司」的成立。在「解放學生公司」的幫助下，各地紛紛以北極星的運作模式為範本，成立多家青少年自主學習中心[2]。

肯恩和北極星明白，學習有各式各樣的形態，一種教法不能適用在所有的孩子身上，當學生被以最適合他的方式教導他最有興趣的內容時，表現總能讓人刮目相看。北極星的成功其實是在提醒所有的學校，應該要以新的角度思考一下，該怎麼服務學生才能夠有效。

彈性規則

這是我常聽到的一種說法：「我們學區也很想滿足每個孩子的獨特需求，可是州／聯邦政府不讓我們那麼做。」事實上，如同我們在前面提過的，因為州和聯邦政府非常注重標準化教學，學生測驗結果對它們的資源分配及績效成績影響極大，所以確實不會讓地區性教育系統擁有太多自主權。我們之後會討論該如何盡快改變這些不合時宜的政策，但是在制度允許的範圍內力求改變一樣重要。就像第一章的蘿莉・巴倫改變了煙路中學，還有這本書裡許多成功的案例，在有機教育的四個原則下，我們仍然有足夠的空間可以創造革新。

即使是在極度強調學生測驗結果的學校裡，還是有很多可以在制度內求新求變的機會。在學校裡，有很多事之所以那麼做的唯一原因，就是「我們一直這麼做」。所謂的學校文化，除了習慣之外，就是在系統裡每個人的日常行為。許多習慣其實都是出於自願，並沒有強制性，例如：以學生年齡分組教學、每學期長度一樣、上下課使用鈴聲、所有的學生面對一個方向、老師站在教室前面、數學課時只教數學、歷史課時只教歷史等等。許多一度陷入困境的學校，在制度容許的範圍裡創新求變，往往能得到令人激賞的結果。因為改變後的做法，才能提供給學生真正需要的教育。

兩套系統的故事

我之前說過，要改造任何情況都需要明白三件事：對現狀的**批判**、對將來的**願景**、如何從現狀邁向願景的**改變理論**。我想以兩個國家的改革為例，來說明為什麼對這三件事看法不同，就會得到完全不同的結果。

美國教育部在一九八三年，曾發表一篇造成公眾和政治界大地震的教育報告。這篇由教育學者、政治家和企業領導人共同執筆的〈處於危險中的國家〉報告警告大家，美國公共教育的水準不但非常低，而且還在持續惡化中。報告中提到：「我們有理由為我們的大、中、小學在歷史上已經取得的成績，及對美國和美國人民的福利做出的貢獻，感到自豪，但另一方面，我國社會的教育基礎，目前正被一股平庸的浪潮所侵蝕，它威脅著我們國家和民族的未來。上一代人當時所難以想像的事已經發生——別的國家正趕上，而且超過我們國家的教育成就。」在令人吃驚的比較之後，報告繼續指出：「倘若一股懷有敵意的外國力量，試圖將今天存在的平庸教育實績強加在美國身上，我們會把這視作戰爭行動。而事實上，我們卻允許這種狀況發生在自己身上[3]。」

這篇報告引起各界極大的迴響。雷根總統因此指示：「對這個問題，公眾得知的時間已經太遲。我希望公眾會立刻採取行動……美國的教育是建國之本……重新創造一個如同當初成就美國歷史時一樣求知若渴的教育環境，是我們的當務之急[4]。」接下來那幾年，國家花了好幾億美元在積極提高美國學校的水準上。柯林頓總統當選之後，決定正面迎戰教育的嚴酷考驗，宣佈了「目標二〇〇〇」（Goals 2000）教改政策。這個法案明文規定所有學校上課時要教些什麼、用哪些課程教學、在學生幾歲時教。在教育部長理查德・雷利（Richard Riley）的領導下，聯邦政府創造出一套提高全國標準的系統，提供各州政府自行裁量運用。雖然立意良好，也達成某些不錯的成果，可是許多州政府對「目標二〇〇〇」卻一直抱持反對的態度，認為聯邦政府沒有權力告訴他們的學校該做什麼、不該做什麼。

小布希總統當選後，頒佈了「不讓任何一個孩子落後」法案，結果在花費了巨額的金錢、時間和人力之後，帶來的卻是教育被全國測驗和標準化牽著鼻子走的不良文化。歐巴馬執政後仍沿用了大部分的政策，整體來說成果不彰。在我寫這本書時，美國教育仍舊在和超高中輟率、沒怎麼改進的認字和算術能力，以及大量學生、教師、家長、企業主和政治人物的極度不滿搏鬥。美國發起的這幾次教改，雖然立意良善，但是它們在設計上就有極大的弊病，注定不可能成功。事實上，它們也真的失敗了。

在推行標準化教改前，傳統學術標準過低的現象備受**批判**。當時的**願景**是創造一個學術標準非常高、大學畢業生非常多、就業機會很充足的世界。它應用的**改變理論**是詳細明白地列出標準是什麼，並且以持續不斷的標準測驗為手段，孜孜不倦地反覆練習。

芬蘭的故事則和美國完全不同。從二〇〇〇年國際學生能力評量計畫第一次舉行開始，芬蘭的成績就一直名列前茅，不管在數學、閱讀或科學上，學生都表現得十分優秀。四十年前，芬蘭的教育系統也曾一度陷入危機，可是芬蘭人走上一條與標準化、加重測驗背道而馳的路，選擇了和美國南轅北轍的教改原則。

芬蘭鼓勵所有的學校採用一套由政府設計的廣泛而均衡的課程，包括藝術、科學、數學、語言、人類學和體育活動等等。我選擇的用字是「鼓勵」，因為芬蘭政府並不硬性規定學校一定要採用國家訂立的課程。學校非常重視實用課程及職業訓練，同時鼓勵創意發展。芬蘭在教師訓練和發展上投入大量心血，老師不但社會地位崇高，而且生活有保障，吸引不少優秀人才願意投身教育。各校校長擁有自行決定如何經營學校的實權，並且政府會提供豐富的專業資源幫助他們。芬蘭鼓勵學校和老師之間互相合作而非競爭，共享資源、教學方法和專長，鼓勵學校和當地社區、學生家長及親族，建立緊密且良好的互動關係。雖然芬蘭在各式國際學生學術評量上的表現一直很亮眼，但是除了高中畢業考之外，芬蘭並不對學生進行任何標準化的學科測驗[5]。

芬蘭學校不是為了達成高標準才做這些事，相反的，他們是因為做了這些事才會表現優異。芬蘭教育制度的成功，吸引了許多國家前來朝聖，想弄清楚教育奇蹟發生的真正原因。芬蘭的教育制度也不是完全沒有缺點，但是它一如其他的有機系統，仍在不斷地進化改變。可是整體來說，在全世界其他的教育系統愈來愈糟的同時，芬蘭的教育確實已經算是出類拔萃了。

也許你會說拿芬蘭來和美國比較並不公平。芬蘭只有五百五十萬人口，美國卻有三億一千四百萬人；芬蘭的土地面積僅僅十三萬平方英哩，而美國的國土遼闊，面積高達四百萬平方英哩。這些都是真的，但是拿兩個國家的教育制度相比，還是有其意義。

美國教育的主要決策者其實是各州的州政府。美國共有五十個州，其中三十個人口數目和芬蘭相近，甚至較少。奧克拉荷馬州有四百萬居民，佛蒙特州只有六十萬。我最近才去過懷俄明州，感覺上，我應該是那兒唯一的人類。即使是在人口較多的州，真正的教育行為其實是由學區主導。全美國有將近一萬六千個學區，學齡孩童大約為五千萬名。芬蘭每個學區的孩童平均數差不多是三千人。換句話說，芬蘭的學區學生平均數比美國少。

重點並不在於美國政客應該去學芬蘭話，將州政府所在地重新命名為「新赫爾新基」（New Helsinki）。事實上，芬蘭和美國非常不同。芬蘭的文化較單一，不像美國某些州相當多元（我這麼說，並沒有哪一種比較好的意思）。兩個國家的政治文化不一樣，人民對稅收和社會福利的態度也很分歧。儘管如此，芬蘭在教育改革上設定的原則，還是能套用在其他文化上，幫助其他國家成功地改善教育。美國自然也應該向芬蘭取經。全球各地對表現傑出的教育系統的研究，在在證明了能夠真正發揮效果的原則，就真的只有這些了。

與複雜共存

我之前說過，教育不該被視為工業系統，而該被視為有機系統。說得更精確一點，它應該被視為「複合適應系統」（complex, adaptive system）。在繼續討論之前，請先讓我解釋一下。

所謂的系統，就是將結果中所有相互影響的因素集合在一起的過程。世界上存在著各式各樣的系統，從最簡單的到最複雜的都有。一根槓桿也是一個系統：一根長棍固定在一個比較靠近某一端的支點上，將長的那端輸入的力量轉換成更大的力量，由短的那端輸出；開關可以打開或關上電流，亦是一個簡單的系統；而微處理器也是一個系統。

複雜的系統通常由許多分工合作的簡單系統組合而成。電腦、汽車、電視，甚至核子反應爐全是內含上百、上千個簡單系統的複雜系統。

植物、動物和人類等有生命的系統，不僅構造複雜，更是內部運作相互影響的**複合體**（complex）。在活的生物中，所有看似獨立的系統其實緊密相連、互相依賴，因為生物的健康是整體性的。植物不可能根部得病，卻還能完美地開花結果；如果根爛了，整株植物都會死亡。動物如果只剩某些器官正常運作，也無法生存太久，只有在所有系統維持某種程度的運作時，牠才可能繼續存活。

有機生物和周圍環境**彼此互動**。有機生物具有許多潛在能力，在適當的情況下便會一一浮現。如果環境改變對牠們不利，有機生物可能就會生病甚至死亡，但是也有可能經過一段時間之後便逐漸適應，演化成另一種生態。麻煩的是，人類不但要滿足生理需求，還要滿足心理需求；面對環境的改變，我們要適應的可不只是新陳代謝的速率而已。因為我們有智慧，會改變對未來的期望，而採取不同的行為來適應新的環境。

你就是一個複合適應系統。你的身體裡全是密密集集的生物連結網，因此才得以健康的活著[6]。和其他的動植物一樣，人類依靠這個世界取得賴以為生的養份，當周遭環境改變太快或對我們不利時，生存就受到了威脅。否則，我們通常能適應環境，改變自己的生活方式。

教育也是一個複合適應系統。教育內部各個系統緊密相連、相互影響，在許多方面都是不折不扣的**複合體**，尤其是牽涉到眾多的利益團體，包括了：學生、家長、教育者、僱主、專業人士、商業團體、出版商、考試機構、政治人物等。教育系統下充滿了無時無刻不在互相影響的次級系統，社會福利處、心理輔導處、衛生福利部、考試機構等等，都在各自尋求自身的最大利益，而這些利益可能重疊、衝突，或在某種程度上互相干擾。有時候，僱主和政治家也可能是家長，家長也可能是老師，或是另一所學校的學生。

這些系統非常**多元**。雖然教育在大部分國家多少都帶著相似的工業特質，但是各地政府在指導方向和控制程度上，卻有極大的差異。學校的類型也有許多種：以宗教為基礎的學校、獨立學校、特許學校、提供某類課程的專門學校等等。有些國家的私立學校非常少，但有些國家的私立學校非常普遍。

不管學校在哪裡、是什麼形態，每所學校都是一個充滿了各種關係、經驗和感情的活生生的社區。每所學校都有自己的「情緒」——傳統和習慣、獨特的個性、自己的神話、故事和圈內人才明白的笑話、行為，以及在朋友和派系間流行的次文化。學校並不是混亂日常生活的庇護所，它們和所在世界的關係既密切又複雜。一所有活力的學校可以帶動整個社區的生氣，成為人們培養創造力和希望的寄託。我親眼見證過一所從危機中脫胎換骨的學校，如何讓所在的社區日漸茁壯。相對的，不良的學校也會一點一滴地消磨掉學生和家庭成長、發展的機會，讓所有人一起陷入愁雲慘霧之中。

聯邦和各州法律、經濟現況、優勢文化的走向和傳統等構成的教育大環境，也一樣對學校的文化有所影響。

到了近代，教育藉由和人、機構的無數互動，證明了它是一個有生命的系統。就是因為教育系統是這麼的複雜多元，所以它不但可以被改變，而且事實上它**也一直在改變中**。

所有的生物系統都會想辦法發展出適應環境改變的新特點。這些被稱為「凸顯特徵」（emergent features）的新特點，在字典上被定義為「小分子為了形成大分子而團結起來的互動」。若套用在教育上，現在的環境已經充滿了大量的凸顯特徵，足夠推動下一波的改變。

舉例來說，電子科技的普及讓許多學校改變了教導和學習的方式[7]。全世界在二〇一四年有大約七十億個可以上網的工具，和地球的人口總數一樣多。到了二〇一五年，數目還會再上升一倍。根據估計，在二〇一四年裡，**每一分鐘**有二億四百萬封電子郵件被寄送出去，四萬七千個應用程式被下載，六百萬人在瀏覽臉書，兩百萬人正打開谷歌搜尋，三千張照片上傳，十萬人上推特，一百三十萬人在看YouTube，三十個小時的新影片被上傳[8]。請注意，我們說的是「每一分鐘」。一個人光是要看完一秒鐘內經過網路傳輸的影片，就得花上整整五年。

誠如戴夫・普萊斯（Dave Price）在《開放》（*Open*）中所寫的，數位科技的日益普及與複雜性，正在改變學生的學習與方式[9]。幾乎每一天都有新的學習工具、創造性的事物，以及新的方案與平台，可以幫助每一個學習者量身訂製教育。這些技術也在學生、老師，以及許多領域的專業人員之間，建立了新的夥伴關係。

社會評論家馬克・普倫斯基（Marc Prensky）、電玩遊戲設計師簡・麥克尼格爾（Jane McGonigal）在著作與演講中充分地說明了，數字遊戲的動態和美學，如何讓整個課程的學習變得更有趣與活潑[10]。同時，手機科技也把教育普及到例如非洲、澳洲以及南美洲等偏遠地區。我們在第十章會談到希爾維娜・葛瓦茲（Silvina Gvirtz）怎麼利用連上網路的簡易電腦，幫助布宜諾斯艾利斯（Buenos Aires）的窮困兒童燃起學習熱情。

民眾對麻木不仁的標準化測試愈來愈不滿，學校和社區也開始反抗現行制度。憂心工業化教育帶給孩子災難的焦急家長意識抬頭，積極參與教育活動。在家自學和彈性自學的人雖然還是少數，數目卻有明顯的成長。你會在之後的章節裡看到在家自學對TED主講人羅根・拉普蘭特（Logan LaPlante）的影響，就是個很好的例子。

正當大學畢業生發現自己的學位比想像中不值錢時，對是否要上大學還心存疑慮的學生，也在努力尋找其他的可能性。就在潛在學生不停流失的同時，大學院校也開始發現它們的光環已經褪色。為了因應趨勢，它們不得不發展出新的運作型態。我們會在後面的章節看到麻州的克拉克大學（Clark University）怎樣戰勝這個挑戰。

其實，沒有提到的例子反而更多。也因為剛才陳述過的理由，從自己做起就是最好的著力點。肯恩・丹佛德就是受到這個鼓舞才創立了北極星，所有出現在這本書裡的教育機構，也全都適用這個原則。我在英國成功主導的「學校中的藝術」（Arts in Schools）計畫也是基於這個原則。在下面的篇幅裡，我想簡單地說明一下這個計畫背後的故事，幫助大家明白怎麼辨認學校或系統裡的改變情形。

兩個計畫的故事

在職業生涯的早期，我曾經參與兩個目標相似，結果卻有天壤之別的專案計畫。我在一九七〇年找到第一份有薪水的教育工作，成為英國國家研究學校戲劇計畫中三名核心小組的成員之一。我的博士論文寫的就是這個題目，所以對我來說，它根本是份夢寐以求的工作。這個計畫的贊助單位是負責當時英國課程發展的主要機構，也就是學校委員會。

在那之前的二十年，許多學校紛紛開設戲劇課。它們不只有自己的戲劇部、特別教師、練習室和劇場，大多數都還僱用全職的戲劇指導，有時甚至不只一個。藝術學院和大學部門提供全職戲劇教師的訓練課程，但是戲劇教育的真正價值和該怎麼做效果最好，也引發了相當多的爭議。我們的工作就是仔細檢驗戲劇教師到底在學校做什麼，然後為將來的發展提出專業的建議。

我們選了六個戲劇教學發展得很成熟的學區，再由每個學區選出三所學校，然後和校方及當地的戲劇指導密切合作。第一年，我們時常探訪學校，詳細記錄每一個戲劇老師和學生的交流互動，並加以分析。我們舉辦區域性和全國性會議，討論戲劇教育的問題。我們也為所有參與的戲劇指導和老師舉辦一連串的座談會，鼓勵大家分享實務經驗和觀念。

第二年，我們寫了一本名為《由戲劇學習》（*Learning Through Drama*）的書，為學校戲劇教育做好概念架構，並列出一長串實行上的建議。學校委員會撥了第三年的經費，讓我們舉辦座談會、訓練課程和研討會，大力宣傳我們的主張。第三年結束後，經費也用完了，大家只好出去找其他的工作，這個專案計畫的一切活動也就跟著慢慢停擺了。

戲劇專案計畫的進行方式，是典型的「研究、開發和部署」（RD&D）的傳統路線。我們到學校觀察現狀、提出我們的建議，然後寫成論文公諸於世。我們製造的成果對戲劇教育產生了不小的影響，在我們關閉辦公室之後，影響仍然持續擴散。雖然我們幫助成立了幾個支持戲劇老師的專業協會，可是後來並沒有一個特別的單位繼續發展我們留下的計畫。那是一個有期限的專案，所以相對的，影響也只有一陣子。

「學校中的藝術」計畫則完全不同。

一九八〇年代晚期，柴契爾夫人（Margaret Thatcher）的保守政府通過一條制定國定課程（National Curriculum）的新法。這個在一九八八年通過的「教育改革法」（Education Reform Act）在英國教育界掀起了空前的巨浪。在那之前，學校對課程設計擁有百分之百的自主權，想教什麼就教什麼。雖然在實務上，每所學校的課程內容都差不多，但是理論上它們完全不受束縛。「教育改革法」結束了這種自由狀態。事實上，大家討論國定課程的可能性已經有一段時間，法案甚至還是工黨執政時提出的。一九八四年中東的石油危機嚴重影響西方世界的經濟，加上極高的失業率，讓工黨的首相詹姆斯・卡拉漢（James Callaghan）下定決心不能再讓學校為所欲為，堅持一定要設置某種程度的國家制定課程。

「教育改革法」在一九八八年匆促上路，許多人很擔心國定課程可能太過狹隘、太過功利。有些人認為許多非實用課程，尤其是藝術教育很可能會從此不受重視。為了先發制人，獨立的卡洛斯提・古爾本基安基金會（Calouste Gulbenkian Foundation）組織了一個全國性的委員會，檢視藝術在教育系統的現況。我和其他同事一起寫下了《學校中的藝術：原則、實務和規定》（*The Arts in Schools: Principles, Practice and Provision*）。

我們寫這本書有四個目的：第一是為了確保藝術會成為日趨激烈的英國教育爭論的必談話題。因為在此之前，在制定國定課程的過程中，藝術教育幾乎沒被納入討論範圍。第二是為了盡可能讓所有參與的政策制定者，看見藝術教育的重要性。第三是為了指出學校在發展藝術教育時面臨的實務及其他問題。第四是提供學校和政策制定者一個可行的計畫。

《學校中的藝術》的出版引起很大的迴響，各式各樣的專案，包括許多研討會、實驗課程和在職進修課程，紛紛成立運作。它甚至讓大家了解藝術也是社會政策裡重要的一環，對年輕人來說尤其如此。也因為報告受到廣泛的重視，我被請去設計、指導一個國家級的計畫，幫助學校落實我們在報告中的建議。

就在此時，我想起當年的戲劇專案。它一樣很重要，可是產生的影響卻很有限。於是，我以完全不同的方法經營「學校中的藝術」專案。我的目標不只是宣傳，而是改良學校現有的做法，將我們的建議納入實務操作。在接下來的四年裡，這個專案計畫幫助了超過六十個學區、三百所學校、兩千名教師和其他專業人士，成為一個全國學校改革互助網。這次實行的效果可說是立竿見影，不但影響範圍又深又廣，而且最重要的是，它成了學校永續的一部分。三十年之後，還是常常有人告訴我，那個計畫對他們的學校和學習過程影響深遠。

較早的「戲劇十年級到十六年級專案」也是個好計畫，但造成的改變卻不多。相反的，「學校中的藝術」專案引起的改變效果卻是長期性的。為什麼兩者在時效上會有這麼大的差距？我相信一定和**專案的設計和推廣方法有關**。我們在推行「學校中的藝術」專案時，將所有的學校當成複雜但懂得自我調適的系統，畢竟這樣的假設才接近實情。

換句話說，我們準備好要和系統裡相互依存但各自相異的組織一起工作。

參與「學校中的藝術」專案的每個學區，分別指定幾所學校為改革中心。他們各自成立顧問團，請他們支持並幫助學校推行藝術教育，同時向外宣傳專案內容，努力在大環境裡創造出成功的氛圍。顧問團的成員除了主管教育的政策制定者、當地文化組織人士之外，甚至還有募款機構和商業領袖。

但是「學校中的藝術」專案並沒有辦法解決藝術教育被邊緣化的問題。藝術教育還是成了標準運動的犧牲品，不管在英國或在美國都一樣。不過幸好我們從一開始就認清教育系統的複雜而多管齊下，所以這個專案才能對參與的學校和學區造成深遠的影響。我非常相信，如果我們想在教育上進行任何系統性的改革，只有採用類似的做法才有機會成功。

接受自己有能力改變是為改變負責的第一步。在做「學校中的藝術」專案時，看到學校系統和個人會把我們的建議聽進去，然後根據各校獨特的狀況採取不同的行動，讓我不禁覺得一切辛苦都值得了。

我們會在這本書的後頭提到更多使用這些原則，盡心為學生改革教育的學校。他們提供極度個人化的學習方式，為學生和所在社區量身打造所需的教育。許多在學校行之有年的制度，例如分齡教學、每節課時間一樣長、清楚的科目分類和線性測驗模式等等，其實在法律上並沒有硬性規定非這樣做不可。這些學校選擇打破這些框架，因為他們知道，幫助學習才是學校真正的核心工作。

追本溯源

我曾經在《讓創意自由》（*Out of Our Minds*）一書中引用戲劇導演彼得・布魯克（Peter Brook）的成就為例。他終其一生竭盡心力想讓戲劇成為最能震撼人心的經驗[11]。他深深明白許多劇院不過用來供人們消遣無聊時光，根本沒有辦法達到他想要的效果。因此他認為，為了增強戲劇的力量，首先就是要了解戲劇的本質是什麼。為了做到這一點，他問自己：在一場典型的戲劇表演中可以拿掉什麼，但它仍然還是戲劇？

他認為，可以拿掉帷幔和燈光，甚至不用戲服，這些不重要；可以把劇本丟了，現在有很多戲是沒有劇本的；可以不要導演、不要舞台、不要工作人員、不要戲院。畢竟有很多戲劇從一開始就沒有這些東西。

你唯一不能不要的是演員和觀眾。即使只有一個演員、一個觀眾，但是這就是戲劇中最重要、絕對不能拿掉的東西。演員訴說故事，觀眾體驗故事，戲劇就是觀眾和故事之間的連結。如果要讓戲劇達到最震撼人心的效果，最重要的就是盡可能加強連結。只有可以增強它的東西，才應該被加上去。布魯克後來成功地在一系列突破性的國際表演中證實他的論點。

對我來說，類似的推論也可以套用在教育上。我在前言裡提過學習和教育是不同的，教育最重要的核心是學生和老師之間的連結。教育的基本目標就是幫助學生學習，而這正是老師該扮演的角色。其他的相關事項全取決於這個連結是否成功、有效率。但是，現代的教育系統受到太多龐雜的外力干擾：政治算計、國家政策、公會協商，甚至消防法規、工作報告、家長期望、同儕壓力，簡直算都算不完。但是只要學生和老師之間的連結有問題，整個系統都會有問題。如果學生不學習，教育就不存在。也許當中發生了其他的事，但絕對不是教育。

大多數的學習（和教育）都和學校制度及國定課程無關，其實它需要的只是有意願的學生和投入的老師。我們面對的挑戰是在學校內創造並維持這樣的經驗，而且抵抗其他誤解教育意義的相關人士的不當干涉。當前最重要的工作，就是創造一個能讓老師和學生之間的連結成長茁壯的環境。這也是我說的「從基礎改革教育」的真正意義。為了做到這一點，自然會產生下列的責任生態系統：

- 在最基本的層次上，教育的重點一定要放在創造一個會讓學生有意願學習的環境。其他事務的安排都應該以這一點為中心。
- 教師的角色就是幫助學生學習。但是如何做到，則是種高難度的藝術。我們會在第五章詳細討論這一點。
- 校長是為了創造一所可以讓教師克盡職責的學校而存在，其作為對學校的領導力和學校文化有深刻的影響。
- 政策制定者的責任，就是創造出一個讓校長和學校都能克盡職責的環境，不管他們是在市政府、州政府或中央政府，全都一樣。

在公立教育系統裡，政府一定會對學生應該及為什麼要學習某些科目有所設定，也會對老師和學校的績效進行檢核。我們之後也會討論這些問題。可是，先讓我們追本溯源，將學習的真正意義搞清楚。學校要改進，一定要先了解學習本身的性質、怎麼做才能讓學生學得最好，以及如何做到這點的各種不同方法。因為如果學校和教育政策沒有把這個最基本的概念弄懂，再怎麼努力，也只會徒勞無功。

04 天生的學習者

新生兒對學習他們身邊的世界有著強烈的渴望。以學說話為例，正常情況下，大多數的孩子在兩、三歲時就非常會講話了。如果當過父母，你就知道你不會教孩子怎麼說話，因為根本沒辦法教。你沒有時間，而他們沒有耐心。孩子們只要暴露在語言環境裡，自然而然就懂得吸收。你可以跟著糾正、鼓勵、稱讚他們，但是絕不會有一天你叫他們坐下，然後說：「聽著，我們需要談談。事實上，是你得開口談談。」現實不是這麼運作的，而語言不過是人類巨大學習能力中的一個例子。

我曾在第二章談到李查・葛維爾，成功改變了英國格蘭治小學的命運。雖然成果豐碩，但李查並不認為世界上的每個學區都該在學校裡造鎮。相反的，他呼籲大家採用「回歸基礎」的方法，就像當初他們決定創立格蘭治鎮前一樣。李查認為：「我們應該鼓勵所有的教育人士，不管服務的機構是大學、中學，或職訓中心，在開始前都先去參觀當地最好的幼稚園，花點時間觀察孩子們怎麼學習。然後問問自己，我們要怎麼做才能將這些孩子的學習方法轉化給自己的學生使用？因為那才是最實際、最不辯自明的自然學習方法。」

學習的狂喜與苦惱

孩子們天生的學習能力到底有多強？蘇伽特・米特拉（Sugata Mitra）教授曾經針對這個議題，在一九九九年的新德里貧民窟做了實驗。他在牆上裝設一部電腦連上網路，然後退至一旁觀察孩子的反應。這些孩子沒有一個見過電腦，教授打開的瀏覽器介面還是他們聽都沒聽過的英文。但是孩子們很快學會怎麼操作電腦，而且彼此之間還會互相傳授。幾個小時之後，他們不但會玩遊戲、唱歌錄音，甚至還能熟練地瀏覽各個網站[1]。如果那個時代有推特，我相信一個月後，關注他們的人數應該會超過五十萬吧！

蘇伽特決定將實驗難度提高。他在電腦裡裝載了語音輸入程式，然後將它交給一群英語帶著濃重泰盧固（Telugu）口音的孩子。電腦無法辨認他們的口音，所以出現在螢幕上的全是沒有意義的亂碼。孩子們不知道該怎麼讓電腦明白他們在說什麼，而蘇伽特承認其實他自己也不曉得，於是他把電腦留給孩子們兩個月。當他再回去時，所有孩子的英語居然全成了電腦軟體可以了解的英國口音。

又過了一陣子，蘇伽特想試試一群只會說泰米爾語（Tamil）的十二歲孩子，有沒有辦法自行學會英語。他一樣將電腦留給孩子們兩個月，可是這一次他對實驗結果並不樂觀。他猜想：「等我回來測驗他們時，他們大概會得鴨蛋吧！然後我就能得到：『沒錯，老師還是必要的』這樣的答案。

「兩個月後，我回去看那二十六個孩子。他們魚貫走入教室，非常安靜。我說：『你們看了我留下的資料了嗎？』他們回答，『是的，我們看了。』『那麼，你們看得懂嗎？』『看不懂。』於是我說：『在決定你們看不懂之前，你們練習了多久？』他們告訴我，『我們每天練習。』我驚訝地問：『所以在這兩個月裡，你們每天看著你們看不懂的東西？』一個十二歲女孩舉起手說：『我們只曉得錯誤的ＤＮＡ分子複製會導致遺傳性疾病，除此之外，我們什麼都看不懂[2]。』」

蘇伽特發現只要給孩子們有效的工具，他們可以自學到非常多的東西。最近，他創立了「雲端奶奶」（granny cloud），請退休的老師們以Skype幫助學生學習、探索[3]。他更在二〇一三年年底建立了第一所雲端學校，「孩子們可以在這裡藉由網路找尋資訊並得到指導，開始進行自己的知識探索[4]。」

他的實驗讓大家明白孩子天生的學習能力有多麼強大[5]。可是，如果孩子天生就是這麼厲害的學習者，為什麼有這麼多人在學校裡苦苦掙扎？為什麼有這麼多人在學習的過程中倍感無聊？我認為主要的問題出在系統本身，以及那些建立系統的傳統。

在傳統的高中教室裡，學生們面向講台、乖乖坐著、聽老師講課和出作業。學習的模式主要建立在語言和數學之上，學生埋頭寫、計算，再和老師討論。課程則是必須學習的教材主體，通常分為不同的科目，由不同的老師教導。學校頻繁地舉行測驗，師生準備測驗的時間非常長。不用說，有些學生比其他孩子更快就能了解教材，但是全班還是要以一樣慢的速度和一樣長的時間，來講完那一個單元。不管孩子跟不跟得上，整個班級就是以多數人的程度被教導著。

學校通常以四十分鐘左右為一節課，將一天切成好幾段，每節課安排不同的活動，每星期重複一次。每節課上完時會有鐘聲或鈴聲之類的訊號，告訴大家停下手上的事，往下一個活動的教室移動。每個科目也有不同的授課老師。

為什麼大多數的學校都是以這種方式運作？主要是因為當年的公眾教育建立在兩個重點上，而它們仍存在於現代的教育系統運作。簡單來說，就是學校的**組織文化**和**智能文化**。正如我在第二章提過的，公眾教育的組織文化深植於工業主義的製造流程。智能文化的歷史更是悠久，甚至可以追溯到文明教育的起源—古希臘的柏拉圖學院（Plato's

Academy）。

我之前提過，教育現在是以學術能力為導向。對於許多人來說，「學術」是「才智」與「專業成就」的同義詞，也就是「教育上的成就」。恰當地說，「學術」意義指的是從事智力工作，主要是理論上或研究上，而不是實際應用上的工作（也因此「學術」有時也用來代表那些不切實際的或純理論的觀念或人）。

學術工作主要有三種。一是哲學家稱為命題型知識，例如，關於「獨立宣言於一七七六年簽署」的事實研究。二是，對於概念、程序、命題的假設與推測，例如，民主與自由的本質、運動定律、十四行詩的結構等的理論分析。三是，強調紙上研究，通常與閱讀、寫作與算數有關，而不是技術性、實用性和應用性的，需要手做、生理技能、手眼協調，以及使用工具的工作。

命題型知識有時也被稱為「認知」（knowing，即**知道原理**）以與程序型知識（即**知道怎麼做**）來做區別。程序型知識可以讓我們把事情與實務工作完成。學術上，完全不知道如何畫畫卻可以研究藝術史，或不會彈奏任何樂器而能研究音樂理論，是有可能的。製作藝術或音樂——這表示實際上還是有東西要學，其實都與知識及技巧相關。程序型知識在所有實務領域，從工程、醫學到跳舞，都是至關重要的。有些人在學術工作上發展得很好，而且發現自己在某個特定研究領域擁有熱情。其他人則發現自己真正的興趣是在將觀念與技巧應用在實務工作上，而且在某個實踐領域上找到熱情。

當然，學術工作本身是重要的，理論可以而且應該幫助生活各個領域上的實踐。但是在傳統的學術課程中，強調的是理論而非實務。學術研究毫無疑問是必要的，而且應該成為每一個學生教育的一部分。但僅有學術研究是不夠的，對現在的學生所需要的教育而言，它是必要但不充分的。

人類的潛力能夠發揮的，比學術能力更多，這全都體現在藝術、體育、科技、商務、工程所取得的成就，以及其他領域裡，人們奉獻時間與心力所完成的事情之上。人類的生活與未來，都取決於我們能掌握的實踐能力與技能有多廣。我們不能期待學校把所有的事物都教給每一個學生，不過至少要在受國民教育時，給予他們平等的條件與場所，打下發展的基礎。

這可能會讓你覺得奇怪：儘管人類智慧如此豐富多元地呈現，但我們的學校一直以來都只把焦點放在學術層面。究其原因，如同我在《讓創意自由》裡所說，是因為歐洲啟蒙運動對高等教育與科學方法的革命，以及其在工業上應用所帶來的影響。在這裡我就不再重述，但結果是，我們的教育系統現在變成組織規矩與知識習慣，而不是充分反應學生豐富多元才華的綜合體。

當學生和教育系統起衝突時，絕大多數的孩子會認為有問題的是自己，不是責怪自己不夠聰明，就是怨恨自己學習能力不夠。事實上，部分學生確實有學習障礙，需要特別的幫助，但對其他大部分的人來說，問題不在於他們無法學習，而是出在他們被要求學習的方式。

誰的問題？

我在前面說過，教育是個全球性的大問題，同時也是影響極巨的私人問題。每個人都會和教育扯上關係。我出生於英國利物浦的工人家庭，家中食指浩繁，我有五位兄弟姐妹，在我寫的書裡，提過不少他們的故事。我們和父母親住在一棟位於史派羅街（Spellow Lane）的小房子，很靠近英國頂尖的艾佛頓（Everton）足球隊的球場。有時，我們的親戚也會來和我們一起住。諷刺的是，因為我得了小兒麻痺，必須就讀特殊學校，所以在教育路上反而走得特別順利。

我在那裡遇到許多好老師，最後通過了決定哪個人可以去上程度較好、較學術走向的菁英文法學校的「11+」考試，而不用去上程度較差的現代中學。菁英文法學校的畢業生幾乎全會進大學就讀，而將來從事的也都是商業或專業技術工作，不會從事服務業或成為勞動階層。如果不是這個意外，我今天也不會過著現在的生活、做著現在的工作。我的兩個弟弟也通過考試，也上了菁英文法學校，而其他的兄弟和姐姐蘭娜（Lena）雖然能力也不錯，卻走上了截然不同的路。

蘭娜很喜歡她在一九五〇年早期就讀葛蘭蒂斯街（Gwladys）小學的時光。她喜歡學校悠閒的氣氛，可以自由地閱讀、寫作、畫畫、做手工藝、運動，甚至玩耍。然後「11+」考試突然來了。雖然所有的孩子都知道它事關重大，但其實不大搞得清楚為什麼。在考試當天，他們全被帶到一所陌生的學校，和不認識的他校學生一起集中在大禮堂內。

他們一個人坐一張桌子，被警告不可以彼此交談。老師們嚴肅地將試題本發下，要求他們在一定的時間內完成。在考試結束後，試題本被安靜地收回，而他們則被領回自己的學校。過了幾個星期，利物浦教育委員會（Liverpool Education Committee）寄來了一個大牛皮紙袋。爸爸媽媽拆開後，小聲地告訴蘭娜她沒考過。她並不驚訝。對這個考試，她既沒有事先準備，也不知道該抱持什麼期望。過了不久，家裡又收到另一封信，告訴爸媽蘭娜應該要去上史丹利・帕克現代女子中學（Stanley Park Secondary Modern School for Girls）。

她在那兒念了四年書，十一歲入學，十五歲畢業。她痛恨這所學校的一切，課程是固定的，完全無法選擇。大多數的時間，一班四十個女生只能面對前頭的黑板，做老師要她們做的事。每個人都要上歷史課、地理課、數學課、英文課和自然課。她靜靜地做她該做的事。她生性害羞，甚至從來不曾舉手發問，因為她不喜歡引人注目。

她喜歡上的都是些可以走動的實作課程，譬如可以烹煮食物的家事課、可以做實驗的化學課、可以剪裁布料的縫紉課、可以跑跳呼吸的體育課。但是這些有趣的課感覺上實在太少了，大多數的時候，她還是只能坐在教室裡靜靜地埋頭寫字。

學校在最後一年請來幾位就業輔導專家，向學生們解釋她們未來的工作選擇，建議她們考慮如祕書、私人助理、護士、美髮師和工廠作業員等工作。蘭娜和四、五個同學在仔細思索後，覺得美髮聽起來似乎最有趣。為了成為合格的美髮師，她們得去髮廊當三年學徒，每週一天在美髮學校學習藝術、化學、剪髮和造型。但是最打動她們的是，客人會對她們的工作成果非常重視。她很開心地做了選擇，我的父母也很贊成。那時我的父親剛好在工作時受傷，折斷了頸椎而全身癱瘓，父母要擔心的事實在太多了，女兒的職業選擇顯然不是他們當時最在意的事。於是，蘭娜在家人的祝福下，走上了美髮師的路。

畢業典禮的前一天，女校長到每個畢業班去講幾句話。她要求學生在她唸到她們選擇的職業項目時站起來。她向選擇了祕書、護士、工廠作業員的女孩子們道賀，然後她問：「有人想要當美髮師嗎？」包括蘭娜的五個女孩站了起來。女校長說：「我早就應該想到，懶惰的人就會選擇懶惰的工作。」她們自傲且滿懷期待地站起來，但困惑且尷尬地坐下。蘭娜一直很努力、很勤奮，從沒被人罵過「懶惰」二字。十一歲時，她覺得自己是個失敗者，所以被分配到史丹利・帕克現代女子中學，而在十五歲要離開它之前，女校長的話讓她覺得自己又是個失敗者。最叫人不平的是，在那之前，女校長從來沒對她說過一句話。

時至今日，她已經成了一家頗有名氣的髮廊的老闆娘。但是她不免遺憾，如果學校能認識她的人格特質，也許她當時就有機會走上一條不同的路。她明白自己是個有計畫、能自律的人，而且非常擅長和顧客溝通。現在的她相信，如果當初懂得發展這些天賦，今日的成就可能就不只於此。

然而在她中學畢業時的六〇年代，人們普遍對那些現代中學的畢業生不抱期待，對女孩子尤其如此。就像蘭娜說的：「當你在學校裡所有的時間大家都是集體行動，用來衡量的標準也都相同，怎麼可能會有人知道你是誰、你能做什麼呢？」一點都不錯。

現代學子在學習動機和學習方法上遭遇的問題，有許多其實是由教育系統本身造成的，只要改變系統，許多這類問題便會迎刃而解。我們再來看看另一個好例子，當套在學習上常見的束縛被移開時，會發生什麼事。

學習自由

長期在倫敦表演藝術與技術學校（BRIT School）擔任資深藝術指導的艾德里安・帕克（Adrian Packer），被艾佛頓自治學校（Everton Free School）聘請為首席校長。這所由英國最受歡迎的足球隊之一艾佛頓足球俱樂部創辦的學校，是為了提供青少年不同的教育選擇而成立，目標是希望不管學生情況多糟，還是能有學校念。

自治學校在英國的歷史並不長。就像美國的特許學校，它們也是由中央政府出資，卻不需要遵從一板一眼的國定課程，在學校標準、人員僱用和預算上，擁有較大的彈性[6]。艾佛頓自治學校的設立初衷，就是想讓在傳統教育中適應不良的青少年，擁有量身打造個人化教育的機會。

卡勒姆・曼恩斯（Callum Mains）就是這樣一個青少年。卡勒姆小時候很喜歡上學，可是進入青春期後，他覺得學校太大、太公式化，所以他幾乎有一半的時間沒去上學。

他十三歲時父親過世，家庭生活變得更困難了，而學校提供的課程既不能符合他原有的興趣，也無法啟發他產生新的興趣。對他來說，艾佛頓自治學校宛如一條救生索，讓他終於能和一個真正重視他、在乎他想法的機構產生連結。

他告訴我：「在這裡，你會覺得老師是合作夥伴，而不是敵人。你會覺得他們關心你，而且會將你的想法納入考慮。我相信如果不是因為來這所學校，我大概會加入那些在街上抽大麻的孩子。它阻止我走上那一條路；它讓我知道，只要夠努力，可以完成自己的任何夢想。」艾佛頓自治學校和我們提過的幾所學校，都有兩個相同的關鍵特徵：第一，相信每個孩子都有極佳的天賦；第二，拋棄狹隘的學術至上觀念，打造一個能為孩子量身訂作個人化教育的系統，讓學生的天賦得以充份發展。

個人化時代

我在幾年前買了一輛新車，選購過程花了很長時間。一旦我決定要買哪個車款後，因為每輛車都能客製化以滿足顧客不同的品味與需求，接下來我得做出關於顏色、板金光澤、內裝布料、音響系統、飾條、兩門或四門、引擎數等一大堆選擇，簡直像在填報稅單那麼麻煩。我問賣車的銷售員，這款車到底有多少不同的版本，他說他不知道，但是他猜我的車就像他賣出的其他車子一樣，會是獨一無二的。

回想我在二十三歲買第一輛車時，面對的問題完全不同。那時，我要回答的問題只有一個：「你要買？還是不買？」時至今日，我們已經將幾乎任何東西都能客製化視為理所當然，從智慧型手機上的應用程式到身上穿的衣服，到我們在臉書上的個人頁面，彷彿事情本來就應該如此。醫療照護方面也是。隨著科技進步和生物知識的精進，你使用的藥物愈來愈能迎合個人的身體狀況。

這種個人化服務似乎已經成了各行各業的主流，不過在教育界裡仍屬罕見。說來諷刺，其實教育才是最需要個人化的產業。我所謂的個人化教育必須：

- 相信智慧的多元化，除了狹窄的學術能力之外，亦要肯定孩子們擁有其他長才。
- 幫助學生追求特殊興趣、加強自身專長。
- 依照學生不同的學習速度，制定適合的時間表。
- 發展出可以衡量學生進度和成就的測驗方式。

多元智慧

我說過孩子是天生的學習者，這句話絕對是真的。在出生後，他們大量地向周遭的世界和身邊的人學習，並開始發展出可觀的能力。當然，其他物種也學得很快。拜現代科學之賜，人們發現許多動物其實非常聰明，牠們的行為、能力和彼此的關係，往往比我們以為的更微妙複雜。

雖然大家對於動物是否真的能依照我們定義的方式「學習」還有爭議，但是不可否認確實有不少頗具說服力的例子。作家傑佛瑞・麥森（Jeffrey Moussaieff Masson）在《對著月亮唱歌的豬》（*The Pig Who Sang to the Moon*）中描寫一隻被命名為「小豬豬」（Piglet）的豬，每天早上都會去游泳，牠喜歡孩子們的作伴，尤其喜歡他們撫摸牠的胖肚子，而且還會在月圓時對著天空高歌[7]。

一隻懂得解決問題的烏鴉，更在艾力克斯・泰勒博士（Dr. Alex Taylor）主持的實驗中，以不同的技巧連闖八關，拿到被放在容器深處的食物，因而有了「〇〇七」的威名[8]。當然，我們不能不提到猩猩基金會（Gorilla Foundation）裡，知道如何使用手語的母猩猩Koko。牠學會使用超過一千個手語單字，不但懂得串聯手語表達複雜的句子，甚至還聽得懂口語英文[9]。

有些動物比人類嬰兒更能幹。不用說，Koko自然比大多數的人類嬰兒更懂得如何有效溝通。但是人類很快就嶄露出不同凡響的學習能力，將其他物種遠遠拋在後頭，主要是因為我們擁有傑出的抽象思考能力，其中語言發展就是最好的例證。

人類和其他生活在地球上的動物，至少有一點非常不同：我們並不像其他物種那麼直接而單純地過活。相反的，我們生活在許多觀念和價值構成的框架裡。我們不只存在於世界中，而且對這個世界有想法、有理論，行為也會因這些思想而改變。孩子們逐漸成長，開始學到他們其實存活於兩個世界裡，而非只有一個。一個是不管你存不存在都會存在，由其他人、物質和事件構成的世界；另一個是因為你存在所以存在，你個人意識構成的世界。讓兩個世界都很合理且關係良好，是人類生活的重要挑戰之一。

當我們和其他人一起密切生活時，彼此的思想和情感會互相影響。我們會逐漸發展出對聚集、分享價值和行為的共同看法。換句話說，我們創造了文化。孩子們在成長過程中，自然也會吸收文化裡所使用的語言的看法和想法，以及社會裡各種的價值觀和生活方式。

我曾經在《讓創意自由》裡討論過人類擁有的許多不同感官（不只五種），並且拿來和其他物種的感官相較。雖然有些動物確實可以看到、聽到、品嚐到人類無法偵測的東西，但是我們卻擁有牠們比不上的強大思考能力，即使在環境和我們習慣的世界不同時，還是能夠應變。我們感受世界，並且可以將我們感受到的，以各種不同的方式，如聲音、影像、動作、文字、數目等等，和同類溝通。我們可以用隱喻、用類比，可以說理、可以移情，可以推論、可以假設，可以想像、可以創造……，這些都是其他物種做不到的。

《多元智慧理論》面世後受到廣泛討論，其他人也紛紛提出不同的見解。然而最要緊的是它所強調的：人類得天獨厚擁有多元的智能，如果真的要達到教育的四個目的，我們就要提供多種方法讓智能得以發展，能從環繞的世界中得到知識並加以探索。

人類生命的特徵之一，就是個人才能、興趣與個性的多元性，心理學家與其他人文科學家，很自然地會想將之定義與分類。在過去數百多年來，最有影響力的理論應該就是智商（IQ）的概念——每個人都有與生俱來的智慧，而且可以被快速測試並得出一個數字代表程度[10]。我在其他地方寫過這個概念的缺點，這裡就不重述來考驗讀者的耐心了，但想特別提出的一點是，智商把人類智能真正的豐富與多元給窄化且誤導了。

許多學者都曾對多元智慧提出見解，但近代傑出心理學家霍華德・加德納（Howard

Gardner）所發表的「多元智慧理論」（Theory of Multiple Intelligences）顯然是影響最大的一個[11]。他認為，「多元智慧理論」反駁了「以智力測驗和其他簡答題評量的標準心理學裡，對人類智力狹隘單一的看法。」他舉出許多來源不同的證據，主張人類具有好幾項迥然不同的智能。他提出八個智慧範疇，並認為每個人都擁有這八項能力，只是人人混合的比例不同。「多元智慧理論」面世後受到廣泛討論，其他人也紛紛提出不同的見解。這些和其他有關智能的多樣性理論都引來非議，有些批評家質疑理論的結構：智力應該分成三種、四種、八種或十種？其他人則認為這只是理論而沒有科學依據，因此應該存疑。這兩種批評都是合理與正確的。就像過去卡爾・波普（Karl Popper）認為「科學不是線性的發展」一樣[12]，也只是基於「猜想」。任何理論，不管多麼吸引人，都要等待支持、懷疑或反駁它的證據，才會有更好的理論出現。

我覺得有趣的是，一些批評者的結論變成了，因為這些多元智慧理論還無法用科學方式證明，因此也找不到什麼實際存在的事物可以支持它們。可是，就是有這樣的事物存在。幾年前，我曾經和北歐的一位政府高官開過會，他不相信人天生的智慧就是多元的，要求我舉證說服他。開會的地點位於一座十七世紀的城堡，房間牆壁貼滿了橡木嵌板，會議桌很大，是張雕工精細的核桃木桌。牆上掛著傑出的現代畫，一個大尺寸液晶

同的長處和短處，也有不同的才能，不過總有些事情是自然而然會有感覺的。比如我通常很擅長表達自己，不過一直對數字不在行；我有些朋友在學校會對數學課感到津津有味，他們就是有此天賦的人。我能通過測驗，但對我來說，往往需要非常努力才能掌握某些對他人來說很簡單的概念與技術。當然，不管資質高低，這都可以透過實踐而發展。不管天賦多高，都可以透過磨練而精益求精。不過即使透過同樣的實踐，兩個具有不同程度資質的人，達到的成就當然是不同的。

在日常生活中，我們也很容易就能看到例子。買個新電器回家，請家裡所有的人自行弄懂該如何操作。你的配偶可能會直接去找使用說明，一個孩子可能會上YouTube網站找找看有沒有人放上相關影片，另一個卻乾脆把開關打開，等著看會發生什麼事。家裡的每一個人對學習這個新東西都有不同的做法，因為每一個人本來就是不同的個體。由此可知，以同樣的方法教導全部的學生，其實是相當沒效率的做法。

找到自己的天賦不只是發現自己的才能，有些人其實並不在乎他們擅長的事。你必須喜愛那件事，所以天賦跟熱情有關。

我們對外在世界的看法，會受到個人生理狀況和文化背景影響。每個人都有不同的人格、天賦、興趣、願望、動機、焦慮和脾氣，給予學生自由的空間，探索他們的興趣和能力，往往會收到意想不到的效果。煙路中學的蘿莉・巴倫在明白對學生最重要的東西才是真正最重要的東西之前，一直無法順利推展校務。足球、畫畫、音樂（當然也有極少數的孩子真的認為科學、文學或歷史最重要）帶給他們撐過一天的勇氣，讓他們願意忍耐其他無趣的課程。

學習和資訊、觀念的記憶脫不了關係。在一般的假設裡，有人記憶力強、有人記憶力弱，如果不幸你是後者，就只好更努力一點。但是對歷史大事日期或乘法表怎麼背都背不起來的孩子，有時卻可以輕易背出上百條歌的歌詞、巨細靡遺地回憶十年前某一場運動賽事的細節。他們在學校裡的不良記憶顯然是因為不感興趣，而非能力不足[13]。

依照學生不同的學習速度，制定出適合的時間表

既然不同的人會用不同的方法學習，當然每個人學習的速度也會不一樣。全班統一進度、集體教學的方式，可能會讓老師無法辨認出有困難的孩子，並給予適時的幫助。於是有些學生就會表現得比實際應該做得到的還差。他們的「表現不佳」可能會讓大家對那個學生從此不抱期待，因此傷害了他的整個求學過程。

依學生年齡分組教學，是教育界裡行之有年的慣例。我們常聽到有些家長在覺得自

己的孩子還沒準備好要上學時，會讓他延後一年入學。但是一旦孩子進入教育系統，就只能一年一年地和同年紀的同學往上爬。八歲小孩的教室裡就是其他的八歲小孩。天資聰明的十四歲小孩，可能會和十七歲的孩子一起上選修課，但是到了語言藝術課時，他還是只能乖乖回來和其他十四歲小孩一起上課。

走進任何一間一年級的教室，你可能會看到某些孩子已經可以自己閱讀，某些孩子需要一個字一個字唸出聲音來，當然也有一、兩個完全搞不清楚狀況，另外一、兩個卻已經在看青少年小說了。雖然幾乎所有的孩子最終都能學會閱讀，但是在一年級時他們的程度卻是天差地別。有些孩子對數字很敏感，三年級就開始學習代數也不成問題；有些孩子卻覺得數學好像是一場將他們拒於門外的派對，很可能到了九年級還需要有人從頭講解分數。

學校傳統的輸送帶課程表，強迫所有的人速度一致，不管這麼做到底適不適合。試想如果我們把這一套方法搬進辦公室，每四十分鐘，所有的人就得停下手上在做的事，移到另一個房間，開始完全不同的工作，每天這樣重複六次。我相信那家公司應該很快就會無法運作，在幾個月內便會面臨破產了吧？喬伊・哈里遜（Joe Harrison）就是看出了這有多荒謬，才決定挺身而出。

喬伊開始在英國曼徹斯特（Manchester）的學校教音樂之前，並沒有接受過教師訓練。他看出「正常學校日」的步調，讓學生根本無法專心投入某項專題或課程。他和我談到曼徹斯特的工作：「它非常有趣，很興奮、很迷人。孩子們很喜歡，老師們也很喜歡，大家想出了好多有趣的主意。可是不管我們多想擴張這個專題的可能性，卻只能在每週一上午聚會一個小時。於是，這個專案在聽到下課鈴時，就失去了教育意義。所有在教育上進一步的可能性、所有剛燃燒起來的力量，就因為大家必須離開去上下一節課而消失殆盡，可以全神貫注的選項並不存在。頓時，我明白了這真的是教育系統裡的一大缺點。」

然後，喬伊開始和英國政府為了發展學校創造力所成立的「創造力夥伴」（Creative Partnerships）小組合作。他認為自己的主要任務是：解決他在曼徹斯特學校看到的問題。「我試著提供時間和空間，幫助年輕人挖掘他們內在的創造力。但是我所做的每個專案，無一不是在和忙碌的學校課程表搶時間。」

喬伊在和「創造力夥伴」合作時，剛好讀到了卡爾・歐諾爾（Carl Honore）主張以恰如其份的速度好好做事的《慢活》（*In Praise of Slowness*，大塊出版）[14]。這本書的出現在全世界掀起一股「慢活」的旋風，而看在喬伊眼中，這似乎就是滿足教育系統迫切需要的好辦法。於是他開始進一步研究起慢活，卻發現完全沒人提到它和喬伊最在乎的教育的關係。因此，他創立了「慢教育」（Slow Education），架設網站讓全世界討論，並提供地區性的服務。他開始和學校合作發展新的教學模式，其中的一所就是蘭開夏郡（Lancashire）達爾文市（Darwen）的聖三一小學（Holy Trinity Primary School）。

「達爾文市是個缺乏教育資源的地方。許多孩子都有行為或情緒上的問題，符合免繳營養午餐費的清寒學生比例，較全國平均高出很多。教學成效不佳。就在學校努力想改善現況時，我們看到了導入『慢教育』的機會。」於是，他們花了很多時間觀察社區和學生的背景和關係。他們採取的第一步不是拚命拉高成績，而是設立早餐俱樂部。他們輪班做專題，讓當地居民有機會參與學校活動。建立起私人情誼後，教師和學生的關係變得更加穩固。每個學期，老師們一定會和每個孩子做一次一對一的交流。

喬伊從聖三一小學看到了，當學校和社區一起合作認識每個孩子的個性、了解他們的夢想，創造出符合個人興趣、學習方式和能力的課程時，成果會有多麼豐碩。他們不再強調成績的重要性，取而代之的是強調學生、老師和社區間的互動。學生們對這樣的教育經驗非常感恩，開始將聖三一視為第二個家。很快的，學生的行為問題減少了許多，學業成績也顯著進步。教育標準局在視察後，調高了對聖三一的評鑑[15]。

喬伊毫不遲疑地告訴我，「慢教育」並沒有所謂的理想模式，這一點非常重要。因為「慢教育」的本質就是將教育過程個人化，給予學生空間和時間去發現自己的興趣和長處。喬伊說：「『慢教育』講究的是更一進步的學習、有意義的結果，其中心主旨在於老師和學生間的關係品質，這遠比以能力和測驗評斷學生來得重要。」

發展出可以衡量學生進度和成就的測驗方式

稍後我們再來檢視高度利害攸關的測驗所帶來的壓力。從標準化測驗蒐集來的不可靠資料，讓人不禁對大多數教育系統裡的測驗方法質疑。現在，我只想將美國國家公平公開考試中心（National Center for Fair and Open Testing，簡稱 Fair Test）執行董事蒙特・尼爾（Monty Neill）的觀念分享給大家。蒙特在一篇發表於《徹底》雜誌（*Root And Branch*）的文章裡寫道：「測驗應該是多元的，從選擇題到問答題，從專案到教師觀察，以及學生自我評估等等。好老師知道該怎麼利用許多不同的工具，測驗學生對知識的了解，進行範圍廣泛的測驗。不幸的是，提高標準化測試成績的壓力，讓老師們不得不減少測驗的範圍。舉例來說，就有老師在給美國國家公平公開考試中心的報告上說，因為準備考試的時間太長，所以只好減少要求學生提交閱讀報告的數量。而這個情況卻不知道已經在美國各地出現了幾百萬次[16]。」

兒童遊戲

標準化教育帶來的沉重壓力，加上愈來愈重的課業負擔，讓不管哪個年齡層的人都無法以最自然的方式學習，尤其嚴重傷害了幼兒教育，剝奪了他們玩耍的權利。遊戲在生命的不同階段，尤其是在兒童時期的身體、社會、情感與智力發展上，有許多種形式及基本的功能。在所有文化中，遊戲的重要性已受到認可，已在世界各地受到廣泛研究與應用。然而，許多國家的標準運動視遊戲為令人分心且多餘的。標準化教育最大的悲劇之一，就是遊戲的消失。

彼得・葛雷（Peter Gray）是波士頓學院（Boston College）的心理學教授。他以生物進化的角度研究兒童遊戲，發現人類兒童在不用負擔其他責任時，玩耍的時間比其他哺乳類多很多，而且也從中得到極大的益處。他在幾年前曾參與一個以漁獵採集文化為主題的人類學調查，每一份報告都指出，這類文化允許孩子們在沒有大人的陪伴下到處玩耍，大人們則認為這對孩子學習成為一個負責的成人需要的技巧，有莫大的幫助。葛雷博士說：「好幾位人類學家告訴我們，他們觀察這些文化裡的孩子，覺得他們比世界上其他地方的小孩都要聰明、快樂、合作，而且擁有最強的適應力和彈性。所以從生物進化的角度來看，遊戲是讓哺乳類幼兒獲得成人期所需技巧最自然的方法，其中當然包括人類兒童[17]。」

那麼，大多數已開發國家對兒童學習的態度又是如何？正如葛雷博士在《學習自由》（*Free To Learn*）一書中指出的，已開發國家的兒童入學年齡反而更早。「我們現在不只有幼稚園，在某些學區裡還設有中班，甚至在大班和中班之前的幼幼班。而且它們的架構和小學愈來愈相似，孩子們必須完成成人指定的工作，不能再只是單純地玩耍。」上課的時數愈來愈長，最近還出現希望延長學年的聲音。在學校裡自由玩耍的機會被大幅縮減。「不只是學校上課的時數變長、玩耍的時間變少，而且學校對家庭生活亦產生嚴重的影響。回家作業的數量增加，佔去了孩子在家本來可以玩耍的時間[18]。」

彼得・葛雷認為這種現象是孩子的損失。在他之前，許多心理學家、哲學家、人類學家和教育學家，都提出一樣的看法：「孩子們天生就該不受成人監督，自己到處遊戲和探索。他們需要自由才能發展，沒有自由就會萎靡。想要自由玩耍的動機，是生物與生俱來的基本慾望。」

自由玩耍不足也許不會像缺少食物、空氣或水一樣損害身體，但是絕對會讓孩子精神萎靡，也會阻礙心理上的發展。「自由玩耍能讓孩子們學會怎麼交朋友、怎麼克服恐懼、怎麼解決自己的問題，終至逐漸掌控自己的人生。而且它也是孩子們練習並取得在自己的文化中，變成一個成功大人的生理和智慧技能的主要管道。我們做再多的事、買再多的玩具、擁有再多的親子時間、給孩子再多的特殊訓練，都無法彌補，因為他們從自由玩耍中自主學習到的事，是無法用其他的教育方法取代的。」

我百分之百同意他的看法。孩子天生就有強大的學習力，讓他們自己做主，他們會探索選項，做出我們不能也不該為他們做出的選擇。遊戲絕對是學習的基礎，是好奇心和想像力共同結出的美麗果實。不幸的是，標準化運動確實大量扼殺了孩子們在學校玩耍的機會。

我念小學時，學校每天都有固定的休息時間，讓我們自由玩耍、增進社交技巧、滿足想像力、嘗試廣泛的技巧和角色。現在的小學可能好不容易才擠進十五分鐘的休息時間，可是只要課程被打亂，學校馬上就會取消而進行補課。同時還有政治人物提議延長學校上課時間、增加學年上課天數。這不只是個爭議極大的政治議題，而是它根本就違反了自然法則。

追根究底，當今學校的運作模式和違反自然學習節奏的慣例，才是提高學習成就時遭遇的根本問題。如果你的鞋子讓你腳痛，將它們擦亮或責怪你的腳都沒有用；你應該做的是把鞋脫掉，換另外一雙。責怪在失敗系統裡掙扎的人，對事情一樣沒有幫助。你該做的是和他們合作，改變它，讓它成功。而最適合做出改變，並且在合適的情況下，對學習品質會有最大影響的，自然就是站在教育最前線的老師了。

05 教學的藝術

雷夫・艾斯奎（Rafe Esquith）在洛杉磯韓國城的荷巴特小學（Hobart Elementary School）第五十六號教室教了三十年的書。荷巴特大多數學生來自亞裔移民家庭，許多人在入學時一句英語都不會說。社區成員的收入普遍不高，不管是成績或是畢業率都不好。雷夫的學生幾乎都是在學校吃免費早餐和午餐的清寒子弟，但是大多數從五十六號教室出去的孩子，不但都從高中畢業了，而且能說一口流利的英文，其中更不乏進入長春藤或全國頂尖大學就讀或事業成功的學生。部分他教過的校友甚至合作創立了一個基金會，提供資金，教育後進。

上面說的就已經夠讓人印象深刻、大感意外了。可是更讓人想不到的是，雷夫能把學生教得這麼好，居然全靠莎士比亞。每一年，他會選出一部莎士比亞的戲劇作品，和全班一起從劇情、人物、語言、歷史和表演方法等各種角度分析它。這些孩子在踏進雷夫的教室之前，幾乎沒有人聽說過莎士比亞，但是他們很快個個成了小詩人，表現好到足以讓年紀長他們三倍的人都自嘆不如。

我有幸和其他觀眾一起擠在五十六號教室裡，觀賞他們演出《暴風雨》（*The Tempest*）。和過去三十年、來自世界各地的觀眾一樣，我們看著三十五個九歲和十歲的孩子，興奮、熟練地演出這部許多評論家推崇為莎士比亞最偉大的傑作，內心深受感動。孩子們不只優美地唸出台詞，並且用十多種他們那一年才開始學的樂器現場演奏，還唱了三部及四部合聲。我注意到扮演愛瑞兒的韓裔小女孩，下了台之後，一直跟著台上的角色默默唸著每一句台詞。中場休息時，我對雷夫提起這件事，說她似乎記下了整部戲裡的每句話。他微笑告訴我：「所有的孩子都是這樣。」在第二幕開始前，他將我的評論轉告所有小演員，並且問他們是否熟知整部戲，他們同樣對我微笑點頭。雷夫要他們試著回想瑪蘭達的第一場演說，他們齊聲背誦，一字不漏。

這可不是只靠死記就能辦到的，他們顯然了解，而且熱愛那部戲劇。全球知名的傑出古典戲劇演員伊恩‧麥克連爵士（Sir Ian McKellen），是荷巴特小學裡莎士比亞表演的常客。他告訴我：「孩子們了解劇本裡的每一個字。並不是每一個參與莎士比亞戲劇的演員都能做到這一點[1]。」但是莎士比亞只是荷巴特第五十六號教室課程中的一小部分，而且戲劇排練要等到學校正常的課程結束後才能開始。其他的時候，他們不是在做一些超齡的閱讀，就是在學解高中範圍的數學。五十六號教室的牆面貼滿了耶魯、史丹佛、聖母（Notre Dame）等各大學的三角彩旗。那些全是雷夫以前教的學生上大學之後送的，而他們通常也是家裡的第一個大學生。

雷夫激發學生對學習的渴求，孩子們主動提早到校，寒假、暑假時也來，甚至向他發誓在他班上這一年，他們連電視都可以不看。他的課堂座右銘是「捷徑並不存在」，而他的學生努力到一種不可思議的地步。可是他一直陪著他們，從不缺席。他在接受哥倫比亞廣播公司（CBS）晚間新聞訪問時說：「如果我想要這些孩子努力用功，那麼我就得比他們見過的任何人都要努力[2]。」他以身作則，每星期工作六天，工時極長，每個星期六他還回學校輔導以前教過的學生準備SAT。

在他所寫的《第五十六號教室的奇蹟》（*Teach Like Your Hair's On Fire*）一書中，他談到了自己「變身」的那一刻。當時他正在幫助一個「總是跟不上其他人，顯然已經接受自己怎樣都不會成為一個特別人物的沉默小女孩」。在大家學習怎麼點燃化學課用的酒精燈時，彷彿注定好的，她的燈就是點不著。她含著眼淚，請老師繼續為其他同學上課，可是雷夫拒絕將她丟下不管。後來他發現問題出在酒精燈上，於是動手修理。

不知道為什麼，它的燈蕊比應有的長度短很多，短到我幾乎看不到。我盡可能地貼近它，用一支廚房用的長火柴想點燃。火柴很靠近我的臉，在我嘗試時，我可以感覺到火焰的熱氣。我下定決心一定要修好那盞酒精燈。最後，它終於被點燃了！燈蕊著了火，我得意洋洋地抬起頭來，期待看到那女孩臉上露出笑容。

可是，她看了我一眼，卻害怕地尖叫了起來。其他的孩子也開始驚慌地大叫。我搞不懂為什麼他們全用手指著我，然後我發現在點酒精燈時，火焰燒到了我的頭髮，而且還在悶燒，把所有的孩子嚇得屁滾尿流[3]。

孩子們不斷地拍打他的頭，很快將雷夫頭上的火熄滅了。實驗順利地進行，沒有再發生意外，可是這個實驗卻在他的內心深處悄悄起了化學作用：

這是好幾個星期來，我頭一次覺得當個老師真是不錯，我學會忽視所有在第一線的老師都會遇上的鳥事。為了幫助一個人，我盡了全力，雖然我沒有做得十全十美，但是我很努力。

我告訴自己，如果我對教學熱心到連自己頭髮起火了都不知道，那麼我的方向一定是對的。從那一刻起，我決定要盡全力來教導孩子們，就像當初頭髮著火時一樣。

雷夫知道教書並不只是一份工作或一個職業。仔細想想，教學其實是一門藝術。當雷夫成為第一位從總統手上接過國家藝術獎章（National Medal of the Arts）的教師時，也代表這個論點已經得到了官方的認證。而每次我看到傑出教師的上課情況，總會不禁想到，教學真的是一門藝術。

為什麼要有老師？

正式的教育包含了三項要素：課程、教學和測驗。標準化運動通常只注重課程和測驗，而將教學視為傳達標準的管道。但是這種看法完全是本末倒置。不管課程描述得多麼詳細、考試的花費多麼昂貴，教學品質才是轉動教育革命的真正鑰匙。教育要進步，重點不在改善班級人數、社會階層、環境條件或其他資源，而是在激勵學生學習，但這一點就只能靠老師的教學熱忱了。

紐西蘭奧克蘭大學（Auckland University）的教育學教授約翰・哈地（John Hattie），曾經發表一篇關於什麼因素會影響世界各地學生學習成就的論文。他一共列出了一百四十項影響因素[4]。名列第一者是學生的自我期許，而老師對他們的期待，也是最重要的影響因素之一[5]。

教師的核心工作是幫助學習。這看似理所當然，但是教師往往被要求做許多教學之外的雜事。他們花了不少時間在考試管理、事務工作、參加會議、撰寫報告和處罰學生的不良行為上。你可能會說這些全是工作的一部分，事實上它們也是，可是他們最重要的任務還是應該在幫助學生學習。當其他事煩雜到足以讓老師分心時，教學專業的真正核心自然也會受到干擾。

標準化運動視教學為傳達標準的管道，將老師矮化成有如快遞公司的服務業。我不確定這種說法是什麼時候開始的，但顯然貶低了老師及其專業。可悲的是，並不是所有的教育部官員都認為教師是一群需要支援的專業人士。有些官員甚至認為應該把教師的工作權直接和學生的表現綁在一起，即使大家都很清楚學童在校的成績受到多方影響，尤其是測驗的考試形態更是影響重大。英國前任教育部長麥可・高夫（Michael Gove）曾經批評管理大學教育學院和教師訓練課程的學者專家是「未來希望的敵人」[6]，指責他們教出來的教師往往喜歡在課堂上談論左翼理論，無法腳踏實地做好這份工作[7]。

英國的老師們對他的說法自然很不服氣。在二〇一三年全國教師公會（National Union

of Teachers，簡稱NUT）年度大會上，全體會員無異議通過史無前例的對教育部長的不信任案，並且在會中高呼「高夫下台」[8]。全國教師公會的理事長克莉斯汀・布勞爾（Christine Blower）表示：「高夫現在應該明白教育界的士氣已低到一種可怕的地步。」一個月之後，全國校長協會（National Association of Head Teacher）也投下了他們的不信任票，協會主席更出面指責高夫的言論，對老師和學生「造成不可彌補的傷害」[9]。

相對的，在國際學生能力評量計畫中表現傑出的世界頂尖教育系統，全將受過良好訓練、懷有高度熱忱、薪資頗豐的老師視為至寶。新加坡、南韓和芬蘭對教師資格要求極高。在這些國家，想成為教育專業人士非常不容易，必須接受多方面的嚴格訓練，除了將來打算教授的學科之外，還得學習如何和學生溝通、引導、課堂管理、適當測驗技巧等等[10]。

不過，如果孩子真如我們前面所說的是天生的學習者，為什麼他們還需要老師？

教學的力量

我之前說過，教育可以比擬為活生生的農業過程。園丁知道他們不能叫植物長大，他們不能黏上根、裝上葉子、為果實塗漆，只有植物自己才能長大。園丁的任務則是創造一個讓植物生長最適合的環境。好的園丁創造出這樣的環境，而壞的園丁則不願或不能創造這樣的環境。教學也是一樣，好的老師創造出好的學習環境，而不好的老師則不願或不能創造這樣的環境。好的老師知道他們無法百分之百控制環境條件，但學習不僅會隨著周遭氛圍改變，也會隨學生和老師的感覺而改變。

在傳統和改革的教學與學習方法之間，有一種持續性且經常對立的爭論。一般來說，傳統教學是直接指導整個班級，把重點放在教導事實與資料；改革式教學則透過發現、自我表達，以及小組活動來學習。根據我的經驗，改革與傳統方法之間的極端對比，在許多學校之中並沒有那麼明顯。在實務上，所有學科的老師通常會（也應該會）使用較多種方法，有時候會透過直接教學，有時則會透過團體活動與計畫。讓兩者取得平衡就是教學的藝術。

因為我在推廣創意學校，有些評論家已經預設我屬於改革陣營，反對一切傳統的教學方法，甚至是反對學生學習所有的學術知識。這一切都不是真的。我一直很喜歡捍衛自己的想法，但若聽到不是我所想的，又因此被批評的話，自然會覺得生氣。我一直以來都認為，任何領域的創意，都跟知識、概念與實踐上的增進有關，而且能夠對立基於此的傳統與成就，產生更深刻的理解。

舉例來說，在一九七七年，我們出版了《從戲劇中學習》（*Learning Through Drama*），其中就詳述了為什麼要深化兒童對戲劇的探索與認識，應該從對傳統、實踐以及戲劇史的認識下手。

在學校裡的藝術計畫報告中，我們認為讓學生從事藝術時，有兩個互補的方式：一是製造，即製做自己的作品；二是評價，即理解與欣賞他人的作品。兩者都對發展動態與平衡的藝術教育至關重要。製造涉及到個人的創意，以及透過**技術的技能**來表達。評價則涉及對他人作品的**背景知識**（怎麼做、什麼時候製成，以及為什麼創作）的理解，還有**評論判斷**（兼具藝術上與美學上的），然後才能與他人的作品產生共鳴。

創意、技術、背景、評論四者，也同樣適用在所有其他學科，包括科學、人文科學和體育的課程中。這正是在我們一九九九年出版《我們的未來：創意、文化與教育》（*All Our Futures: Creativity, Culture and Education*）裡所提出的，探討整個學校課程的平衡和動態。在傳統或改革方法選擇其一教學的問題是，很容易就忽略了這些元素之間平衡的基本需要。

為了達到四者的平衡，老師要發揮以下四個重要的作用：**吸引注意力**、**賦予能力**、**表達期望**、**賦予權力**。

吸引注意力

好老師明白只了解自己教授的科目內容是不夠的。他們的工作並不是教科目，而是教學生。他們需要創造出一個會讓學生想學習的環境，吸引學生的注意力（最好要讓學生為之著迷）、激發孩子的學習興趣，並鼓勵學生培養研究熱情。當老師這麼做時，學生的表現往往會好到超乎任何人的預期。我相信這是在一片往前衝的標準化教育裡，影響最大的缺失。好老師挖掘出學生最佳的內在天賦，得到最好的效果。他們使用各式各樣的方法，也許是像雷夫・艾斯奎對荷巴特莎士比亞劇場那樣格外盡心，也許他們採取了新聞學老師湯瑪斯・佛里曼（Thomas Friedman）同樣的做法。

在明尼亞波利斯市（Minneapolis）郊區長大的佛里曼，進入了聖易斯・帕克高中（St. Louis Park High School）就讀。他在那兒選修了三一三號教室由哈地・史汀堡（Hattie Steinberg）教授的新聞學。根據後來變成全球知名專欄作家暨《紐約時報》暢銷書作家佛里曼表示，那是他這輩子唯一上過，也是唯一需要的一門新聞課。在一篇他為《紐約時報》寫的文章上，佛里曼稱史汀堡是他最喜歡的老師，並說他從她激勵的言詞、對基本的堅持，以及從不放棄的關心中獲益匪淺（他也說過她是他遇過最嚴格的老師）。他詳述了為什麼史汀堡對他和一起辦校刊的同學影響深遠：

擔任校刊記者的我們，以及她同時指導的畢業紀念冊編輯，基本上就住在哈地的教室裡。上學之前和放學之後，我們全都待在那兒。哈地當時雖然未婚，但已年近六十，而這是在一九六〇年代。她實在一點都不符合高中生「酷」的觀念，可是我們還是一天到晚在她的教室裡待著，彷彿那兒是冰淇淋店，而她是個搖滾巨星。儘管我們沒人能明確講出理由，可是我們知道那是因為我們喜歡聽她的長篇大論、被她管教、被她指導。在那個不確定的年代，她卻是個清晰果斷的女人[11]。

佛里曼寫道：「這樣的基本教育是沒辦法下載的。你只能以古老的方法，在像聖易斯・帕克高中三一三號教室那樣的地方慢慢上傳，一個接著一個。」如果湯瑪斯・佛里曼從沒遇見哈地・史汀堡，他還會有今天的成就嗎？也許會，也許不會。他顯然天才橫溢，即使沒有專家引導，天份還是能從別的地方竄出來。但是他也很有可能表現不佳，沒有完全開發自己的天賦，只能窩在地方性的小報紙寫些市政府花絮的報導，不會創作出讓大家討論十多年的膾炙人口的文章和書籍。可喜的是，我們不用去猜測這種可能性，因為湯瑪斯・佛里曼有幸遇上了非凡的好老師，改變了他的一生。

賦予能力

我們有時會聽到人家說，老師的主要角色就是直接教學（direct instruction）。直接教學法在教學上確實佔有重要地位，它不只可以應用在大班級，也可以應用在小組，甚至是一對一教學上。但是專業老師通常具備多樣的教學技巧和技術，直接教學不過是其中之一。優秀的教師會懂得適才適性、因時制宜，在合適的情況下選擇不同的教學方法。和其他的專業人士一樣，他們必須擁有足夠的判斷力和鑑定力，才能看出此時此地該用什麼工具最好。

你會期待自己的家庭醫師對一般醫藥知識非常清楚，但是在特定方面有問題時，也能接受他將你轉診到專科醫師，畢竟專家知道更多特定細節。可是你會希望他能善用他對你的了解，將你視為一個有特殊需求的個人。教學也是一樣。好老師會直視學生的眼睛，接受他們對自身需求和當時機會的想法。畢竟有效教學就是由一連串的調整、判斷，和對當時情勢的回應所組成的。

希拉蕊・奧斯登（Hilary Austen）在她寫的《讓藝術自由》（*Artistry Unleashed*）一書中探討了工作和生活中的偉大表演。她提到從柏克萊大學心理系畢業的馬術教練艾瑞克・湯瑪士（Eric Thomas），他說：「騎士的精髓是和有自己主張和情緒的馬兒合為一體。」奧斯登博士描述一場她在旁觀看的課程，當時學生和馬兒進行得並不順利，艾瑞克出聲指導，但馬兒的韁繩仍舊握在學生手裡。

他告訴學生，他看得出來學生很努力想讓馬兒轉彎轉得更順，但是每次到了第三個或第四個彎時，她就會放棄，什麼都不做。為什麼呢？他問。學生回答：「我要嘛拉得太早，要嘛拉得太晚，然後馬兒有所回應時，我又不知道該怎麼辦了。」艾瑞克停了幾秒鐘，然後說：「你試著要做的事太多了。不要去想，把注意力完全放在馬兒身上。你現在唯一要試的，就是去感覺你身體下的馬兒正在做什麼。**你不能騎昨天的馬**，也無法騎未來的馬。每個騎士都有同樣的問題，他們希望之前學過的將來也會一再發生，以供未來應用。因為如此，你會不自覺地帶著前一分鐘的問題繼續騎馬。可是騎馬並沒有公式可循，它每一秒鐘都在改變，而你必須要跟著它一起改變[12]。」

好的老師明白不管他們從過去的經驗學到了多少，今天又是一個完全不同的日子，而沒有人能夠騎上昨天的馬。如果你只是日復一日地站在教室前面，對著二十五或三十個孩子講課，顯然不大可能會有這樣的領悟。而那樣的教學方法基本上是無法真正吸引住孩子們，尤其是年紀較小的幼童的注意力。直接教學法本質上限制了和每個學生單獨連結的可能性。雷夫・艾斯奎選擇不在教室裡放老師專用的桌子，因為如果放了書桌，他很可能會就坐在那兒，而他認為自己扮演的角色，應該無時無刻不在學生群中走來走去才對。

孩子們天生好奇，啟發性的學習意謂著保留他們天生的好奇心，這就是為什麼踏實的探究型教學方式力量如此強大。專業的老師不會直接將孩子未問出口的問題答案告訴他們，反而會想辦法引發學生心裡的疑問，誘導他們進一步了解課程內容的興趣。肯德基州路易維爾市（Louisville）的傑弗瑞・賴特（Jeffrey Wright）就是這樣一個極有天賦的科學教師。他設計了許多不同的方法，如爆破南瓜、幫助學生組裝氣墊船、用長管子射東西之類的來娛樂學生，更重要的，引起他們對科學想進一步深究的興趣。

賴特說：「你會看到一個巨大的火球在我手上燃燒，然後慢慢升向天花板。我不會讓任何一個孩子在課堂上打瞌睡，他們只會爭相問著，為什麼？怎麼做的？一旦你能讓孩子主動問你怎麼做或為什麼，就能緊緊抓住他們的注意力，讓他們聚精會神地聽課[13]。」

賴特明白，只有在了解學生的背景，和他們不在學校的時候都做些什麼，才有可能教導，並挑起他們的好奇心。「這些孩子回到家要面對的，很有可能和我小時候回家面對的事全然不同。我不時聽到他們在討論夜晚聽到的槍聲。如果換做是我，知道外頭有人開槍，我一定會睡不著，更別說是念書了。」學生們告訴他懷孕、墮胎、家暴的父母和其他影響他們生活的事，這些讓賴特領悟了「同樣的做法用在全部人身上是行不通的」。如果他要對學生的生命有所影響，就得採取一對一的方式各個擊破。

他的學生丹那茲・泰勒（Denaz Taylor）說：「賴特先生真是棒極了！他告訴我：『我一點都不在乎牛頓第三定律。我想教你的，是一些你在離開學校後還用得著的東西。』他讓我覺得他是在乎我的，而且我知道，他是真的在乎[14]。」

我們都清楚，賴特當然在乎牛頓定律。而身為老師給予學生的禮物是，幫助來自各種社群的學生了解，甚至在乎牛頓到底做了什麼。

表達期望

老師對學生的期望，影響他們的學業表現至深。如果老師對學生表達了高度的期望，通常學生的表現也會相當可觀。如果老師的態度讓學生覺得他們沒什麼希望了，學生的表現通常也就真的不怎麼樣。

麗塔・皮爾森（Rita F. Pierson）在一九七二年時，已經在美國從事教育工作超過四十年。她的媽媽和外婆也都是老師。麗塔教過小學、中學，也教過特殊學校。她當過輔導老師、測驗召集人、副校長。不管擔任什麼職位，她總是能將新作風帶進自己的工作。她渴望了解學生，讓他們知道他們其實很重要，同時盡力支持他們在各方面成長。在她職業生涯的最後十年，她為成千上萬的老師們策劃了不同主題的在職進修座談會，包括「如何幫助資源缺乏學生」、「滿足非裔美國男童的教育需求」和「預防輟學」等等。

二〇一三年，我很榮幸和皮爾森博士在美國公共電視網（ＰＢＳ）於紐約市布魯克林音樂學院（Brooklyn Academy of Music）舉辦的「ＴＥＤ談教育」特別節目裡，擔任共同主講人。她在精彩的演講中說，她的一生「不是在學校，就是在去學校的路上，或者是在談論學校裡發生的事」。在投身教育之後，她經過了許多次嘗試解決輟學問題的教育改革，成果有好有壞。她說：「我們都知道為什麼孩子要輟學或不想學習，因為貧窮、曠課太多、不良的同儕壓力。我們都知道為什麼，可是卻很少討論如何建立人與人的連結、關係的價值和重要性[15]。」

提高學生成就的關鍵，在於認同教導和學習是一種關係。孩子們需要和他們緊密連結的老師。更重要的是，他們需要對他們有信心、相信他們做得到的老師。麗塔談到她在不及格的試卷上，把正確答案圈起來，而不是劃掉那些不正確的數量（例如有學生二十個問題錯了十八題，她沒在考卷上寫「-18」，反而寫上了大大的「+2」與一個大大的笑臉）。她的學生仍然知道自己成績不佳，但因為把注意力放在積極的一面，麗塔鼓勵了他們繼續努力。最重要的是，她明確地表示出自己會全力支持他們。

賦予權利

授課僅僅是好老師工作的一部分。他們還是學生的心靈導師，會想辦法提高孩子們的自信心，幫助他們找到方向、相信自己。沙治奧・華瑞茲・卡瑞亞（Sergio Juárez Correa）比大多數的人都更明白這個道理[16]。他是墨西哥荷西・厄本那・羅伊茲小學（José Urbina Lóez Primary School）五年級的老師，所在的馬塔莫羅斯市（Matamoros）離美墨邊境不過一箭之遙，卻窮困可怕，不時可以聽到毒販黑幫的槍聲。華瑞茲・卡瑞亞開始教書的頭五年，他只是規規矩矩地站在講台上，試著想將知識「灌進」學生腦袋裡，希望他們能藉由教育得到改善生活的機會。但是他愈來愈覺得這樣做只是徒勞無功，得到的結果亦令人失望，幾乎每個荷西・厄本那・羅伊茲小學的孩子，都無法通過由中央政府舉辦的墨西哥學生成就考試（ENLACE）。

在二〇一一年，華瑞茲・卡瑞亞下定決心改變現狀。他很清楚如果只是照著之前的方法教學，是不會有什麼成果的。他讀過一些兒童天生就有學習能力的資料，仔細研究了學者對此論點的實驗證明，包括了我們之前談過的蘇伽特・米特拉教授的論文。華瑞茲・卡瑞亞相信要幫助學生成長，唯一能做的就是教會他們怎麼自我學習。

他將學生分成幾組，鼓勵他們對自己超凡的潛力有自信。他引導他們挖掘探索，並將所學的知識應用在生活中，譬如怎麼利用分數、怎麼讓幾何學變得有形而實用。他以開放式問句來主導教學，敦促他的學生理解學習，而非單調的記憶背誦。他鼓勵孩子們討論、合作，並且不在乎他的教室似乎總是鬧哄哄的。他的學生相信自己有能力，而這樣的自信給了他們前所未有的學習熱情。

結果，他發現這班的一個小女孩帕拉瑪・諾優拉・布埃諾（Paloma Noyola Bueno），居然是個數學天才。她能直覺地理解連研究所學生都感到困惑的數學概念。當華瑞茲・卡瑞亞問帕拉瑪，為什麼她以前都沒表現出對數學特別感興趣的樣子，她告訴他，因為沒有一個老師教的數學，像他今年教得那麼有趣。在下一次的墨西哥學生成就考試中，住在貧窮小鎮垃圾場旁的帕拉瑪，成了墨西哥的數學狀元。頓時全國的電視記者全湧進馬塔莫羅斯市，帕拉瑪一下子成了家喻戶曉的公眾人物。

帕拉瑪的考試成績非常優異，卻不算是鶴立雞群。華瑞茲・卡瑞亞教的班上，有十個孩子在數學科目的排名，在全國百分之九十九點九九。卡瑞亞對這樣的結果感到吃驚，因為這些孩子是在以死記型知識為根基的標準化測驗裡得到的好成績，和卡瑞亞鼓勵他們合作、創造、發現的自我學習相去甚遠。無論如何，他證明了，只要你教導孩子自我學習的能力，他們就能回報你原本想都想不到的好成績。

正是這種對教學和學習關係的理解，形成了「建立學習力」（Building Learning Power，簡稱BLP）組織。發起人與主要支持者之一，是英國學者暨作家蓋・柯雷克斯頓（Guy Claxton）。他認為，「建立學習力」是為了「幫助年輕人無論在學校或任何地方，成為更好的學習者。這是在創造一種教室文化，更系統化地培養年輕人在面對困難與不確定時，冷靜、自信以及有創意的習慣與態度。」對於自己的學習能力更有自信的學生，他們會「學習得更快更好。他們會更專注、更努力思考，並讓學習變得更愉快。他們測驗上表現更好，而且更容易也更喜歡教導別人[17]。」

「建立學習力」有三個主要的信念，與我在本書提出的觀念不謀而合：

- 教育的主要目的是為了年輕人離開學校後的生活，幫助他們建立心理上、情感上、社會上，以及資源上的基礎，能享受挑戰並面對不確定性與複雜性。
- 教育的目的對所有年輕人都是珍貴的，能幫助他們發現自己真的熱愛的事物，並加強他們追求的意志與技能。

- 這種信心、能力與激情是可以開發的，因為在現實世界裡，人類的智能是他人能夠幫助建立起來的。

柯雷克斯頓認為這三個理念「在充滿變化、複雜性、風險、機會的社會裡，對於在生活中創造自己的方式而言，特別重要」。想要付諸實現，「涉及一個漸進式、具有挑戰性，但非常值得這麼做的文化變革，也就是由老師改變學校與習慣的過程。」

我在前面提過麗塔・皮爾森的媽媽也是個老師，麗塔從小看著媽媽利用自己的休息時間和學生碰面，會在下午去學生家做家庭訪問。麗塔回憶：「抽屜裡放滿了梳子、刷子，還有花生醬、餅乾，讓肚子餓的孩子有得吃；甚至還有毛巾、香皂，讓身上有味道的孩子可以去清洗。」

在媽媽退休多年之後，還是時常有她以前教過的學生回來探望，他們會說：「妳知道嗎？渥克太太，妳改變了我的一生，妳讓我的生命上了軌道。在我覺得自己什麼都不是時，妳讓我對自己有信心。我只是想來讓你看看我現在過得很好。」就像皮爾森博士說的：「如果每一個孩子都能不怕冒險、不怕思考，都能有個全心全意支持他的人，世界會變得多麼美好。因為每個孩子都值得一個絕不放棄的大人，一個了解連結力量的人，一個堅持他們可以將潛力發揮到百分之百、成就夢想的支持者。」

翻轉課堂

在我職業生涯的早期，之所以對戲劇教學這麼有興趣，是因為我發現好的戲劇老師非常擅長設計問題，引導學生進一步探索，同時也能將在深入學習中，扮演關鍵角色的調查和個人發問的複雜過程，安排得異常妥善。戲劇必須建立在群體合作和探索之上，老師通常會站在舞台邊指導、監控，並在學生一步一步地彼此學習時，誘發他們提出適當的問題。最近幾年，這些技巧在「翻轉課堂」的推動下，也開始廣泛地被使用在其他科目的教學上。而其中一個發起者，就是意外創辦可汗學院（Khan Academy）的薩爾曼・可汗（Salman Khan）。

薩爾曼・可汗其實本來並沒有想改革教育課程的意思。身為對沖基金分析師，他已經夠忙的了。一開始，他不過是想滿足住在另一個州的小表妹的要求。她在數學學習上遇到了困難，而這剛好是薩爾曼非常擅長的科目。他答應在下班後為她補習。成效非常非常好，好到其他的表弟、表妹全都來提出同樣的要求。

很快的，所有薩爾曼在學中的親戚朋友全參加了「可汗補習班」。「那時實在很瘋狂。二〇〇六年時，我每天下班後要幫十五個家人、朋友、親戚補習。有朋友建議我不如錄些影片幫助教學，我決定放手一試，並選擇YouTube做為播放平台。」

薩爾曼的教學影片放上YouTube後，有些他根本不認識的陌生人發現了這些影片，開始利用它們幫助自己學習。他收到來自全世界觀眾的意見，告訴他看了影片後他們才了解某個數學單元，而且有時甚至還會覺得很好笑。隨著他錄製影片的增加，關注的人愈來愈多，一開始很私人的事逐漸戲劇性地走向全球化。到了二〇〇九年，可汗學院每個月的使用者已經超過了六萬人次。

到了那年年底，包括比爾・蓋茲和谷歌（Google）都成了可汗學院的主要贊助人。「他們問我認為這個平台可以怎樣再發展？我告訴他們，我們可以僱用一群人，以我已經著手建立的軟體平台為基礎，再將它做得更廣、更大。我想建立一個人人都可以用自己覺得合適的速度學習的工具，老師也可以用它來給予不同的孩子不同的指導。然後，事情很快地開始一件一件地自動就位了。」

薩爾曼和其他七百萬個時常利用可汗學院的人都看得出來，這個網站正在將學習帶往一個前所未有的方向。可汗學院網站上的影片和其他教學資料，讓學習者決定自己的速度、深度和廣度。薩爾曼注意到他想鼓勵使用者鑽研有興趣的科目，而非只是輕率地略過某個單元或技巧。舉例來說，孩子在剛學分數時，在學過二、三段影片之後，就得先答對五個基本問題，才能開始下一階段的影片和練習。愈到後來，學習者需要回答的題目就愈多，才能繼續。這樣的做法鼓勵學習者真正了解那個主題，而且明白如何運用，不單只是囫圇吞棗，然後在考試時吐出答案。

薩爾曼．可汗認為這種學習方法，是允許將回家寫作業和在校上課的時間，都發揮到淋漓盡致的唯一途徑。「教室活動不應是被動的，只是聽老師講解，低頭寫筆記。它應該要讓你能以自己的步驟學習，而且當你進入一個有其他人在的房間時，你應該和他們有所互動。可汗學院提供完整的學術架構，但是你還是可能遇上自己解決不了的問題，那時實體的教室就是一個讓你問問題或回答別人問題的地方，同時也可以讓你做一些分組方案之類的研究。」

當哈佛物理學教授艾瑞克．馬茲爾（Eric Mazur），開始應用類似的方法取代傳統大學教學之後，這種教育方法便得到愈來愈多人的擁護。馬茲爾將自己的定位從「講台上的哲人」調整為「舞台邊的指導」後，他發現學生更能有效地應用他們學習和了解到的知識。他會要求學生在上課前先預習某一本書、觀看某段他上課的影片，或指定他們看那個單元的相關網路資料。

不變的是，不同的學生會有不同的結論，其中有一些人的答案會比別人更正確。然後，他就讓正確的人去說服那些離他們比較近，而答案不正確的人。

「比如說，約翰和瑪莉兩個學生坐在一起。瑪莉知道答案，因為她聽懂了，而約翰卻不知道。當然瑪莉說服約翰的機會，比約翰說服瑪莉的機會高。然而，瑪莉說服約翰的機會比站在講台上的馬茲爾教授說服約翰的機會高，這一點才是最重要的。為什麼？因為她才剛學會。她對約翰在試圖了解時遇上的盲點還記憶猶新[18]。」

「翻轉課堂」最普遍的一種行為，就是老師不再站在學生面前講課，而要求學生在家先上網看完關於這個單元的理論。然後老師利用上課時間進行「同儕教學」（即馬茲爾在上面敘述的事），單獨幫助仍然有困難的學生，鼓勵學生討論相關題目，並在學生已經對這個單元熟悉後，以更難的問題挑戰他們。基本上，原來在教室裡做的事成了回家作業，而原來在家裡做的作業則成了課堂內容，如此一來，學生可以在這兩方面都以自己的步驟前進。

目前已有證據顯示，「翻轉課堂」帶來了極高的效率。一個在一九九〇年代末期進行的研究指出，透過同儕教學來學習的學生，「對內容的了解，比傳統教學法下只是被動觀察的學生，高兩個標準差[19]。」其他的研究也都明顯看出學生戲劇化的進步。

四十八所愛達荷州的公立小學，從二〇一三年開始利用可汗學院進行他們的「翻轉課堂」計畫。康納中學（Kuna Middle School）七年級的數學老師雪爾碧・哈里斯（Shelby Harris），在接受戴維斯・古根漢（Davis Guggenheim）製作的紀錄片《教學》（*Teach*）中表示：「我本來很緊張，害怕這個計畫是要以電腦取代老師，我以為它會拉開我和孩子們之間的距離。結果恰恰相反，現在我教得比過去十三年都要好，有更多時間可以和學生建立良好關係，可以在他們需要的時候，教導他們需要的知識[20]。」

她認為可汗學院帶來的立即回饋，和在需要時老師可以提供個別化的協助，讓學生獲益匪淺。她談到之前學生還在做傳統家庭作業時的經驗：「他們以為自己做對了，很開心地來上學，結果在課堂檢討時才發現自己全做錯了，會心煩意亂地不知道自己錯在哪裡。但是在可汗學院，他們每做完一個問題，就會知道是對還是錯。如果做錯了，他們可以一階段一階段地觀察解答步驟，找出自己的錯誤，在下一次解題時就知道怎麼做會比較好。他們自我學習的能力非常好，我在這兒的目的，只是在他們遇上困難時出手支援。」

薩爾曼・可汗很能理解雪爾碧・哈里斯的反應，因為這和他接觸教育的經驗相符。「當我還在念書時，我注意到只是被動坐著聽課的同學，常常學不到什麼。不管是小學一年級的小朋友，或者是成年研究生，全都如此。我回想以前我學得最多最快的時候，反而是在數學社群裡和三十個孩子彼此切磋、相互學習的時候。在現場的老師會引導我們，可是不會幫我們上課。我在新聞學的課程裡也學到很多，但是同樣的，那也是在同學們合作報告，向著同一個目標努力的時候。我在高中時參加了格鬥社，非常辛苦，可是大家都不想放棄，因為那是一個團隊合作的環境，孩子們會互相幫忙，教練也會適時介入指導。

「教室不應該只是用來講課。沒有人喜歡聽課，也沒有人會特別投入。老師們其實也不喜歡，他們覺得自己只是在將資訊倒入黑洞裡，沒有回饋。人類做任何事都不該被動，當人與人聚在一起時，他們應該要彼此互動，一起討論問題，或者聚精會神地合作。」

創意教學

請先讓我就「創意」講幾句話。我曾經在其他的文章中多次談論這個主題，與其測試你的耐心，不如再重述一次這些觀念。在《讓創意自由》中，我深入談到創意的本質，以及藝術、科學及人類其他領域成就對智能的影響。一九九七年，我受英國政府請求召開全國委員會，對如何透過學校系統去發展五歲到十八歲的學生的創意提出建議。委員聚集了科學家、藝術家、教育家與商業領袖，都肩負著對教育裡創意的本質與重要性做出解釋的使命。我們提出了《我們的未來：創意、文化與教育》的報告，詳盡地提出了我們認為實際可行的提案，並發表給從學校到政府各階層的教育工作者。

有人說，創意無法定義。我不認為如此。根據《我們的未來：創意、文化與教育》這份報告，以下是我的定義：**創意就是得到有價值的原創概念之過程**。

首先，我想區分兩個觀念：想像力與創新。想像力是創造力的根源，是一種將現在還不存在的東西表達出來的能力；創意是將想像實現並應用；創新則是將新的想法付諸實踐。

關於創意，坊間流傳著不少謬論。一是只有某些特殊的人才有創意；二是創意只和藝術有關係；三是創意是不能「教」的；四是創意就是不受拘束地「表達自我」。但是這些全是錯的。只要是人，與生俱來的各種能力都會帶來創意。人類生活的各種領域都可以看到創意，科學、藝術、數學、科技、烹飪、教學、政治、商業，只要你想得到的，都不會是例外。而且就像許多人類的能力一樣，創意也是可以被教化、精進的。通常只要增加對某些技術、知識和想法的熟練度，就可以做到這一點。

創意就是新鮮的思想，不見得要是在你之前全人類都沒想到過的（當然要是這樣就更好了），但是至少要是從事這個工作的人沒想到過的。創意包括了對你正在做的事有絕對的批判能力，知道自己的理論、設計、詩文，到底是好，還是不好。創意工作常會歷經幾個典型的階段，有時你最後做出的東西會和剛開始想的不一樣。它的過程是動態的，時常包括建立新的連結、跨越不同領域、利用隱喻和類比等種種方法。

有創意，並不只是有些異於尋常的主意，讓你的想像力自由遨翔。它確實包括了上述這些，但它同時也和精進、測試、專注於手上的工作有很大的關係。它是個人產生的原創思想，是判斷逐漸成形的製品走向是否正確的關鍵批判力，而且至少對創造者來說，要有一定的價值。

創意並非紀律和控制的敵人。相反的，任何領域的創新都需要紮實的知識，和高度的技巧與了解。培養創意對所有的老師而言，都是極為有趣的挑戰，因為你必須先對創造力的動態過程有徹底的了解[21]。

創意並不是一種在你開始之前，就得先學會所有需要技巧的線性過程。然而不管你是要在哪一個領域展現創意，你都必須對所需的技巧和概念愈來愈熟悉，可是不見得要到爐火純青的地步才能真正開始創造。只是單單專注在技巧訓練上，很容易就會扼殺了學習者的興趣。許多人在被迫做了一大堆一點都無法激勵他們欣賞數字之美的數學問題後，從此就恨透了數學。還有許多人不甘不願地為了通過音樂考試一再練習，結果卻是在通過之後再也不碰那種樂器。

創意的真正動力來自發現真相的渴望，以及對那個領域的熱情。當學生有學習動機時，他們自然就會得到完成工作的必備技巧。在他們的創意野心擴張的同時，技巧也會跟著更加成熟。你可以看到在優良的教導之下，這樣的內化過程可以在任何領域發生，從足球到化學，處處可見[22]。

用另一種方法教學

許多非教育相關的專業人士，時常在老師身旁輔導教學，將他們的活力、熱情和專業帶給學生。他們不需要接受過教師訓練，但是必須對某一特定科目有熱情，並且希望將自己的喜愛和孩子一起分享。尼爾・強斯頓（Neil Johnston）就是這樣一個人。他還是大學生時就創辦了「收藏貨車音樂」（Store Van Music）公司，當成自己編曲和音樂製作的基地。為了增加收入提供給剛創立的公司使用，他開始在附近的學校教音樂。

他告訴我：「學校所在的社區相當窮，那裡有六百個學生，卻只有兩個人在學吉他。而那是學校唯一提供的一對一音樂教學。」

尼爾還說：「我很喜歡電子數位對音樂界造成的改變。可是我對音樂產業的熱情和愛，卻完全無法反應在我看見的教室裡。讓我不能接受的是，我們認為最難以教化的孩子，居然就是那些會在下課時間和午休時，拿出手機聽音樂的一群。他們全都熱愛音樂，可是他們也全都痛恨音樂課。」

利用有限的時間和資源，尼爾試著以更貼近學生的創新教法來教導他們。當時他正在幫廣告和電動遊戲配樂，便將工作帶進教室，讓學生一起參與。那些原本對學習幾百年前古典樂興趣缺缺的孩子，一聽到可以在他們玩的 PlayStation 或 XBox 上的遊戲參一腳，全都興奮得不得了。

同時，他也開始使用學生在下課時聽的歌曲當範例，以他們的觀點和他們談音樂。「不管是喜歡還是討厭，每個人對音樂都有自己的意見。我會在教室裡播放小甜甜布蘭妮（Brittney Spears）的歌，也許有三十個孩子會喜歡，但是也總有討厭她的歌的人起來發表自己的看法，如此課堂討論便能順利開始。他們會全神貫注地投入，不會在音樂課還在進行時，想著要偷看手機，檢查臉書有沒有新留言，而把注意力留在教室裡。」

尼爾看到孩子們和音樂教育之間的連結已逐漸成形後，開始請樂團到學校舉行搖滾或流行歌曲講座。正如他預期的（至少在這一點上），講座非常受到學生歡迎，吸引了幾家企業對他在做的事產生興趣。蘋果電腦主動和「收藏貨車音樂」聯絡，討論合作的可能性。可惜的是，雖然兩家公司志趣相投，卻找不到明確的合作方向。

然後，在蘋果推出劃時代的平板電腦「iPad」時，一切都變了。「當iPad上市時，我馬上就被吸引了。我在心裡想，這實在太棒了，完全適合用在我的音樂課上。觸控式螢幕加上幾個合適的應用程式，即使是沒學過樂器的孩子都能參與。當他們推出『iPad2』時，同時也將『車庫樂團』（GarageBand）應用程式上架，我立刻打電話給蘋果電腦說：『可以借一些給我嗎？我想要做個試驗。』」

尼爾想要設計一套以經驗教導學生，讓他們演奏樂曲而非研讀樂曲的系統。在平板電腦問世之前，只有學習過樂器，並且有興趣和自制力先學過初級樂理的學生，才有機會接觸這類課程。可是在「iPad」和「車庫樂團」的幫助下，即使是沒有學過任何樂器、樂理的孩子也能參與。平板電腦和應用程式，讓學生只要按幾個鍵，就能變身為吉他手、鼓手或薩克斯風手。

「使用平板電腦最大的好處是，孩子們完全沒有入門障礙。我們可以讓一群不會任何樂器的孩子練習聽音。而一個樂團要成功，聽音能力是一定要的。他們不需要知道什麼是音階，我們事先將音階紀錄在iPad裡，他們只要像在敲三角鐵那樣打拍子就好。而且，這種做法不會讓程度較好的孩子覺得無聊，你可以調整系統難易，給厲害的學生更難的挑戰。」

學生對這個系統的反應，一如尼爾預期的那麼熱烈。很快的，「收藏貨車音樂」開始在英國南部的好幾所學校辦起講座。「我們在二〇一一年六月錄製了一支影片，示範如何將它當成教學工具。在那之前，我們已經和當地五十多所學校有合作關係，影片上傳之後，我們收到來自世界各地的邀請。現在公司有百分之六十的收入都來自教育。二〇一二年，我們甚至還到美國巡迴宣傳。」

這套系統的成功，或許可以被視為「收藏貨車音樂」公司的擴展計畫之一，但是在發展的過程中，還是發生了許多令人意外的驚喜。最跌破大家眼鏡的，莫過於他和蓋伍德小學（Gaywood Primary School）的四百名學生一起錄製的一首歌，居然榮登iTune排行榜的第一名。另外，尼爾和一組學生合作寫出的新歌「你讓我電力十足」（You Make Me So Electric），在YouTube上也達到了十萬次的點擊率。

尼爾很快注意到，和每天在學校和孩子們相處的老師比起來，他的一日講座顯然佔了先天上的優勢。感覺上有點像父母離婚後，一個星期才探訪一次的爸爸老是買禮物、糖果，寵溺小孩一樣。當「收藏貨車音樂」來學校時，學生全興奮得像在過聖誕節。

「因為我們沒有傳統的教育背景，我們教給孩子的也許是其他老師連提都不會提的事。我們會挑戰他們。我們會要求他們在四十分鐘裡，想出一段可以用在電視廣告的配樂。」但是，他也表示：「老師也是我們服務的對象。我們所得到的回應是，在我們和學生一起工作時，旁觀的老師也從中得到不少啟發。」他舉辦的講座很踏實、很直接，他教導孩子們怎麼彈奏歌曲、怎麼創作旋律、怎麼上傳音樂，讓全世界聽到他們的作品。不管學生未來是不是想走音樂這條路，尼爾都成功地吸引了學生的注意力，讓他們全心全力地投入。他達到的效果顯然和只是教學生欣賞偉大的古典作曲家完全不同。

「讓音樂產業和教育連結，帶給學習實質的新意義。現在的世界比起教科書上寫的已經進步太多。相關資訊雖然還是一樣重要，可是傳遞的方式也應該跟上時代。如果孩子們能在生活中看到這樣的範例，自然會對他們造成影響。」

寓教於樂

尼爾・強斯頓利用娛樂事業做為教學工具，而米契・麥非特（Mitch Moffit）和葛雷・布朗（Greg Brown）卻是用教學當成娛樂工具。他們在YouTube上設立的「盡快科學」（AsapSCIENCE）頻道，成功地將教學化為表演藝術，受到了極熱烈的歡迎。先有雞？還是先有蛋？要是你都不睡覺，會發生什麼事？談戀愛會對你的腦袋造成什麼影響？這些有趣的問題全在「盡快科學」頻道的討論範圍。它以真正的科學知識加上精巧的圖示，回答了許許多多的問題，引導千千萬萬的學子發現真相。

米契告訴我：「有時候，因為身在教育系統內，你不見得能一眼就看到它有趣的點。你要傳達的其實是資訊，但是你得一直學到最後，才能看到有趣的地方。這反而給了我們一個顛覆的機會，可以說：『嘿！這是你本來就喜歡的事，現在我們來談一談，順便讓你知道它是怎麼發生的。讓我們逆向操作來學科學。』」

葛雷是受過嚴格教育訓練的老師，他發現以傳統的方式教學，往往令他覺得相當挫折。他告訴我：「標準化運動強烈主導了課程走向，自然課要教些什麼，全都被硬性規定了。對我來說，我只看到現在的教育系統，對這些孩子完全沒有發揮效果。最困難的部分是引起他們的興趣。能夠利用YouTube播放我事先錄好的影片，觀察他們的反應，實在是件非常有趣的事。只要YouTube出現在教室投影螢幕上，每個人的興趣就來了，因為看YouTube原本是他們在課餘時間才可以做的事。他們會專心聆聽、提出問題，激發出我上其他課時所沒有的討論火花。利用它來實驗很有趣，看著這些孩子們充滿好奇心地探索世界、爭相發問，感覺實在太棒了。但是當你必須向他們解說什麼是原子時，他們眼中的神采瞬間消失。他們不想聽，也沒興趣。

「我在教學時遇到的最主要問題是，我賣力講解的內容和學生的生活毫不相關。孩子們不明白為什麼他們得學這些，學了又有什麼好處。而我們在YouTube的頻道會這麼受歡迎，就是因為我們回答的，都是不管男女老幼人人都想知道的問題。他們覺得這些問題和他們很有關係。」

「盡快科學」頻道讓老師們明白，只要他們能夠以讓學生興奮的角度呈現教材，就能吸引他們的注意力。它們同時也證明了，就像很多媽媽在製作甜點時，偷偷把孩子不愛吃的蔬菜「偷渡」進去一樣，只要你給學生一點甜頭，他們確實有可能不知不覺地就吸收了對他們有用的知識。

葛雷說：「我們的影片不能取代老師，但卻是很棒的催化劑。『嘿！放屁很舒服吧！那麼我們就來談一談它。』然後我們就可以開始介紹各式各樣的氣體。我們的影片可以充當點燃孩子對這個主題興趣的火花。」

學習如何教學

那麼，什麼樣的訓練才能夠成就一個真正優秀的教師？還是說，好老師是天生的，根本用不著訓練？我們看到尼爾・強斯頓成功地讓從未學過樂器的孩子，燃燒起對音樂的熱情，可是他完全沒有接受過任何教育訓練。在之前談過的許多例子裡，也有不少人引導學生全心全意投入，但是他們並沒有教師資格。我的猜測是，這些人很清楚他們能有這樣的成就，是因為他們想達成的目標範圍其實非常小。麥可・史蒂文生（Michael Stevens）在YouTube創辦的「Vsauce」頻道，以活潑的手法吸引了無數的孩子學習科學，但他一樣爽快地承認：「教書完全是另外一回事。每個星期我選擇一個我想做的主題，以我想要的方式錄製一段影片，但是當個老師卻得每天上班，遵守州政府的規定，還要管理學生的行為，和學生建立友好關係，處理雜七雜八的事情。我在『Vsauce』做的，不過是小菜一碟。」

有些政客認為只要你拿到某個科目的學位，就能去教那個科目。你有分子化學的碩士學位？那麼你當然可以當化學老師。他們認為，如果你是某方面的專家，就能有效地將那個領域的知識傳達給其他人。老師有專業知識就行了，除此之外的教學工作不過是些雜務。甚至有人認為，只要有某個科目的專業知識，就能當個好老師。大錯特錯。當然，知道你在教什麼通常很重要。我說**通常**，因為我們會在之後看到，事情不一定「總是」如此。但是在某些領域裡，擁有專業知識自然幫助很大。比方說，我不會說羅馬尼亞話，所以我沒辦法去教羅馬尼亞語言課。我不會說：「有什麼不行？能難到哪裡去？」我做不來。雖然擁有專業知識通常是好老師必備的條件，但只有如此絕對不夠。真正的好老師除了專業知識，更要知道怎麼以教材啟發學生，激勵孩子們主動求知，認真學習。

對於有效訓練與發展最好的理論之一，就是安迪．哈格里夫斯（Andy Hargreaves）與邁克爾．富蘭（Michael Fullan）合著的《專業資產：改變每個學校裡的教學方法》（*Professional Capital: Transforming Teaching in Every School*）。他們提出結論：短期來看，對教師的招聘與培訓消減成本，必然導致出現「經驗不足但價格便宜而耗盡精力」的老師。我們要付出的代價，就是貧乏的學習，以及孩子成功的機會愈來愈渺茫。

教學的初期培訓應該包括學校裡的實踐，並由專業教師指導。但同時也應該包括實踐的研究，以及教育的思想史與各種運動，還有推動它們的思想學派。既然教學的主要任務是為方便學習，它應該包括學習理論與心理學研究，以及現今在認知科學理論的研究。而且這必須包含一些對於教育系統如何在不同國家的運作，以及造成的結果與影響，具有一定的了解。最初的訓練是必要的，不過有效率的實務工作者，需要專業發展上持續的機會，增進自己的創意教學，以跟上相關發展政策的實踐和研究。

良好的教學建立在三個基本原則上：

● **啟發**

好老師會激勵學生去探索他們教導的科目，並且幫助他們盡力達到顛峰。

● **信心**

好老師會幫助學生建立信心，訓練他們發展將來繼續自我探索、自我教育時需要的技巧和知識。

● **創造力**

好老師會誘導學生去實驗、查詢、發覺自己的問題，並鼓勵學生發展主動思考的技巧和傾向。

這些原則應該套用在所有的課程上，可是學校的課程又應該包括些什麼呢？

06 什麼值得學？

二〇〇〇年成立於加州聖地牙哥附近的高科技高中（High Tech High），是一所以融合科技和學術教育為目標的特許中學。現在它擴展成一個擁有五所高中、四所國中和三所小學，就讀學生一年超過五千名的聯合系統[1]。高科技高中的一天和大多數學校很不一樣。高科技高中以各式各樣的專題為核心來設計課程，藝術老師傑夫・羅賓（Jeff Robin）解釋：「專案學習的進行方式大概是這樣：你先想好你要學生學些什麼，可以是標準化的那一套，也可以是你自己創造的。然後你一步一步地架構起專題，將教學內容反向安插進專題裡[2]。」

賴瑞・羅森史塔克（Larry Rosenstock）是高科技高中的創校校長，他的說法則是：「你把科技業常用的團隊合作、同僚學習、實驗、應用、驗證等方法，套用在文學、數字、社會等，孩子們需要知道的學術課程上。換句話說，你要做的是把科技方法和學科內容結合在一起。」

因為懂得將不同的學科相互連結，學生學習課程的效率極高，舉例來說，藝術和生物可能合而為一，或者社會和數學也可以互跨領域。學生編排教科書、拍攝紀錄片、創造出各式各樣的專題。他們可以藉由撰寫、編輯一本關於聖地牙哥海灣生態的書，學會什麼叫生態系統，同時也學到不少攝影和圖像設計的技巧。除此之外，他們更將學習範圍擴展到真實世界，選擇他們社區或其他人可以實際應用的研究專題。比如說，他們最近就發展出一套可以辨識ＤＮＡ的工具，並拿到非洲獸肉市場上用，以判定肉品是否是從偷獵集團流出的。

和大多數的學校不同，這兒的學生不用每四十分鐘就擠進走廊，趕著換教室上另一種不同的科目。高科技高中將一天劃分成幾大塊時段，目標是讓孩子們可以在各種專題中，得到更持久的沉浸式經驗。賴瑞說：「我們沒有上下課的鐘聲，如果你想上廁所，你就去上廁所；也沒有正式的廣播系統。**自己動手做**的機會很多。我們比較像是**逐漸拉開**一個科目的面紗去認識它，而不是直接講解。去做田野調查，但用不著背誦生物學名。我們的學生在公家和私人機構實習。表面看起來很放鬆的教育方法，其實非常緊湊。

「學生和團隊裡的老師一起合作。不像一般高中生必須時常一科一科地換著學。你親手製作、創造許多東西，而且工作成果會定期被公開展覽。你常常要站起來講解自己製作的內容。你一定要覺得這樣做是有趣的，不然你支撐不下去。」

以這麼與眾不同的方法建立教學課程，自然要得到許多相關團體的支持，學生家長是其中之一，但是剛開始他們也是非常不放心。「在高科技高中創校初期，曾經有家長懷疑我們的方法是否真的有效。但是他們告訴我們，孩子不願意轉校，因為他們太喜歡上學了。幾年之後，我們開始有了畢業生，不少孩子申請到非常好的大學。」

幾乎所有高科技高中的畢業生全都繼續升學，其中有七成選擇了四年制的大學。「我們的孩子拿到大學學位的比率高得驚人。我知道有些人說上大學是浪費時間。確實，職業籃球明星用不著上大學，搖滾巨星用不著上大學，還有電腦天才也不必上大學。但是我們認為，即使是將來不想念大學的孩子，也不該和其他打算升學的孩子分開教育，應該讓他們全待在一起，以同樣的方法教導他們，為他們做準備，並假設他們全都要升學，其實比較好。」

畢業於高科技高中的大學生，超過一半以上都是家族裡接受高等教育的第一代。會有這個結果是因為高科技高中十分致力於打破社會階層。他們以抽籤的方式選擇學生，然後在小學升國中及國中升高中的轉換期，在現有學生較少的居住區域錄取較多的新生。

賴瑞說：「雖然教育是我們辦學的主旨，但是我們認為社會階層整合，甚至比教育更重要一些。以社會資本的角度來看，美國的情況只能以每下愈況來形容。社會上普遍有種錯誤的風氣：大家會以一個人的種族、社經地位和性別，來判斷誰做得到什麼事、誰做不到什麼事。這根本大錯特錯。當今的標準化測驗又給了我們另一套錯誤預測的標準。在這所學校，我們不但要努力不落入錯誤預測的陷阱，而且還要幫助本來在社會上不被看好的弱勢孩子加速進步……當你有機會和這些孩子一起工作時，就會發現他們其實非常聰明，只不過你需要找到不同的方法適性引導他們。」

讓所有學生受教，正是教育改革的重點。正如我們所看到的，這意味著專注於學習與教學質量。這也意味著改造課程，才能使之成為可能。

為什麼要有課程？

課程就是學生需要知道、了解和能夠操作的知識架構。在大多數學校裡，通常分成必修課、選修課，以及像學校社團和課後輔導等志願參加的活動。**正式的**課程和**非正式的**課程不一樣。正式課程指的是包括了測驗和考試的必修課程；非正式課程則是指志願活動，二者相加才是一個完整的課程。

課程的目的很顯然是要為學生應該學些什麼提供明確的指引。除此之外，學校也需要課程來計畫怎麼使用資源、安排每個人的時間和可用空間。通常學校會將一天分成好幾節，然後將科目排進各節的時間裡。這種做法似乎成了常識。學校生活需要有計畫，畢竟學生和老師都需要知道應該在什麼時候去什麼地方、做什麼事。原則上，應該是依照課程來劃分時間表；實務上，卻常常是以時間表來編排課程。

我的女兒上十年級時很想繼續選修舞蹈，可是最後卻因為衝堂不得不黯然放棄。我想起自己十四歲時，因為藝術課和學校認為對我比較重要的德文課被排在同一節，也只能放棄藝術課的往事。其實德文沒有對我比較重要，可是我也只能面對現實。我相信許多高中生都有這種類似的經驗。如果時間表有彈性，可以更個人化，才有可能適用在學生需要的現代動態課程上。

爭論不休

學校應該教什麼、誰有權力決定，是教育界爭論得最激烈的議題之一。我在這裡並沒有要探討課程內容的細節——也就是在其他應該包含在各學科教程裡的事實、觀念、技能，以及其他細節。這就如同赫許（E. D. Hirsch）[3]及包括各級政府裡的人想要做的事情一樣，甚至可以寫成另一本書，或另做專題研究了。我所寫的是在美國教育裡爭論激烈的，有關於引進制定了掃盲、數學與科學課程基本內容的共同核心標準。根據該標準的架構，其目的是定義出哪些是「學生在國民教育課程裡應該獲得的知識與技能，好讓他們在高中畢業以後能夠在初入的職業生涯、基礎的大學學術課程，以及職業訓練計畫裡取得成功」，並且能形成一個「從美國的每個州到政府以及世界上的國家，最高也最有效的標準」。

無論共同核心標準最初的優點是什麼，它還是把國家分成政策制定者、老師、家長與整個社區之後，卻變得與聯邦教育離得太遠。

我在這裡提出的希望較為溫和，但重要的是我相信應該把課程看做一個整體，而且這表示它必須達成我之前提過的四個目的，並且自問我們需要什麼樣的課程。即使如此，就很具爭議性了，更遑論關於在學校裡應該教導什麼，以及從過去到現在課程上實際的劇烈變化了。

在古羅馬，教育涵蓋了七大類文科和理科的範圍：語言正式結構的文法、論文的修辭和寫作表現、正式邏輯的辨證法、算術、幾何、音樂、天文學。這一版的課程被延用了很長的時間，一直到中世紀都還居主導地位。

在十五、十六世紀文藝復興時期，有些學校開始引進其他科目，包括拼字和戲劇，同時也開始嘗試以更實用的角度來教導和學習。有些學校開始教起音樂和舞蹈，還有繪畫，甚至格鬥、射擊、手球和足球等運動。到了十八世紀，有些學校開始將歷史、地理、數學和外語放進課程裡。這種做法讓相信只有古典教育才是真理的傳統派大為反彈。基本上，古典課程一直到十九世紀中葉都還是歐洲教育的主流[4]。

接下來，社會發生了三個顛覆本質的巨變，成就了改造學校課程的契機。科學界和科技界的影響力愈來愈大，改變了整個學習風氣；工業革命的擴展改變了民眾的財富分配；新興的心理學也提出關於智能和學習的新理論。這三點社會上的改變很快便對教育產生衝擊，讓大家普遍認為嚴格遵守古典課程的教育，並沒有太多益處[5]。

公共教育開始蓬勃發展後，一直到現在都還主導教育的新型態課程也隨之成形[6]。我們不如把課程拆成**結構**、**內容**、**方式**、**風氣**四部分來說明。

結構是指整個課程的構想，以及不同元素之間的關係。國定課程通常是以數學、科學、歷史等不相干的獨立科目組織起來的。一般來說，每個科目會有自己的階級表，尤其在高中時更是如此。你可以在階級表裡看到分配給它們的時間和資源，它們是必修或選修，是否需要經過正式的測驗等等細節。

數學、語言和科學最重要，在階層表的最上層。接下來是社會科——歷史、地理，有時候還有社會研究和宗教學。至於藝術和體育則排在最底層。「藝術」通常指音樂和視覺藝術，如果學校有戲劇課，通常會排在藝術和體育之下，但在舞蹈之上。不過，事實上，部分的學校是沒有舞蹈課的。

內容是指必須要學的教材。因為學科學習的慣例，現在的教學內容主要強調理論和分析，實用或職業技巧則較不受到重視。

方式是指學生如何和課程產生關連。他們只是坐著聽講，還是以專題為主？是每個人做自己的事，還是分組合作？在現有的大多數系統中，幾乎都是每個人坐著聽講較多，而分組進行的活動則極少。

風氣是指學校的學習氣氛和文化。這是課程被傳授給學生時，夾帶的優先順序和價值觀。這些教育觀念有時被稱為「隱藏的課程」。標準化運動統治下的學校風氣，往往讓學生覺得「上學就像參加一場越野障礙賽」，而目的就是為了清掉由考試和測驗組成的常見障礙，所以必然會有勝利者和失敗者。正如我們所見，許多孩子覺得學校很無聊，或者不時擔心自己的成績，讓上學成了不快樂的痛苦經驗。那麼，學校到底應該有什麼樣的課程？為了回答這一個問題，我們必須記住我在第一章提過的教育的四個基本目的：**經濟、社會、文化、個人**。

從哪兒開始？

傳統的課程是以許多不同的科目為基礎，認為只要講解了，學生就會明白它們有多重要。而這就是一個大問題。正確的起點應該是要問：學生應該知道什麼、教育的成果能給他們帶來什麼能力。為了回應這些問題，課程必須以技能的角度重新架構，我認為這才是我們該走的方向。我的看法是，如果學校真的要幫助學生在將來成功，就應該致力發展符合這四個基本目的的八種核心能力，而每一種能力都和這四個目的有關：

好奇心：對世界如何運作產生學習、發問和探索的渴望。

人類在所有領域中的成就，全來自於想要探索、測驗、證明、觀察、質疑真相，以及想知道其道理和假設性問題的答案的慾望。

幼兒天生就會去探索任何引起他們興趣的事物。當他們的好奇心被觸動時，便會自動從其他人或其他可得資源上學習。知道怎麼去培養、引導學生的好奇心，是所有好老師的天賦。他們鼓勵學生主動調查、尋問；他們問學生問題，而不直接給答案；他們質問學生、指引方向，讓學生想得更深、研究得更透徹。

所有的人可能都會對某事感到好奇，不過常會很快發現答案，得到滿足。但對一些人而言，好奇心可能轉化成持續的熱情，最後更成了他們生命和事業的重心。無論如何，一輩子都能有強烈的好奇心，絕對是學校可以給學生的最佳禮物之一。

創造力：產生新的點子，並且能付諸行動，真正實現的能力。

因為擁有想像力和創造力，所以人類才和地球上的其他生物不同。也就是因為想像力和創造力，人類才不用和其他生物一樣，在原始世界中餐風露宿。我們提出了許許多多的想法和理論，也因此能以不同的方式了解自己。我們一起創造了精巧的語言，組織了思想系統、發展出理論和實用科技、製造出巧奪天工的藝術品，更擁有各種繁複的文化傳統。我們創造出現在的世界，而且還在繼續進化中。諷刺的是，這樣的創造力卻也可能成為最後毀滅我們的力量。站在物種的角度，許多我們現在面臨的問題，都是由人類的創造力製造出的結果。像是不同文化之間的衝突，和人類對大自然環境的破壞，都是最好的例子。所以，即使狐猴和海豚的想像力不及我們，但是牠們不會對氣候造成破壞，反而是有高度想像力的人類，才是造成地球暖化的原兇。

我這麼說，並不是要大家抑制創造力，而是應該以更嚴肅的態度、更有責任感地去培養它。也因為現在面對的挑戰愈來愈複雜，學校幫助所有學生發展自己獨特的創意和行動能力，也就變得更加重要。

評判力：分析資訊和創意，形成合理的論點與判斷。

思緒清晰、邏輯辨識、客觀衡量證據，是人類智慧重要的標記之一。雖然我們可以從歷史教訓中發現，要做到其實是非常困難的。

慎思明辨的能力牽涉到的不僅僅是邏輯的應用，還包括了對他人意圖的推測、明白內情、洞察隱藏的價值觀和情緒、辨認動機、發現偏見，然後以最合適的方式簡明地提出結論。而這些全都需要練習和指導。

慎思明辨的能力向來在人類自我實現中扮演了非常重要的角色，到了近代更是如此。我們處在一個資訊爆炸的時代，各式的資料、觀點、意見，無不高聲吶喊想吸引我們的注意力。光是無所不在的網路，就貯藏了人類歷史上前所未見的巨量資訊，而且仍迅速地以倍數在成長。但是，相對的，混淆視聽和似是而非的消息，也藉此到處流傳。

數位革命在教育上確實帶給年輕學子極大的效益，然而他們分辨事實和意見、有理和無理、誠實和欺瞞的挑戰，卻也比之前任何世代都要困難。很顯然的，慎思明辨的能力不只應該是學校裡每個科目的主題，也該是校外教養的重心之一。

溝通力：以不同方法清楚自信地表達自己的思想和情緒。

教育強調學生必須流利地閱讀、寫作、算術，所以孩子們應該都具有溝通的能力。但是我們也應該提倡清楚自信的發言，換句話說，就是所謂的「口語能力」[7]。很不幸的是，當今學校教育完全忽略了口語技巧的發展。這當然是不對的。

口語溝通包含的不只是文字上的意義，還包括了暗示、明示、範例、壓韻，還有語言的其他形式。溝通不只關係到文字和數目，畢竟有些想法無法用這種方式表達。對這些想法，我們可以藉由圖像和聲音、手勢和肢體動作來表示，而這時我們學習的音樂、肢體藝術、舞蹈、戲劇就能派上用場了。更遑論即使用語言表達，這些能力也會是極好的輔助工具。能以上述的各種方法形成並溝通我們的思想和情緒，是個人和群體基本的成就。

合作力：和其他人一起積極工作。

人類是群居的動物，我們在其他人的陪伴下生活、學習。出了學校，在團隊合作及面對群體挑戰時，能否有效溝通是一大關鍵。然而在許多學校裡，年輕學子多數時間都是獨自完成作業；他們是一**群人在學習**，卻不是**群體學習**。

鼓勵孩子合作可以增加自信、刺激好奇心、強化創造力、提高學習成就，並且誘導出正向的社交行為。[8]經由團體合作，他們可以學會和其他人一起解決問題、達成共同目標、善用個人長處、規避個人短處，並且一起分享、規畫新的點子。他們可以學會協調、解決紛爭、支持共識。

在學校一起合作，學生們就會發現海倫・凱勒（Helen Keller）說的：「一個人可以做的很少，但是團結在一起可以做的就很多了。」的確是至理名言。

同情心：對其他人的遭遇能感同身受，並因此採取行動。

同情心是看得見其他人的感覺，尤其是在他們痛苦的時候。同情心源自於同理心，它的起點是我們辨認出自己的情緒受到其他人遭遇的影響，明白如果我們處在同樣的情況下，自己會有什麼感覺。同情心是同理心的再進化，它是「己所不欲勿施於人」這句金科玉律的實踐版。同情心是在有了同理心之後，進一步地採取行動。

孩子們面對的許多問題，都是因為缺乏同情心所造成的。霸凌、暴力、精神虐待、同儕排擠，甚至是種族、文化、性別等歧視，起因幾乎都是沒有同理心。在成人的世界中，文化衝突和不良的社會隔離，也都是因此而起。

現代人的生活關係愈來愈緊密，相互依賴的程度也愈來愈高，培養孩子們的同情心，不管在道德上或現實上，都成了當務之急。它同時具有精神上的意義——發揮同情心是人類社會最真誠的情感表現，也是讓我們自己和其他人得到快樂的根源。在學校，和其他地方一樣，同情心應該是要身體力行的，而非只是口頭說教的宣傳詞。

內心的平靜：和自己內在情緒連結，感覺生命和諧且平衡。

我們全住在兩個世界裡，一個是存在於我們內在的世界，一個是周遭的外在世界。標準化主導的課程只談外在世界，對孩子們了解內在世界幾乎沒有任何幫助。然而我們對外在世界的反應態度，其實深受我們怎麼看待、感覺內在世界的影響。就像作家阿奈絲・寧（Anaïs Nin）說過的：「我看見的世界不是真正的世界，我看見的是我眼中的世界。」

現在有許多學生感到他們的生活充滿了壓力、焦慮和沮喪。部分人的這些負面情緒是學校造成的，但部分人的負面情緒卻來自校外生活。但不管是哪一種，孩子們都可能陷入無聊、心神渙散、易怒，甚至更糟的情緒障礙。如果學校能以我們之前討論過的方法改變校內風氣，對減低學生的負面情緒絕對有幫助。同時，學校也可以每天安排一小段靜思和冥想的時間，教導學生去探索自己的內在世界。事實上，愈來愈多的學校正在這麼做，他們發現學生和教職員規律地靜坐冥想，確實有相當大的好處。

公民權：和社會產生正向連結，並參與維持社會程序。

民主社會運作和領導的方式，全取決於接受到足夠資訊的公民的積極參與。為了讓這種制度順利進行，年輕人離開學校時就已經明白社會的運作方式，尤其是法律、經濟和政治等系統的基本原理和對個人的影響，是非常重要的。

活躍的公民很了解自己的權利和義務，對社會和政治系統如何運作，掌握充份的資訊，關心其他人的福利，對本身的意見和論點清楚明白，有能力影響世界，熱心投入社區活動，並且對自己的行為負責。[9]

公民教育不應該提倡一致性和維持現狀。它的重點在教導學生人人生ㄋ而平等和異議的價值，以及在個人自由和他人權利之間，以和平方式取得平衡的重要。

公民權需要學習和練習，而且需要不斷地更新。我相信約翰・杜威（John Dewey）在說：「民主必須隨著每個世代重生，而教育就是它的助產士」時，心裡應該就是這麼想的。為了做到這一點，學校絕對不能只是在課堂上教授公民權，而是應該針對每一項權利詳細舉例，讓學生了解它們的實際運作。

學生帶著這八個領域的自信離開學校，在他們遇上人生不可避免的經濟、文化、社會和個人挑戰時，就能曉得怎麼應對處理。那麼，學校該提供何種課程，才能幫助學生做好準備？在回答這個問題之前，我們先來檢視一下課程的發想及組織，是在什麼樣的架構下完成的。

提出一個建議架構

正如我在第四章所說，人類的智慧包括了學術能力，但比這更多。在我提出的理由裡，我發現學術科目的觀念，作為學校課程的規劃來說，一樣有太多限制。「主題」也表示知識的不連續性，而且具有清楚永久的界線。在實務經驗中，知識的一切形式不斷發展；在學校之外，不同學科之間的界限不斷重疊。還有另外一個問題。

從某個方面來說，真的沒有所謂學術主題這件事，只有以學術方式看事情而已。學術工作是一種分析的模式，而且可以應用到任何事物：外國語言或粒子物理學，詩詞或地質學之上。學校已經發展到太過重視這種模式，而不再重視如何去看待事物。

我其實比較喜歡**學科**（discipline）的概念。學科是觀念和技巧、理論和實用的混合體。舉例來說，數學是觀念、方法、過程，**加上**考試知識的混合體。學生不只要學習數學，也得知道怎麼做數學。同樣的道理也適用在音樂、藝術、地理、物理、戲劇、舞蹈等學科上。以學科來設計課程，同時也會打開所有跨領域活動的機會，就像高科技高中一樣。那麼，課程裡應該要包括哪些學科呢？

我個人認為，一個均衡的課程，應該要同等重視且平均分配資源，給語言藝術、數學、藝術、科學、人文科學和體能教育。每個學科的教學重點都該是智能、文化和個人發展。學校同時應該提供能讓學生們共同學習且學科平衡的架構，使孩子們能增強個人長處、發展個人興趣。

藝術

藝術就是人類經驗的特質。經由音樂、舞蹈、視覺藝術、戲劇等，我們將對自己和周圍世界的情感和思緒形象化。在藝術中學習和學習藝術，對智力發展非常重要。藝術讓大家看到智慧的多元，是人類文化中最活潑生動的表達方式。我們必須透過音樂、視覺藝術、舞蹈、口語和表演藝術，才有可能去了解和體驗另一個文化。音樂、影像、詩歌、戲劇，往往是我們最深層的天份和熱情的證明。欣賞其他人創造出的藝術作品，是去看到並感覺他們眼中世界的最好方法。

人文科學

人文科學主要在研讀人類的文化，包括了歷史、語言學、心理學、宗教教育、地理概念和社會研究等。人文科學教育旨在加寬並加深學生對周遭世界的了解，明白它的多元、複雜和傳統。它的目標在增加我們對過去人類和不同文化的知識，同時發展出對當代文化審慎思考的能力。人文科學教育不僅包含對這些學科的研讀，而且更應該利用學生自身對人類文化的疑問，教導他們適當的研究方法和流程。

語言科學

發音清晰的語言，是人類智慧最了不起的成就之一。幼童在學習說話時，也學會了怎麼思想、推理和溝通。另外，他們同時還學到了，隱藏在那種語言裡的文化價值和思考方式。學校的語言教育包括了口語、文學和讀寫能力。口語就是能夠以自信的態度清楚、流暢地說話的能力。讀寫能力即為閱讀和寫作的技巧和習慣。文學則是人類重要的藝術型態之一。研讀、練習文學藝術，讓學生能有機會看到其他人在不同時間或傳統中的思緒和情感。

數學

數學是數字、尺寸、數量、空間和彼此關係的理論科學。數學系統在人類文明萌芽時就已存在，也是人類文化最偉大的成就之一。算數的重要性自然不言而喻。而且它也是學習其他學科不可或缺的基礎。在所有科學、技術、藝術，甚至日常生活，我們都能看到數學裡許多概念的應用。

體能教育

我們不只是一顆會移動的腦袋，還具有身體，所以心理、情緒和身體之間關係緊密、互相影響。體能教育和運動，常在不同的文化傳統和現實生活中，扮演重要的角色，透過比賽和群體行為，及因而產生的歸屬感，牽動人們強烈的情感和價值觀。它們提供了個人和團隊發展技巧，以及在受控環境下分享成功與失敗的重要機會。為了以均衡的方法創造出人文教育，體能教育應該和智能學科一樣受重視，分庭抗禮、共享資源。

科學

科學是為了明白我們周遭世界而進行的系統性探索。自然科學專注於探索和預測大自然的現象，包括了物理、化學、生物、地球科學、天文學等等。而社會科學則專注於個人和社會行為的研究，包括了心理學、社會學和經濟學等等。科學教育對所有學生都很重要。科學教育鼓勵學生了解證據、取得客觀分析的技巧、明白自然世界的各種過程的現象及背後的原理，同時提供機會讓學生從實用面和理論面，印證或挑戰現有知識。透過科學教育，孩子們學會感激成就現代世界的科學概念和努力，同時也了解它們的特點和限制。

學科的概念打開了生動的跨領域合作的機會，而高科技高中和其他學校，就是以此為基礎設計它們的課程。因為在跨領域時的相互影響，學科便會不停地改變和進化。畢竟出了學校，所有的學科在應用上，全是由一個又一個的問題組成的複雜生態，所以它們在學校時也該如此。舉例來說，在教育系統中大家普遍認為，科學和藝術是南轅北轍的科目。科學就應該是事實、真理，而且客觀；藝術談的就應該是情感、創意，而且主觀。雖然這種說法也有部分符合實情，卻未免太過刻板。

在現實生活中，藝術和科學其實常常以各種不同的方式重疊。想像力和創造力，在科學上的重要性並不亞於它們在藝術上扮演的角色。學習科學包括研讀現有的科學知識、使用科學方法調查及驗證假設，還有探索科學及其他領域的互動，例如科技就是個很好的例子。趨動科學前進的偉大發現和理論，全部來自劃時代的想像力大跳躍、實用精巧的設計，以及對實驗結果產生的新解讀。

藝術除了自律嚴格的練習之外，還需要純熟的技巧、判斷能力和文化敏感度。人文科學在許多方面和科學、藝術重疊。它和藝術同樣都很關注人類經驗的了解，和科學同樣注意理論分析、證據和解釋。

尋找適當模式

孩子們在積極參與活動時的學習效果，遠比只是閱讀抽象概念時好很多。當你引發他們的好奇心、讓他們開始問問題、挖掘新的點子、為自己能接觸到新學科感到興奮時，他們學得最快、最多。我們之前的舉例，從格蘭治小學、北極星到高科技高中，在在證明了這個真理。賴瑞．羅森史塔克校長的看法是：「小學一開始時就做對了。它們的學科往往跨領域，而且邏輯定義比較含糊，孩子們有不少機會親自動手操作。博士研究也是。你開始研讀時滿腹疑問，離開時同樣有一肚子的問題。」

任何領域的有效學習，往往是一連串的反覆試驗，在找尋解答的失敗嘗試中，偶爾出現突破性的成功。高科技高中的課程，就是以提供這樣的動態環境為中心，而它其實就是這所學校成功的金鑰。失敗是過程中很重要的部分，我們應該敞開心胸，欣喜地迎接它：「太好了！現在你知道這條路行不通。你可以在單子上劃掉它，開始試點別的了。」從錯誤中學習是學習經驗裡極為關鍵的要素，但是在學術課程的設計上，卻往往被排除在外。

在最近創新教學與學習最有趣的一個，就是所謂的設計思考，這是現在許多組織以及愈來愈多學校使用的一種方法。它借鑑了專業設計師在構思新產品和服務的創意與分析技術，用來發現與解決問題。

設計思考通常是跨學科且需要高度合作的。在原則與實務中最好的一個做法，可說是提姆．布朗（Tim Brown）在《設計思考改造世界》（*Change by Design: How Design Thinking Transforms Organizations and Inspires Innovation*）所提出的。學校將課程分為學術類和職訓類，雖然在實務上很常見，卻因此剝奪了孩子們「學中錯、錯中學」的機會，而且排擠了天份和熱情在實用知識的學生。培養動態環境應該成為課程的中心，而非邊緣。

倫敦國王學院（King's College）公共管理系教授愛莉森・吳爾夫（Alison Wolf），接受英國政府委託，針對職訓課程進行研究，並將結果寫成了《吳爾夫報告》（*The Wolf Report*）。她認為，接受職訓課程對學生將來的成功、長成負責的大人，有非常正面的幫助，但是唯有職訓課程在學校能和學術課程平起平坐，得到同樣的重視但擁有各自的衡量標準，才有可能達到這種效果。

她說：「我們只需要打破藩籬。你讓愈多那種不是一路從小學念到大學然後出來當老師的人待在學校裡，你在系統裡留下的喘息空間就愈多。因為他們不是生產線組裝成的制式成品，而是生活中可供使用的實用品。但是你必須將這件事變成正式課程的一部分，變成人們可以信賴的制度之一，吸引學生離開教室去做完全不同的事，不受現有的課程設計限制。我認為必須在傳統的結構中加入非標準化的元素，使它成為一個真正可被選擇的選項，而且到時候你必須確定這個選項不會被標準化。」

「宏觀學習系統」（Big Picture Learning）就是個好例子，它不但成功地將學校和周圍世界連結在一起，並且證明了融合學術和職訓課程，可以讓學生投入更多心力、達到更高的成就。全世界有超過一百所的學校，加入這個由《離開去學習》（*Leaving to Learn*）作者暨前任校長和老師的艾略特・華沙（Elliot Washor）和查爾斯・孟卡斯基（Charles Mojkowski），在一九九五年創立的聯盟，而且數目還在持續增加中。宏觀學習系統的核心思想：「教育是社區裡每個人的責任」，已經在我們這本書前面出現過很多次。宏觀學習系統培育的正是超過學校教育範圍的學習。學生在志工導師的監護下，花費長時間在社區工作，學習會在現實世界裡遇上的狀況。

華沙和孟卡斯基表示：「社區必須讓學校和居民緊密相連，傾市政府每個部門之力來改革高中，建設學習社區所需要的架構。只有將社區學習地點設立好，市鎮才能恢復高中該有的聲譽，讓學生覺得自己應該對社區做出貢獻[10]。」

在《離開去學習》中，他們談到了這方面的價值[11]：

傳統的教學過程和測驗不能讓學生獲得能力，更別提學到手工技術或一技之長。為了將學生留在學校，而且一直到畢業前都全神貫注地投入學習，學校必須提供學生許多校外實習的機會。為了繼續待在學校、持續學習，所有的孩子都需要時常、定期、暫時離開學校。為了達到這一點，學校必須打掉校內學習和校外實務的高牆，讓學生能夠將所有的學習融合應用。所以校內、校外的學習計畫和內容，都得做到無縫接軌、完全整合才行[12]。

書中也解釋了他們覺得這個辦法那麼重要的原因：

大多數學生都認為學校「不好用」。事實上，許多年輕學子都覺得學校是個很負面的學習場所。不只是因為學校無法幫助學生獲得重要的生活技巧，而且還擺出一種學習只能在學校進行、和現實世界無關、以科目和上課鐘聲劃分時間、用選擇題筆試來測驗學生的不佳形象。學校有許多白紙黑字的規定，也有許多行之有年的潛規則，扼殺了孩子們天生的學習慾望，壓制了他們想要精進什麼、向誰學習、何時練習及如何學習的自由。所以我們看到這麼多有創意、想創業的年輕人，對學校的制式學習一點都不感興趣，也就不足為奇了。他們早就看出來，我們提供給他們的學校，其實已經和現實世界脫節了。

在過去二十年裡，宏觀學習系統以特有的個別化、社區導向的教學方法，獲得極為豐碩的成果。羅德島州省府普羅維登斯（Providence）的「首府地區職業科技中心」（Metropolitan Regional Career and Technical Center），是加入宏觀學習系統的第一所學校。原本的新鮮人幾乎都是無法適應傳統學校環境的非裔或拉丁裔年輕人。這些孩子如果繼續留在正常的學校，很有可能會成為中輟生，而且他們大多數都來自最多只念到高中畢業的家庭。但是四年之後，這一批首屆學生的畢業率高達百分之九十六，而畢業生中有百分之九十八的孩子，拿到了大專院校的入學許可。美國宏觀學習系統現今的平均畢業率亦高達百分之九十二，超出全國的百分之六十六非常多[13]。

問題出在大多數想解決教育問題的政策，基本觀點根本是錯的。艾略特・華沙和查爾斯・孟卡斯基主張，並且用他們的宏觀學習系統證明了，更貼近現實世界的原則和方法，才是真正解決教育危機的基礎。

不同的社會思潮

你在第四章裡讀過喬伊・哈里遜和他提倡的「慢教育」的故事。位於利物浦東北方三十五英哩的洛奇代爾市（Rochdale）的馬修・摩斯高中（Matthew Moss High School），就是「慢教育」成功的最佳範例。一行大大的字在學校的網頁上寫著：「我們不一樣」，點擊之後，你會看到這一段宣言：

馬修・摩斯高中和其他學校最大的不同，是我們的學習議程表。它看起來可能很奇怪，因為大多數的學校並沒有這個東西，而是把集中精力投注在教學上，認為學習理所當然地就會跟著進行起來。然而事實已經證明這種假設不是真的。任何人回憶起自己的學校生活，就會知道有很多事老師已經教了無數次，但是大部分學生仍舊左耳進、右耳出。

在馬修・摩斯高中，我們認為學習者才是一切的中心，致力研究怎麼幫助他們才能讓學習更有效率。因為有效率的學習者，終其一生都會是個快樂、成功的人，因為他們懂得自助，能夠適應艱難的環境，知道在自己不知道要怎麼辦時，該如何自處[14]。

馬修・摩斯高中的學習議程表裡，最重要的是一個名為「我的世界」（My World）的方案。光是從它一星期上四次，每次兩堂課的時間，你就可以看得出校方對它的重視。喬伊告訴我：「它是高度專題導向的學習。它注重的是過程，而老師的主要功用則是輔助、引導與訓練。雖然他們有時也會像在傳統教室那樣站在前面講課，可是大多數時候，課堂的主導權握在孩子們的手裡。有一次他們決定做家族史的專題研究。每個學生製作出自己的家族族譜，然後請來系譜專家指導，監看所有的流程，並評論他們創造出的族譜。完成之後，每個孩子都能找出某個自己有興趣的祖先，繼續追查更多資訊。我們有個孩子非常非常熱愛美式足球，校長在為他做課程規劃時問他：『說真的，這有什麼意義呢？沒錯，你喜歡美式足球，可是，它的意義在哪裡？』學生沉默了一會兒，慎重思考，然後回答：『當我在打球時，我覺得自己是個截然不同的人。』聽到這句話，校長恍然大悟，他為這個孩子計畫了一個以運動心理學為主題的深入專案研究。正常的標準課程絕對沒有辦法提供這樣深度研習的機會，因為你找不到那麼多有興趣學習這方面知識的學生。

「我們很積極地利用這些專題，培養孩子們強烈的使命感。我們會聘請校外專家，以真實世界做專案的方式對待它。當然我們也遇過花了一、兩年還找不到自己方向的學生，可是那也沒關係。因為不管怎麼說，以這種方式教導出的孩子，依舊會得到比傳統教育更正面、更強大的教育經驗和價值觀。

「只是做這些事是很花時間的。我們開始看到的成果其實都只是副產品，我們教育所注重的真的不是這些。可是我們得到的成果不但超乎大家預期，而且愈來愈好。馬修・摩斯高中的畢業生，即使成績沒有其他人好，大學還是會接受他們，因為大學也知道他們會是主動的優秀學習者。」

活生生的民主

有些學校甚至會讓學生參與更基本的決策過程。以色列的教育家亞可夫・赫奇（Yaacov Hecht），在一九八七年創辦了一所前所未見的學校。和課程有關的任何一個決定都要經過學生、老師和家長投票才能決定。哈德拉民主學校（Democratic School of Hadera）是世界上第一所將「民主」放入校名的學校[15]。時至今日，全世界已經有好幾百所民主學校，其中在美國的就接近百所，包括了：紐約州布魯克林區的布魯克林自治學校（Brooklyn Free School）、田納西州桑摩鎮（Summertown）的農場學校（The Farm School），和威斯康新州維若瓦市（Viroqua）的青年自治高中（Youth Initiative High School）等等。

亞可夫在最近的演講中表示：「我們主張，只要讓每個人都能自由選擇想要進一步學習發展的領域，那麼人人都可以表現優異。我們讓學生接受僵化制度之外的民主教育，放手讓他們尋找自己可以成功的領域[16]。」

亞可夫認為一所民主學校該具備的幾項基本元素：

- 學習領域的選擇：由學生決定他們想要學習什麼，以及學習的方式。
- 民主的自主管理。
- 評量完全著重在個人，不用和其他人比較，也沒有考試和成績單。
- 一所能讓孩子從四歲一直成長到成年的學校[17]。

亞可夫之後更成立了「民主教育協會」（Institute for Democratic Education，簡稱IDE）和「民主教育協會論壇」（Institute for Democratic Education Conference，簡稱IDEC），讓全世界的教育家可以一起參與、相互切磋。

傑瑞・明茲（Jerry Mintz）是大聲疾呼學校民主化的支持者之一。他不但創辦了「另類教育資源組織」（Alternative Education Resource Organization），並且是「國立另類教育社區學校協會」（National Coalition of Alternative Community Schools）的首席執行董事，而且還和亞可夫一樣是民主教育協會論壇的創辦成員[18]。大部分的美國民主學校都是私立的，只有少數幾家是公立學校系統內的特許學校。然而，傑瑞卻相信這些學校的經驗可以為所有公立學校指點出改變的方向。

亞可夫說：「我認為改變公立學校系統最好的辦法，就是創造出體制外的模式。舉例來說，加州在家自學的人數非常多，多到每個學區都會另外將『獨立學習』列為一個項目，換句話說，就是在家自學。每個學區都有一部分的公共教育投注在自學上。這就是另類教育影響系統的方式。

「人們對學習的看法非常兩極。我們這一派相信孩子們是天生的學習者，我們知道它是真的，而現代關於腦部的研究也證明了這個理論，可是幾乎每個主管學校運作的人全抱持著另一種看法。他們相信孩子有惰性，需要被強迫才肯學習。而學生處在這種課程下七、八年，即使不懶也變得懶了，於是他們就更相信自己才是對的。不幸的是，當你強迫一個孩子去學他不感興趣的事七、八年後，你就把他們天生想要學習的慾望之火給澆熄了。」

傑瑞到處旅行，提倡民主教育。即使他已經花費了三十多年做這件事，但還是常常遇到很激勵、很感動他的故事。「我還是很常被它的效果嚇一跳。像有一次我去長島（Long Island）一所輔導高風險學生的學校。那所學校在其他學校下課之後才開始，所以它的上課時間是下午三點半到七點半。來那兒上課的孩子覺得自己是被『扔進去』的。當我引進民主教育時，有趣的事發生了。剛開始，從孩子們的肢體動作，我就可以看得出來他們疑心重重。可是在我們結束時，他們卻十分投入。其中一個孩子提出他認為學校不應該禁止他們戴帽子上學。一個老師回答說，聽起來確實沒什麼問題，可是學區規定不可以。老師說，如果提案的孩子真的堅持，他可以在學校開教育委員會時提出，試著改變這條規定。你可以感覺得出來，學生和老師的關係在開會時就改善了不少，因為突然間，他們不再是對立的兩方，而成了站在同一邊的盟友。在我的研討會結束後，學校決定以後每週都要開一次會，將它變成正式的民主課程。

「到了那一學年結束時，學區必須減少開支，所以整個學區的某項經費遭到全部廢除。只有那所有民主課程的學校的孩子們發動抗議，因為他們覺得自己是有力量的，不可以逆來順受。」

傑瑞相信在學生可以選擇他們想學什麼，而且學校成為一個發現真象的探索環境，而非狹隘的限制時，孩子們的學習成就自然會令人驚艷。傑瑞甚至將他的書命名為《沒有回家作業，整天都在下課》（*No Homework and Recess All Day*），你就能想像他的信念了。

「我以百分之百民主的方式經營這所學校十七年，它不強迫學生上課、不點名。大多數孩子來自低收入家庭，學費收入只占我們收入的四分之一，其他部分則要靠募款籌措。學校有個規則，而且是孩子們必須嚴格遵守的規則——只有你的表現真的很好時，才可以在放學後留下來。孩子們會為了自己留校的權利奮戰。只要還有一個教職員在，他們就會留在學校裡。而且他們還通過一個提案，不管天氣多惡劣，學校都不可以停課。他們知道我就住在學校裡，所以只要他們能到達學校，我們就可以上課。孩子們成功地取消了一些放假日，接著他們試著提議取消暑假，而且通過了一個我們一週至少要去一次學校的規定，直到教職員說他們無法再這麼做才停止。他們就是這麼喜歡上學。人們對此感到困惑，因為在他們的觀念裡，孩子是絕對不會喜歡上學的。」

傑瑞相信不管是什麼樣的學校環境、年齡多大的學生，民主程序都能茁壯成長。最近紐澤西州有一所托兒所請他去展示民主教育，更讓他確信他的理念。

「我一邊開車，一邊想著：『哇！那裡年紀最大的孩子不過五歲。能行得通嗎？』我想我得先教他們一些概念。於是我請他們圍成一個圓圈坐下，然後開始解釋，去參加民主會議時，要帶著哪兩個東西。一個是你覺得你在學校裡遇到的問題；另一個則是你認為可行的解決辦法。我講到這兒時，所有的小朋友爭相舉手，打斷了我的談話。實在是太不可思議了。一個四歲的小女孩說，她聽說巧克力裡頭有咖啡因，也許學校不該允許大家在下午吃巧克力。他們投票表決，通過了這個提議。另一個孩子說，感冒的人最好不要出去戶外玩。大家熱烈討論之後，這個建議也投票通過了。」

很顯然的，討論的性質會因年紀的差異而極度不同，參與課程和規定的熱烈程度也不一樣。但是，傑瑞仍然確信不管是什麼程度、什麼學校，民主程序還是有它不可或缺的地位。「你不能改變州法，也不能改變聯邦法，但是民主程序卻可以套用在所有的公立學校上。如果老師能讓他們的課堂民主化，那就是最偉大的革命之一了。大多數學校面臨的問題是，大多數人不知道該怎麼做這件事，因為他們不是這樣長大的，也沒有受過這方面的訓練。所以我們設立了一個網路課程，幫助正要創建新學校的人，還有少數想要改變他們現有學校的人。」對傑瑞來說，這種改變的真正阻礙只有一個，「如果你不相信孩子們是天生的學習者，你是不可能成功的。」

課程的原則

所有我在這裡提出的原則，在所有階段，從學前班到高中與之後的教育，都是同等適用的。當然，它們也應該考慮到孩子的年齡與發展階段。在個人化來說，當學生逐漸成長，當他們開始更了解自己的興趣所在時，就應該要能夠把焦點放在某些原理之上，也是非常重要的一件事。這就是選擇性和多樣化的意思[19]。

如果學校要達到我們說過的四個教育目的，並幫助學生發展符合這四個目的的多種能力，那麼整個課程的設計就需要遵守下面幾項原則：

07 — 測驗測驗

在這本書談到的所有題目中，我認為高度利害攸關的標準化測驗所引起的情緒反應，肯定會是最多的一個。你可以輕易在網路上找到成千上萬個，談到這個話題時老師痛哭、家長尖叫（反之亦然）的影片。全球各地的部落格上累積了好幾百萬字，描述這些高度利害攸關的標準化測驗，所帶來的壓力、焦慮、挫折和間接傷害。人們對愈來愈多的標準化測驗的反對聲浪，已經大到不能再大，但是它們卻還是繼續統治著美國和全世界的教育疆土。

負責教導五年級的老師朗黛・馬修（Rhonda Matthews）是這麼說的：「讓我告訴你五年級學生面對的是什麼樣的測驗。我估計因為這些測驗，我們損失了大約一個月的教學時間。測驗一共要舉行六天，橫跨兩個星期。如果我沒有花時間讓學生預做練習，並教授一些應試技巧，我會覺得對他們不公平。所以，另外兩個星期又浪費掉了。這是為了這些測驗必須花費的最低限度時間。據我所知，有些學校浪費的時間甚至超過一個月[1]。

「州政府的測驗阻斷了所有的思考、討論和社區建教合作的機會。一旦我們進入測驗準備期，任何有意義的談話就不再存在。因為考試有時間限制，我只能告訴學生：『看到問題時**不要**想太多，重要的是集中注意力回答問題。』今年為學生準備測驗時，我不打算花太多時間談論內容。事實上，我對學生的思考和閱讀能力很有信心，但我會加強他們的答題速度，還有教會他們怎麼有效率地應付壓力。」

在二〇〇一年小布希總統頒佈「不讓任何一個孩子落後」法案之前，聯邦政府要求從幼稚園到十二年級在學期間的學生，一共要接受六次考試。閱讀和數學兩科，在小學、國中、高中各考一次。但是現在，為了符合聯邦補助資格，所有公立學校的學生都必須接受教育系統主辦的十四次閱讀和數學的標準化測驗，而且所有的學生都必須在二〇一四年前獲得精熟以上的成績。有些學區甚至認為這樣還不夠，另外要求增加測驗的次數。沒有達到標準的學校，老師很有可能被大量解聘，甚至面臨閉校的命運。

聯邦政府最終還是准許了州政府申請豁免，不用受二〇一四年必須達成目標的檢視，但相對的，州政府必須將我們在前一章討論過的「共同核心」引入教材。二〇一四年四月，華盛頓州成了第一個失去豁免資格的州，因為它沒有硬性規定學區做教師評鑑時，必須使用州的測驗分數。失去豁免資格，讓州政府在使用聯邦經費時受到諸多限制，情況糟糕到為首的教育官員都出面表示：「我看不到任何保護孩子的做法[2]。」

那麼，真正的問題到底是什麼？可能的解答又是什麼？

標準和標準化

不是所有的標準化我都反對，它在某些方面其實貢獻良多。最近我應條碼公會的邀請，在他們的年會上發表演講。很驚訝吧？確實有這麼一個組織。條碼就是印刷在各式物品後，由小黑線和號碼構成的那一小塊長方形，由美國機械研究所學生諾曼・約瑟夫・伍德蘭德（Norman Joseph Woodland）於一九四八年發明的。當偶然聽到系主任和一個超市經理在討論怎麼樣才能將存貨管理得更好時，激發了他的靈感。有一天，伍德蘭德坐在沙灘上一邊思考這個問題，一邊在沙子上畫出摩斯密碼的點和線。他把手指滑過沙灘往自己的方向拉回，畫出了五條平行線，條碼就此產生了。

現在條碼處處可見。只要有條碼，公司機構就能追蹤每個物品的流向。它們的發明掀起物流管理的大革命，加速了食品製造業、進口業、工業製造業、藥品業和數不清行業的國際品質標準化。它們讓大家確知不管物品來自何方，品質都是符合標準的。毫無疑問的，條碼的出現讓生活獲得極大的改善。

在某些領域裡，有標準可以依循是件好事，對教育來說，也是如此。但是，這會帶來兩個問題。第一，就像我一再強調的，每個人都是不一樣的個體，人類生來就不是標準的產物。個人化的教育要有效，就得小心地將所有我們討論過的差異考慮在內。換句話說，標準的應用必須格外謹慎。第二，只有一部分的教育可以被標準化，許多學校應該鼓勵學生達成的最重要發展，卻不能被標準化。我們可以在標準化運動如火如荼地影響學校運作的這一路上，看到上述兩個問題不斷惡化，終於導致災難性的後果。

標準化測驗沒有成為改善教育的手段，反而變成一種新的強迫症。每個孩子從幼童時期就花費大量時間坐在學校書桌後，準備測驗、接受考試、檢討試卷。美國國家公平公開考試中心執行董事蒙特・尼爾告訴我：「測驗大量地無性繁殖了。州政府還好，可是學區方面就很糟糕。他們購買品質很差的便宜測驗卷，用來預測孩子們在期末大考時的成績。在這些測驗卷上得分不高的孩子，就得再花時間做更多的測驗準備。在大多數的主要城市裡，一學期至少考三次期中考。有些地方一個月就考一次，甚至更頻繁的都時有所聞。」

因為測驗結果影響太大，老師教學時承受莫大的壓力，只好把時間優先分配在會考的範圍，至於不會考的部分則只能草草帶過。再來，因為測驗人數眾多，舉辦起來十分不易，考試只能以某些方式進行，最後幾乎全集中在可以用光學掃瞄器評分的選擇題上。細微差別和複雜思考，在測驗的過程中往往被忽視。測驗內容通常都是片斷的記憶，原本會影響學生表現的上下文理解，則根本不會出現在考題裡。

蒙特說：「測驗無法衡量出學生對重要知識是否理解，而且衡量的角度又太過狹隘。測驗衍生出的成績和資料，嚴重主導了教學方向，讓老師沒辦法花時間講解對學生重要的事、讓學生親手操作、吸引他們的注重力和興趣。」當標準化測驗成了教師評鑑的主要影響力時，以測驗為導向的課程設計和資源分配，就變得更有吸引力了。「那個科目會怎麼被測驗，主宰了老師教學的模式。有些走極端的學校，完全成了準備考試的大型補習班。」

提高標準化測驗成績的壓力，讓老師不得不減少平時測驗的範圍。舉例來說，美國國家公平公開考試中心，就曾經在評論「不讓任何一個孩子落後」法案的報告上說，因為準備考試的時間太長，所以有的老師只好減少學生提交閱讀報告的次數。這種情況在美國各地時常發生，大家幾乎都聽說過。但是這類測驗形態才是建立長期教學品質、促進學生成就的基石[3]。

根據趙勇教授的觀察，許多試圖將課程和教學方法標準化的已開發國家，其實正在不知不覺地將學生推向兩方面的失敗。第一，是標準化所強調的技巧，很容易被開發度較低的地區學生，以更低的工資取代。他說：「如果所有的孩子全被要求學會同樣的知識和技巧，那麼時間成本較低的人，就會比成本較高的人更有競爭力。開發中國家裡有成千上萬饑餓的窮人，要求的只是已開發國家工人幾分之一的薪資。在全球競爭中，已開發國家一定要在品質上做出區別，一定要拿出什麼是開發中國家無法以更低的成本做成的東西。而那種東西顯然不是在幾個科目的考試上拿高分就辦得到的[4]。」

其次，為了符合標準化所強調的方向，老師只能犧牲教導孩子們運用天生創造力和創業天份的機會。然而，這些天賦卻是將來他們用來對抗不能預期的世界時最重要的資產。太過重視測驗會付出代價，無法讓孩子們了解如何使用天生的創造力與具有創業精神的天賦——讓他們可以在未來的不確定環境裡游刃有餘。美國國家公平公開考試中心在它的〈高度利害攸關測驗的解決之道〉（National Resolution on High-Stakes Testing）報告上也表示：「州政府和聯邦政府在評鑑系統上，過於依賴高度利害攸關的標準化測驗，正逐漸掏空美國公立學校的教育品質和公平性，讓老師無法再努力提供孩子們廣泛的學習經驗，原本強調革新、創造力、解決問題、合作、溝通、關鍵思考和進一步研究等，會讓學生在民主社會中茁壯，在國際和經濟世界中增加競爭力的能力，反而都被棄置了[5]。」

其實還有另一個影響因素。因為測驗結果在學校經費和教師評鑑扮演如此重要的角色，導致有些學校、學區，甚至州政府，都會以不同的方法去修飾分數。而且這也讓學校將注意力集中在及格邊緣的學生，希望能推他們一把，讓他們跨過合格線。於是成績在尾端或遙遙領先的孩子，就被忽視了。有些無法通過測驗的孩子，可能會被暗示退學，免得拉低平均成績。我也常聽到學校要求家長帶孩子去給醫師做注意力不足的鑑定，因為有醫師證明的孩子，在測驗時可以得到額外的答題時間。於是，對某些人來說，注意力不足過動症（ADHD）已經成了一種好用的測驗策略。

提高賭注

州政府主辦的從幼稚園到十二年級的測驗，並不是學生和家長唯一的壓力來源。我相信最讓大家擔心的，非申請大學入學時一定要考的SAT莫屬了。在過去的九十年裡，SAT一直是高中生邁向大學之路的最大障礙。SAT讓每一代的美國高中生備感焦慮。你絕對想不到，因它而生的補教業的年產值，居然可以高達十億美元[6]。

尼基・戈雅（Nikhil Goyal）雖然還是個青少年，但他透過公共演講、接受訪問和出版書籍，儼然成了提倡教育革命最有力的支持者之一。尼基一家人在他高中時從中產階級社區搬進高級住宅區，他立刻感覺到ＳＡＴ帶來的壓力。他告訴我：「在新學校裡，每個人無不用盡全力想擠進好大學。我注意到同學們的壓力大到他們幾乎崩潰，而且生活也極不健康。就我看來，基本上他們就是機器人。他們非常服從，總是乖乖地聽從指示。到十二年級時，他們的創造力和好奇心已經被壓得一滴不剩，而他們卻是全美國最富裕的一群。事實上，他們算是這個教育系統裡戰鬥力最強的人了，因為他們就是外界所謂的成功者。他們的成績很好，將來就讀的不是哈佛、耶魯，就是普林斯頓等著名大學。」

有趣的是，曾經在補教業呼風喚雨的要角，現在卻認為這些測驗一無是處。普林斯頓評論（Princeton Review）公司創辦人之一約翰・卡茲曼（John Katzman）說：「它們衡量不出任何有價值的東西。它根本是對教育者和學生極端的不敬，加上主事者極度無能的證明[7]。」他的觀點得到研究文獻的支持，不少報告表示，高中的平均成績事實上遠比ＳＡＴ分數，更能預測申請者在進入大學後的成就。

從一九八五年起，美國國家公平公開考試中心就一直大聲疾呼，所有的測驗都該摒棄種族、性別、社會階級和文化的歧異，並且大力推動盡可能不要使用標準化測驗，同時降低標準化測驗對學生和學校系統的影響。蒙特告訴我：「我們的理想是，關係重大的事就不該使用標準化測驗。例如大專院校的入學許可、研究所的申請等等，都不該用。通過標準化測驗絕對不可以是畢業、加分、績效衡量等唯一的決定因素。」

美國教師聯盟（American Federation of Teachers，簡稱ＡＦＴ）同意他的說法。「已經到了應該重新修復學校平衡的時候了。教育的中心應該是教導和學習，而不是考試。」ＡＦＴ會長朗狄・威恩卡登（Randi Weingarten）在二〇一二年說：「測驗導向的教育政策，持續強迫老師不得不犧牲幫助學生學習關鍵分析的時間，而將重點放在測驗準備上[8]。」在當年的ＡＦＴ全國年會中，大會發表了一份決議，節錄如下：「我們相信測驗是用來支援教導和學習的，是課程的幫手而非課程的圍牆。測驗應該是大家合作努力發展出的成果，而不是從貨架上拿取的現成商品。」

美國的大學終於也開始迎頭趕上。現在已經有超過一百五十所在各領域排名在前的一流學校，開始在申請程序裡降低ＳＡＴ或類似測驗（如ＡＣＴ）的分數比重[9]。甚至連ＳＡＴ的創辦團體美國大學理事會都看到了改變的需要，宣佈他們會在二〇一六年將ＳＡＴ改成更注重理解力的版本。

如果大家對標準化測驗都這麼深惡痛絕，為什麼現在的學生還是無法擺脫它們呢？為了解釋這一點，我們必須先來了解一下測驗這行業。

高額賭注與極高底線

測驗和補教相關行業前景看好，蓬勃發展，光是二〇一三年，在美國的收益就高達一百六十五億美元[10]。想一想，同年美國國內電影票房總收入不到一百一十億美元[11]，而國家美式足球聯盟（National Football League）的全部營收不過九十億[12]，你就知道它的市場有多大了。

測驗業主要由四家公司瓜分天下：培生出版集團（Pearson）、麥克羅希爾教育測評中心（CTB McGraw-Hill）、河濱出版公司（Riverside Publishing）和教育測驗服務社（Educational Testing Service）。在我寫這本書時，培生出版集團和美國十八個州政府簽了合約，負責印製考題，同時也是標準化測驗的主要評分機構。麥克羅希爾教育測評中心的「TerraNova」系列和「加州成就測驗」（California Achievement Test）則取得五、六個州的合約。河濱出版公司編製了不少測驗題庫，包括著名的「愛荷華基本技能測驗」（Iowa Tests of Basic Skills）。而美國研究所入學考試的「GRE」則是教育測驗服務社的產品[13]。

然而，這幾家公司在經營上也並非一帆風順。麥克羅希爾教育測評中心在二〇一三年，為紐約市高中應屆畢業生的李政會考（Regents exams）評分時，遇上了大問題，導致學校不得不延後發出畢業證書[14]。教育測驗服務社推出的移民語言測驗，則因被認定有「系統上的缺陷」，而被英國政府禁用[15]。

當然，我們不會忘記著名的「鳳梨門事件」（Pineapplegate）。近幾年來，培生出版集團都會在州政府舉辦的測驗裡放入閱讀測驗，其中一篇就是引起軒然大波的《鳳梨與兔子》。在這篇短文中，一隻魔法兔和一顆會說話的鳳梨比賽，鳳梨最後的下場非常悽慘。學生必須根據這篇胡說八道的故事，回答一連串的選擇題，而所有的選項都和故事一樣不清不楚。聽到這件事的學生家長自然十分不痛快，其中幾個人便在臉書上開了一個「故事的寓意是：鳳梨穿著無袖上衣」的社團，而它的名稱則來自閱讀測驗裡對鳳梨穿著的描寫。

紐約學生家長兼作家朗妮・海默森（Leonie Haimson）表示：「為什麼會在州政府的標準化考試裡放這篇一點意義都沒有的閱讀測驗？它既不是『基本能力』類的問題，也不符合任何目標。尤其是這些考試的成績影響巨大，紐約市會以此決定哪個學生不能升級，以及學校在評鑑報告上的等級，甚至使用在不久的將來就要啟動的全州教師評鑑系統上。用這麼一篇胡說八道的故事，加上顯然沒有正確答案的問題，在連續三天的公辦英語能力測驗的第一天，就摧毀學生的信心，難道這就是它當初被賦予的任務嗎[16]？」

不管考試被賦予的任務是什麼，毫無疑問的，它們最主要的作用之一，就是幫助公司賺很多很多的錢。如今大得驚人的測驗規模，顯然就是以工業生產的心態將教育商品化最好的例子。

所有測驗之母

由經濟合作暨發展組織主辦的國際學生能力評量計畫，其排行榜掀起的國際競爭對標準化測驗影響甚鉅。二〇一二年，上海地區成了閱讀、數學和科學的三冠王。閱讀和數學項目中的前五名，全是亞洲國家或經濟體。科學項目的前四名也都來自亞洲，第五名則是芬蘭。美國、英國和法國震驚地發現自己只能勉強擠進中段班[17]。美國近期在排行榜上的表現直接對聯邦政府造成衝擊，讓它做出推動「共同核心」的決心。

經濟合作暨發展組織的立意良善，原本的目標是想提供一個定期、客觀的國際教育標準衡量。沒有人能說這樣做不對。但是，問題並不出在立意，而在它引發的影響。我們常常聽到政治人物（尤其是西方的政治人物），對他們國家在閱讀、數學和科學的排名落後慷慨陳詞，並且使用這些排名來支持他們提高學校標準、指示學校教學方針的主張。有趣的是，事實上許多在排行榜上贏過美國的學校系統，做的標準化測驗次數還沒美國這麼多。新加坡學生在十二歲時，必須參加國家主辦的「小學離校考試」（Primary School Leaving Examination）。這場亦稱「小六會考」的成績，會決定孩子將來就讀的國中，賭注之大，眾所皆知。高中之後的大專院校入學許可，則是根據他們在「劍橋普通教育文憑考試」（Cambridge GCE）的「O」或「N」級考試成績而定[18]。在排行榜中表現最好的西方國家芬蘭的學生，則只需要在高中畢業前，考一次由國家舉辦的大學入學考試（National Matriculation Exam）[19]。

在國際學生能力評量計畫名列前茅的優等生中，學生持續接受標準化測試的上海，是一個顯著的例外。然而，就像我們之前說過的，上海正在考慮以後不再參加國際學生能力評量計畫。現在連越南都逐漸在改變測驗和評鑑的方式，對原本小學裡僵化的標準測驗鬆綁，給予老師更大的教導及判斷空間[20]。

即使國際學生能力評量計畫自己都明白，關於測驗的討論應該更謹慎進行，畢竟教育對學生一輩子的影響非常重大。

安德里亞斯・施萊歇爾（Andreas Schleicher）是經濟合作暨發展組織教育技能部主任兼教育政策祕書長的特別顧問，他告訴我：「當今的世界經濟不會再為你知道什麼而付錢給你。有什麼不知道？上網找谷歌就行了，搜尋引擎什麼都知道。世界經濟會付給你的，是你可以用你的知識所做出來的事。如果有人可以系統性思考，將真實世界的問題翻譯成數學代碼，那麼因為擁有這樣知識的人不多，而它卻在今天的世界特別重要，自然就能獲得高薪。我們看到世界上一般知識技術的需求量正在大幅減少，而容易被測驗、被教導的知識，相對的也是容易被數位化、被自動化，而且被外移的工作。」

他認為能透過選擇題測驗的知識，有其先天上的限制。然而即使美國想將測驗轉向，考生人數過於龐大卻是個難解的問題。「我們試著減少測驗次數和人數，提高測驗品質。因為考生人數合理，我們就能夠負擔得了不同的做法，如開放式問題、電腦設計和電腦指示的考題。

「我們總是要在什麼應該考，和什麼有辦法考之間取得平衡。二〇〇〇年，我們決定從閱讀、數學和科學開始。二〇〇三年，我們加進社會之類的元素。到二〇一二年，我們發展出很有趣的創意解題技巧測驗。人們問我們，為什麼不直接在一開始時就把它放進去。可是在當年，我們並沒有像現代這麼成熟的電腦測驗系統。

「如果你把題目寫在白紙上，要求學生在紙上作答，要評量他們的創意技巧是很困難的。創意解題技巧和你與題目之間的互動有很大的關係，而題目的性質也會隨著你和它的互動改變。只有在電腦模擬的環境下，才有可能做得到。」

國際學生能力評量計畫很努力地在擴展這一方面的測驗。但是在過程中，安德里亞斯發覺愈來愈多的灰色地帶不斷地浮現出來，他說：「開放式問題的可信度相對較低。它在測驗中佔的比率愈高，就需要愈多的人工閱卷，找愈多人來評分，這時你就會遇上人工評分的可信度爭議。大家其實並不喜歡開放式問題，因為它的代價高昂，爭議性大。不過相對的，你也可以藉此得到較多的相關資訊，比較看得出學生的程度。考生在回答開放式問題時意見五花八門，比回答選擇題時更多元。」

就如我們看見的，問題不是怎麼蒐集資料，而是怎麼運用資料。二〇一四年五月，一群來自世界各地的教育學家，發表了一封致安德里亞斯．施萊歇爾的公開信。他們提出了不少訴求，其中包括敦請國際學生能力評量計畫考慮提供另一種公佈方式來取代排名，以及跳過下一回合的測驗，讓學校有時間去吸收它們已經學到的事。

公開信上寫著：「各國政府、教育官員、新聞編輯，無不焦急地等待國際學生能力評量計畫的結果出爐，更別提它無數次地在政策報告中，被當成有公信力的證據引用。它已經深切地影響了許多國家的教育實務。因為國際學生能力評量計畫，各國政府都在努力檢修教育系統，希望能提高自己的名次。在國際學生能力評量計畫排名落後的國家，紛紛宣佈教育陷入危機，在許多國家甚至造成要求教育官員下台、根據國際學生能力評量計畫規則進行教改的聲浪[21]。」

令寫這封公開信的學者們最憂心的是，國際學生能力評量計畫的結果，往往導致國內標準化測驗的增加，讓教改的目標集中在盡快促使國家排名上升，而非真正為學生改善學習狀況。

評量是教育的基本元素。我不是在懷疑測驗的必要性，我質疑的是當今的評量形式和評量所造成的傷害。現在，讓我們追根究底地來看看，評量到底是什麼？為什麼一定要有評量？

評量以及測驗的需要

評量是用來衡量學生進度及成就的程序，扮演了多重角色。第一是**診斷**，幫助老師了解學生的程度和目前發展的狀態。第二是**格式化**，蒐集每個學生學習、活動的資訊，以相同的方式記錄，支持他們學習。第三是**總結**，即是在期末時對學生全面的表現做出評論。

使用分數和字母的評量系統，通常會有「輕描述而重比較」的大問題。有時候，學生拿到成績，可是並不真的知道它代表的意義；有時候，老師給了成績，可是並不百分之百確定為什麼。第二個問題是，一個單一的數字或字母，無法完整表達出它應該要總結的複雜學習過程。而有些成果其實並不適合以分數或層級評分。就像艾略特・艾斯納（Elliot Eisner）說的：「不是所有重要的事都可以衡量，也不是所有可衡量的事都很重要。」

增進評量價值的方法之一，是將「描述」和「比較」兩種元素分開。評量可以蒐集資料的方式有很多種：學生平日的參與程度、各式作品集、論文寫作和其他形態的作業等。作品集不但能讓老師對學生的創作寫下詳細的描述，也能舉出範例，讓學生依照建議再做修改。

在同儕分組評量中，學生們一起對彼此的作品打分數，共同決定評分的標準。這種方法在評量創意時格外有價值。

有些老師會用好幾種評量方法測驗學生，但是大環境下愈來愈多的測驗讓他們無法再這樣做。然而，也有老師不願就此放棄，紛紛在他們的課堂上起而反抗。雖然並不容易，但是這樣做的好處實在多不勝數。舉例來說，喬伊・鮑爾（Joe Bower）是加拿大亞伯特省（Alberta）的科學兼語言藝術老師。在執教六年之後，他下定決心不再繼續使用大家都在用的等級成績當成他的評量方式。

「我漸漸看清成績是學校選擇的毒藥，而我們全上癮了……等級成績本來是老師的工具，可是時至今日，老師反而成了成績的工具[22]。」

鮑爾發現，對成績的依賴不只讓他變成一個效率較差的老師，而且對學生也有負面影響。他指出，當你問學生他們從某堂課裡學到什麼時，通常得到的會是像「我得了一個A」之類的回答。在學校堅持他非在成績單上填個等級不可時，他徹底拋棄所有課堂上的成績，然後要學生評量自己、建議自己應得的成績。學生的建議通常和他心裡想的相去不遠，但也有許多學生評量自己的成績，會比他心裡想的低。老師拋下成績會減輕學生的壓力，讓他們更能集中精神在作業內容和課堂表現上，而不用擔心那個評量他們的成績橡皮章。

「當我們試圖簡化像真正的學習一樣複雜得不得了的事情時，我們得到的資訊被隱藏住的絕對比被揭露的多。基本上，成績誤導了評量，因為評量不應該是一張試算表，而應該是一場對話。我是個很主動的老師，我每天都在評量學生，可是我好幾年前就已經將成績單置之腦後。如果我們要找到真正的方向，讓學習而非成績成為學校主要的目標，那麼我們就該摒棄將學習和學生簡化成數字的狂熱。」

以真實代替象徵

面對愈來愈大的反對聲浪，以及標準化測試凸顯出的問題，我們找得到任何其他更好的方法來進行大規模的評量嗎？有時候，往前看的最好方法，就是在歷史裡找靈感。

「學習紀錄」（Learning Record）的佩琦・西凡森（Peg Syverson）告訴我：「許多人不知道加州和其他地方，曾經有過極成功的大規模評量。它提供的資料包括了學生豐富的學習成果，足夠讓人們做出關鍵決定。我對『不讓任何一個孩子落後』最大的不滿，是它徹底摧毀了『學習紀錄』本來已經非常成功的運作制度。」

「學習紀錄」其實源自倫敦，是為了判斷無法用標準測試評量的學生的學習進度而產生的機構。

在倫敦市區內的學校，學生往往來自世界各地，說各種不同的母語。這種情況下，唯有老師而不是標準化評量，能夠發現學生學習的狀況。他們因為有些學生英語能力不夠還無法參加評量，開始決心找到更能捕捉與記錄學生狀況的方法。他們和瑪雅・巴爾斯（Myra Barrs）、希拉蕊・赫斯特（Hillary Hester），及幾個大學教育專家一起研究，同時參考李夫・維多斯基（Lev Vygotsky）的理論，建立起「學習紀錄」的基本結構。閱讀和寫作是大家最關心的兩個領域，他們和老師合作，條列出哪些是了解孩子們的讀寫能力情況必須要先知道的。他們發展了一套名為「基本語言紀錄」的健全系統，一共有八頁，可以讓老師詳細紀錄下他們的觀察。他們會用家長的母語和家長進行訪談，詢問他們：「你的孩子喜歡做什麼？」然後他們也會和學生進行訪談，以對他們剛入學的程度有所了解。老師因此會特別關心，家長也會格外留意，因為老師想知道孩子喜歡做什麼。如果那是一個喜歡科學但不喜歡閱讀的孩子，老師就會想出有創意的可行做法，像是：「那麼科幻小說呢？」他們會一起想辦法幫助學生在母語發展上求進步。

他們愈來愈相信他們可以使用「經驗模型」——即在研究適應系統裡的改變時，會使用的模型。你先對系統的初始狀況做全面紀錄，然後持續觀察、沿途蒐集作業資料，最後再做完整分析。沒有分析其實是大多數組合系統失敗的原因。分析一定要條理化，一定要基於某些理論架構。你想知道這水能不能喝？青蛙或其他生物可以在裡頭生存嗎？維多斯基給了「學習紀錄」結構，讓他們能夠從許多方面評論學生的學習。家長看到也能明白孩子的學習狀況。若老師給予諸如「他在閱讀不熟的內容時愈來愈有自信」，或者「他愈來愈能準確猜測沒見過的單字含意」的評語，如此一來，家長也會對老師的專業能力更為敬重。

「『學習紀錄』為英國教育界提供了一個強而有力的模型。老師們也感到很期待，因為它要求他們對工作展現創意，以不同的角度來思考那些本來被認為是問題學生的孩子。於是，他們開始對這些孩子有了好奇心。要怎麼幫助他們學習？他們的表現代表了什麼？」

當時，瑪雅・巴爾斯是「加州讀寫能力改善專案」（California Literacy Project）的領導人，她邀請「基本語言紀錄」小組到加州來傳授經驗，一起設計了一套從幼稚園到十二年級的系統，並且在學校裡實驗推行。然後佩琦以研究學者的身份加入團隊，協助發展所需要的評量工具。

「我們不用分數，而用『發展階段』的敘述。它包括了你通常會在學生培養讀寫能力的學習過程中，看到的各個階段的敘述。這是他們觀察了好幾千個學童好幾千個小時之後，得到的資料分析結果。舉例來說，第一階段就是當一個孩子在紙上畫了東西，指著它，對你口齒不清地說了什麼，這時我們就會說他準備好要開始學讀寫了，因為他開始意識到語言和紙上的符號是有關係的。這種做法對老師幫助很大，因為他們可以判斷學生現在正要進入哪個階段，而他們能夠為那個階段提供什麼樣的資源。

「那時，我們很清楚自己發展出的系統的價值，只是我們得想辦法讓大家，尤其是市區內的學校，接受它是標準測驗外的另一個選擇。你給學生看到的是一條學習的軌道，而不是他們不明所以的隨機落點。」他們和加州教育部門的努力，讓他們有機會見到加州的首席心理計量專家。佩琦說，在看過「學習紀錄」小組的示範說明後，他的反應是：「你們在談的是**真正的**評量。可是我們現在只做『象徵』的評量。」

加州政府允許它成為標準測試外的另一個選擇，可惜仍然只是暫時性的。「許多加州、紐約和俄亥俄州的學校，都採用了我們的系統。老師興奮極了，家長也興奮極了，他們簡直不能相信老師願意花那麼多精神注意他們的孩子。而這些學習紀錄全是公開的，所以家長可以看著紀錄，同時對照學生作品，明白老師觀察到了什麼。然後他們可以閱讀老師的分析。對孩子而言，以那種角度被觀察，自然是前所未有的經驗，因為老師們居然忙著從他們的表現，想看出他們已經學會什麼了。我們做得非常成功，直到『不讓任何一個孩子落後』出現，徹底毀掉一切。」

美國國家公平公開考試中心盛讚「學習紀錄」是：「強而有力的評量過程……學生可以藉由它主導自己的學習，並為他們的學習紀錄、建立檔案。而且它也能提高家長的參與度，促進他們和學校的互動[23]。」「不讓任何一個孩子落後」對學校系統施壓，強烈要求它們只能使用標準化測驗，於是「學習紀錄」就此崩塌。佩琦如今是德州大學的教授，她在那兒發展出「學習紀錄」的大專院校版，並獲得了空前的成功。

「全世界都有我指導過的碩士畢業生在推廣它，但是大多數是在大學校園裡，因為公立教育系統實在是一個太過封閉、充滿政治鬥爭的環境。只要有大學教職想要用這套系統，我很樂意當他們的顧問。」

同時，她並未放棄幼稚園到十二年級的版本。「『學習紀錄』完全公開，歡迎所有的機構多加利用。我把它放上網站，有興趣的人可以自行下載。我甚至還收過遠自祕魯（Peru）的音樂老師的電子郵件！」

一邊學習，一邊評量

「學習紀錄」證明了，即使不藉由標準化測驗的手段，還是有可能以大家都同意的規則，仔細衡量數目眾多的學生。

山姆・查爾泰（Sam Chaltain）寫過好幾本書，包括了《學習的面貌：五十個決定教育》（*Faces of Learning: 50 Powerful Stories of Defining Moments in Education*）和《我們的學校：在選擇的年代找尋共同體》（*Our schools: Searching for Community in the Era of Choice*）。對山姆而言，評量和標準化不是問題；問題是我們選擇評量些什麼、將什麼標準化。美國錯誤地選擇了將學生評量和教師評鑑標準化，結果當然是問題重重。芬蘭卻選擇了將訓練教師的課程標準化，可是並不標準化他們的測驗，於是成就了世界聞名的優秀教育系統。山姆告訴我：「這證明了『標準化』並非一無是處。重要的是，我們要拿它來做什麼。

「談到評量，傳統的評量模式是利用測驗來敦促學生學習。現在大家則喜歡說，到了二十一世紀，評量模式應該變成衡量學生的學習狀況。可是如果評量指的是判斷學生學到多少的方法，那麼它的最終目標應該是『一邊學習，一邊評量』，在學習時同步進行評量，將學生在過程中的反應思考紀錄下來，判斷他們改變了多少。真的有學校已經在這麼做了。在新罕布夏州有所傑出學校，就認為最重要的事情是，從他們學校畢業的人，全都養成了十七項定義清楚的思想和工作習慣，包括了合作能力、領導能力、好奇心和求知慾。學校將這些能力完整地發展成一套評量，甚至在每項習慣下明白列出應該具備的次級技巧。

「如果我們真的認為好奇心和求知慾很重要，那麼我們就要想一想：『什麼樣的小習慣會將你領上那條路？』這所學校認為抵達好奇心和求知慾的路徑，是經由對新想法抱持開放的態度、不害怕複雜的事物，還有問問題的能力。然後在每一個次級習慣下，又有許多不同階段的描述，你剛開始有這能力時看起來會是什麼樣子、當你有初步經驗時又會是什麼樣子、等你達到精熟階段時又有什麼特徵。並不是只有老師才會查看這個評量表，學生和家長也常常用到它。這就是我說的『一邊學習，一邊評量』的真意，年輕學子持續地反應出他們正在評量標準的何處。得到的成果就是，我從沒見過比那群孩子更清楚自己的長處和短處，更曉得他們將來想做什麼、為什麼的人了。」

山姆建議，所有的學校在開始設計任何科目的評量之前，應該要先定義出一個修完該課程的理想學生所該擁有的特質：他們該知道什麼？他們該怎麼利用知識，還有這些知識能怎麼幫助他們？一旦學校清楚回答了這些問題，他們就可以決定要怎麼以學生學到多少，以及學校（老師、管理人員、家長）是否有效創造出適合學生成長的環境兩方面來評量這個科目。

「我們並不需要為每所學校的理想畢業生，創造出一套一模一樣的技能清單，因為讓每所學校自由反應並思考、回答這些問題很重要，然後它們才能以此為基礎，籌備學校的策略方針和教育計畫。不然得到的不過是另一套由聯邦政府以評鑑控制為手段的教育重點，那就沒有任何意義了。」

蒙特・尼爾同意山姆的看法：「我們應該用的是由作品集、專題和課本延伸出的更深更廣的研究，但那不表示你不能使用簡答題、選擇題當成評量的一部分。我們想要學生能夠思考、推理、寫作、演說，以各種不同的方式表達、應用他們的知識。我們知道專題和延伸研究可以做得到……為了改善學習、為教師評鑑提供有意義的資料，學校和學區不能只靠標準化測驗。因為標準化測驗所產生的資訊，本來就有深度和廣度都不夠的先天限制。州政府、學區和學校必須找到加強課堂評量的方法，然後利用這些比較豐富的衡量資訊來向大眾報告。」

未來遠景

我在這一章前面提到了勇敢廢除課堂成績制度的喬伊・鮑爾。事實上，現在有些學校正進行著更大規模的嘗試。加拿大卑詩省素里市（Surrey）參加了一項由全世界五、六個學區組成的實驗計畫，學校不再用分數或字母分級打成績，而以更全面的評量方式取代。利用一個名為「全新成績」的網路聯合系統，學校老師為每個孩子的作品拍照，編排成一本持續成長的相冊，成為家長和學生都能分享的紀錄。老師和每個孩子一起設定個人目標和階段里程碑，然後再以這些目標和里程碑來衡量個人的達成度。

記者艾倫・米勒（Erin Millar）說：「計畫其實有一部分是在回應企業僱主希望學校系統強調創意和溝通等技巧，而非傳統科目知識的呼籲。愈來愈多的企業僱主相信，傳統的評量不是幫助學生發展要在今日世界成功，所需技巧的最好方法。不再使用分數或字母分級表的成績，顯然和這主張不謀而合。在全國和全球的問卷調查中，企業僱主並不在意來應徵工作的新人，缺乏可被輕易測試且評分的知識或技術；他們在乎的是僱員能不能有條有理地分析資料、合作、溝通、解決問題和創意思考[24]。」

實驗計畫已經在卑詩省實行了好一陣子，得到相當激勵人心的成果。雖然有些父母對沒有成績該怎麼面對世界有點疑惑，但更多家長卻因他們幾乎每天都能看到孩子的進度報告而支持此項計畫。早期介入更是其中的一大優點。當發現自己的小孩跟不上時，父母能更及時地伸出援手。不像傳統的成績系統，當父母曉得孩子有麻煩時，往往已經是在月考或期末考之後了。這項計畫同樣也得到老師的大力支持，雖然這表示他們的工作量一定會增加。

艾倫告訴我：「老師們花了好長的時間和學生一對一討論個人情況、設定目標。他們會向學生說一些像是：『你需要有評量自己的技巧。你需要有評量他人的技巧。』」

有趣但不意外的是，計畫遇到的最大阻力，來自在傳統成績系統下一點問題都沒有的人。「我聽老師們說過，在新制度下最不適應的反而是以前的優等生，因為在這個新的系統裡，你沒辦法跳過中間的過程直接拿到一個『A』。在舊系統下表現良好的孩子都很擅長回答標準化測試的問題，他們可以輕易猜到老師想要什麼，可是現在所有的規則全變了。至於原來表現平平和落後的孩子，卻能很快適應新系統，因為突然間他們可以決定自己的目標，而且還能天天看著自己進步。」

但是這項新計畫也遇上了一些挑戰。舉例來說，大學主管新生錄取的單位，到現在還在想辦法訂出一套公平的制度，好將新系統下的學生成績單，拿來和傳統系統下的學生成績單比較。但是各大學對新系統已經愈來愈習慣，尤其是規模較小的大學，其實對學生作品集的重視程度，本來就超過分數成績。規模較大的學校也都在學習適應，艾倫說：「我會說它們並不抗拒。但是還是有相當多的問題仍然在尋找答案中。」

至少，那些都是對的問題，而就像所有的對的問題，答案不會只有一個。因為人生本來就是這樣，而那才是教育中真正的評量所該反映的。

評量是教導和學習中不可或缺的一部分。正式和非正式的評量都該基於以下原則，才能算是設計得當：

● 動機

有效的評量不僅可以加強學習，更能刺激學生向上。它提供了建設性的回饋，幫助學生明白自己目前的程度，並指出不足之處，鼓勵他們改善。

● **成就**

在課程結束之前，有效的評量可以提供學生實際學習和最後成果的資訊。同時，它也可以提供在類似的要求下其他同學成果的比較，讓學生和其他人可以判斷他們的進度和潛力。

● **標準**

有效的評量會設立清楚且相關的標準，引導學生的志向，並讓他們知道將來可能會需要什麼樣的指導或實際的支援。

無論如何，評量都不該被視為教育的結束。它是整個過程中不可缺少的一部分，應該自然地和每天的教導、學習、課程發展相互影響、交織。它應該是完整的個體，卻又是支持平日學校文化的一部分。而要怎麼抓到這個平衡點，就是學校領導人的責任了。

08 校長的原則

在任何很棒的學習經驗裡，一定會有兩個主要人物——學習者和教育者。但是一所學校要出類拔萃，決定關鍵卻在第三個重要人物身上：一個能激勵士氣，帶來光明願景、技巧，且深切了解要提供什麼樣的環境才能讓學生想學、願意學的好校長。波士頓藝術學院（Boston Arts Academy）就有一個這樣的領導人。

位於波士頓地區的伯克利音樂學院（Berklee College of Music）、波士頓建築學院（Boston Architectural College）、波士頓音樂學院（The Boston Conservatory）、愛默生學院（Emerson College）和麻州藝術與設計學院（Massachusetts College of Art and Design）等六所專業藝術學院，在看到當地藝術導向的高中需求之後，於一九九八年共同創立了波士頓藝術學院。它是波士頓公立學校系統的實驗學校，換句話說，它必須遵守學區的規定，不過在預算、行事曆和教職員聘僱上，享有某種程度的自治權。

波士頓藝術學院和其他位於市區的公立學校一樣，都面臨了相當大比例的學生來自經濟弱勢家庭的挑戰。校內有百分之六十五的學生，營養午餐不是完全免費，就是符合部分減免資格，學生的貧窮狀況可見一斑。除此之外，三分之一的學生入學時閱讀能力不但不到該年級應有的水準，而且是遠遠不及。但是，這所學校卻有百分之九十四的畢業生繼續升學，比全國平均數高上許多。有趣的是，大多數波士頓藝術學院的畢業生並沒有選擇在大學裡主修藝術，原因居然是因為學校的領導方向，是盡力幫助學生去認識更廣闊的世界。校長安・克拉克（Ann Clark）告訴我：「我們的畢業生最多人決定主修設計和工程。如果他們不是在跨領域的教導方法下看到了自己的優點，他們永遠都不會懂得這些事。

「我們不以一般人對教育應該是、可以是什麼樣子的觀念來經營學校。這裡對成功的定義也和外界不同。我們不用標準化測驗狹義地定義『成功』，而是透過各種藝術教學，教會孩子們堅持、合作、創意，還有如何利用影像和聲音。我們發現有許多學生來到波士頓藝術學院之前表現不佳，卻能在我們學校裡透過藝術投注熱情，因此學校不再只是另一個他們痛恨、感到自卑的地方。」

然而，這無法改變波士頓藝術學院是公立學校的事實，就像麻省其他的公立學校，它也被強制要求參加州政府主辦的標準化測驗。對學校老師和管理人員來說，這表示他們得在課堂上教導學生準備考試。

安說：「如果我們不幫他們準備標準化測驗，會對學生的將來造成傷害。我們一直都在協助他們準備考試。當他們考完州政府要求的測驗後，我們就得趕快換檔，開始幫他們準備和州政府測驗截然不同的ＳＡＴ。」

學校提供一個能持續激勵學生的環境，讓孩子們覺得即使必須面對高度利害攸關的測試，還是會想去上學。「學生通常早上八點上學，下午四點回家。如果是準備演出或作品集展覽期間，待在學校的時間會更長。在校半天的時間學習藝術；另外半天學一般學科。該上的學科他們一科都沒有少，不過我們儘量透過藝術和跨領域的模式來教導他們。我們教數學、人文科學、世界語言和科學。每個孩子都有自己的藝術主修，可能是音樂（樂器或聲樂）、舞蹈、戲劇或視覺藝術。通常是一個人選一個主修，不過有時候，尤其是低年級生剛入學時，也會有一個人探索好幾個主修的情況。」

學校裡的每個學生都是獨立的個體，但是他們對藝術的熱情，將大家緊緊連結在一起，而這樣的熱情影響了每個科目的教授方式。安・克拉克在成為校長之前，是創校時期就加入的老師。她見證過這些熱情帶來的價值，次數超過任何人的想像。

「孩子們很喜歡上學，在學校很開心，對我們所有的人來說，這造成了很大的不同。我們學校的老師大多數都有藝術背景，不僅教藝術，也教學科。我還不是校長時，負責教導閱讀程度最差的孩子閱讀。那群孩子已經十七歲了，可是還在學讀小學三年級的內容。如果他們一天裡能有二到三小時去做他們擅長的事，那麼在一對一教他們學習他們覺得最無力的科目時，便會容易許多。最近才有一個家長對我這樣說：『這是唯一一所從我女兒能做的開始起步，而非從她不能做的開始起步的學校。』這所學校要做的是讓學生的天份和長處發光發熱。它改變了大家對學習的態度。」

波士頓藝術學院的模式，和我在世界各地工作接觸到的學校經驗相當一致：以學生的興趣為中心建立課程，會讓他們在各方面的表現都超出預期。除此之外，波士頓藝術學院還有一個特別之處，因為它提供以藝術為基礎的課程，而藝術家們很習慣被評論和在被批評後很快做出回應，所以學校也為學生在畢業之後會碰上的問題，做了較好的準備。

「創意和跨領域思考，是在當今現實世界裡最需要的能力，我相信那也是為什麼我們的畢業生能表現得這麼好的主要原因。他們去就讀的大專院校是這麼告訴我們的，我們的孩子願意承擔風險、想像力豐富、努力工作，並且有團隊合作的精神。他們有接納批評的肚量，因為這在以藝術為基礎的教育中是非常重要的一環。藝術本來就充滿了不斷地修改、回顧和反饋。我會擔心自己的孩子成長在一個像『是這樣嗎？嗯，等考試成績出來我就會知道了』的世界。而我們學校的學生卻被引導想像出自己的答案，在批評聲中為它們抗爭、修改它們，可是絕對不是只為了迎合某些既定的標準，這才是我們需要的思考能力。當你的整個教育都以特定方式在學習，不斷地在電腦閱卷的答案卡上用鉛筆畫圈圈，然後等待你的分數時，你學不到那樣的東西。

「我們的學區教育委員會裡，有個大企業的高階主管，他說他會參加學區教育委員會，是因為每次他手下的職位有空缺時，他總想僱用一個小提琴手。他偏好有藝術背景的人，因為他知道那種人通常具有豐富的想像力和創意，而且已經被訓練得在遇上問題時，會以不同的角度去思考。而這些特質，正是以藝術為基礎的教育，所能給孩子最好的禮物。」

想進入波士頓藝術學院的學生，比它能收容的學生多很多。學校一年只有一百二十個新生名額，可是申請人數年年都超過五百個。校方很仔細地評估所有申請，不過有一樣東西卻是它在評估過程中連看都不會去看的。

安說：「在美國的藝術學校裡，我們是獨一無二的，因為我們根本不在乎學科表現。我們不去看申請人之前的成績、測驗分數之類的東西。我們相信應該讓所有人都有機會接受以藝術為基礎的教育。絕對不會有人說：『你的數學成績太爛，所以你不能選修歷史。』那麼，為什麼我們要說因為你的數學成績太爛，就不能來讀藝術？很不幸的，有的學校真的會這樣做。他們會在新生申請時，將之前的成績考慮在內，或者他們會說他們不考慮成績，只是你至少要修過初級代數，而那就明白地架起了阻攔某些學生的障礙。

「我們以試演會的方式篩選新生。可是如果我們只收曉得怎麼試演的孩子，就無法收到能反應出波士頓市區人口比率的學生，如此一來，就和我們的願景背道而馳。我們想收的是反應靈敏、專心投入的學生，是否接受過專業訓練並不重要。我喜歡說我們在找的是不能不跳舞的孩子。我們大多數的學生其實都沒受過專業訓練，因為波士頓的公立學校本來就沒有提供這種資源。我們有很多小音樂家無法讀譜，有很多小視覺藝術家沒上過幾節美術課，因為現在很多公立學校都把它們取消了。我們有很多小舞蹈家在社區裡跳舞，可是從沒接受過芭蕾舞老師的指導。我們要找的是有機會接受正式訓練後就能嶄露頭角的孩子，但不一定要在入學之前就受過專業訓練。」

安描述的正是校長這個角色的核心：**尊重每個學生的獨特性，時時尋找孩子的潛能，並且在持續改變的挑戰中，不斷帶領學校成長茁壯。**

校長的角色

我知道許多優秀的學校已經在使用我們之前討論過的原則運作，而它們的共同之處就是有個很棒的校長。領導能力是對一個團隊的活力和使命感最關鍵的影響。總統換人、新的執行長、部門首長交接，或者是新上任的校長，都能讓每個被領導的人產生新的期待。

領導和管理不一樣。領導是提供願景，而管理卻是落實履行，兩者都很重要。好的領導人可能也是好的管理者，反之亦然。不同的是，角色不一樣，著眼點也不一樣。良好的表現需要動機和激勵助燃，而好的領導人知道如何從人的精神面召喚出這些特質。他們能在絕望時帶來希望，在逆勢中堅定決心，在失意裡指明方向。

當然，只有願景是不夠的。人們需要支援、資源和技術才能完成工作。而管理者的角色就是要確定實現願景的系統和資源都已就位。但是，只有資源也是不夠。讓我們先暫時放下學校，看一個好例子。

亞歷克斯・佛格森爵士（Sir Alex Ferguson）是足球史上最成功、最受人愛載的教練之一。他擔任曼徹斯特聯隊（Manchester United，簡稱曼聯）主教練長達二十六年半，讓這個在他來之前很少贏球的隊伍，贏了十三次英格蘭足球超級聯賽（Premier League）及五次英格蘭足總杯（FA Cup）冠軍，同時為自己贏得年度最佳總教練四次，還獲得九〇年代的年代最佳總教練。他一手拉拔出許多有名且成功的足球明星，包括了：大衛・貝克漢（David Beckham）、「C羅」克里斯蒂亞諾・羅納度（Cristiano Ronaldo）、韋恩・魯尼（Wayne Rooney），並在最後一季仍帶領球隊拿到英超冠軍，光榮退休[1]。

曼聯如今是世界上價值最高的運動球隊（根據《富比士》雜誌的估計，它的市值高達二十三點三億美元，比紐約洋基隊還要多百分之二十六[2]）。有些人可能會認為球隊之所以這麼成功，主要是因為它有錢和許多資源，和佛格森引導球員發揮到極限的傑出才能，沒有什麼太大的關係。但是只要看一下在佛格森退休之後球隊的狀況，你就會改觀了。在球員名單幾乎相同、可用資源和佛格森一模一樣的情況下，接手的新教練大衛・莫耶斯（David Moyes）不但未能像佛格森一樣帶領球隊贏得英超冠軍，而且還讓曼聯二十年來頭一次連參加歐洲冠軍聯賽（Champions League）的資格都沒有。雖然和曼聯簽了六年的合約，可是莫耶斯還是在二〇一四年四月被開除，離開到職不到一年的曼聯[3]。

你也許想問我，這和學校領導能力有何相關？事實上，關係還蠻大的。英超裡充滿了極有天賦的球員，說它是全世界集中最多天才球員的地方也不為過。至少我們這些英國佬是真的這麼認為。能夠區分一支像曼聯這樣能持續獲勝的隊伍，和其他隊伍的最大不同，就是擁有一個懂得教、懂得激勵人心的教練，能引導球員將天賦發揮到極限的教練。不然，要怎麼解釋在幾乎完全相同的情況下，只不過教練從去年的佛格森換成之後的莫耶斯，球隊的表現就一落千丈？

領導能力並沒有特定的風格，因為並不是只有某種個性的人才有辦法當上領導人。有些領導人喜歡團隊合作，有些領導人則較獨斷獨行。有些領導人會在行動前先取得內部共識，有些領導人則以自己堅定的信仰不斷前行。但他們全都有激勵被領導人、讓他們覺得自己做的是「對的事」的能力，而他們手下的人也都能各司其職。不同的情況需要不同的領導風格。在激烈的戰場上，軍事領導人可能不會有時間或不認為有必要和其他人商量再做決定，然而，在任何領域裡，最受尊崇的領導人，都是真心在乎他們的追隨者的，而且他們的熱情不只是從他們講的話，更會從行動中表現無遺[4]。

在學校裡，好校長知道他們的工作並非只為改善測驗結果而存在，重要的是他們必須在學生、老師、家長和職員之間，建立起一個追求共同目標的團隊。他們也知道這個共同目標無論如何都該排在第一位，甚至在政府規定的學校法令之前。然而，要和這些學校法令對抗仍然是一件困難的工作，只有每一個牽涉的人都深信改變才能更好，它才有機會成功。我們之前討論過的李查・葛維爾，顯然在動手改變之前，就很明白這一點。

李查知道他必須慢慢導入他的主意，否則很可能遇上反對聲浪，失去改變的契機。他一開始導入的格蘭治鎮，其實不過是留校活動的一個選項，和標準課程表毫不相關。「我們這麼做是因為影響相對較小，而且提供了格蘭治鎮進化和發展的時間。如果我在第一天就發表這個架構，我相信父母一定會群起反對。而且，我也認為老師們無法在第一天就信服。最重要的是，我覺得孩子們也沒準備好，尤其是中高年級的學生。我想讓每個人都能以輕鬆、不突兀的態度，沉浸在那個環境裡。

「我們必須避免擺出要進行巨幅改變，並強加在學校團體的樣子。你得先讓大家明白來龍去脈，讓你的團隊不害怕改變，慢慢地接受它。以課外活動的方式經營格蘭治鎮，允許每個人小心地測試水溫，觀察周圍狀況，然後等他們有信心了，自然就會主動投入。」

李查慢慢導入格蘭治鎮的決定，反而讓它之後進行地異常順利迅速。當他開始將它定為留校活動的選項時，他認為它應該會慢慢贏得家長、學生和老師的支持，然後他估計差不多要花五年的時間，才能完成學校改革。他的新做法其實讓大家更容易接受。「大多數學校系統通常只能乖乖接受政府或主管階級，強加在它們身上的新課程。這裡的人因為得到了以前從未有過的選擇自由，所以反而爭先恐後地要求加入。結果整個格蘭治鎮計畫在六個月內就準備就緒，開始運轉。」

改變文化

我在前面談過「複合適應系統」。然而不只教育系統是複合適應系統的好例子，每一所學校其實也是。學校有能力而且也會適應改變，而幫助它們有意識地進行，則是校長的職責。

許多管理理論在如何使組織架構更有效率上多所著墨，而它其實也是標準化運動最主要的重點。現有的假設是：組織就像一部機器，只要扣緊程序、減少廢料、提高良率，它就能運行得更有效率。如果你找一張典型的組織結構圖來看，你就會看到它和技術說明書或佈線圖沒有什麼兩樣。下頁圖表是個簡單的例子。

這一類的圖表和成本效率、成品輸出的用詞，更時常讓人產生組織結構就像是機器的錯覺。問題是，這並不是真的。這樣的比喻可能在某些製造業行得通，但是在其他包括學校在內的組織卻完全不行。雖然強調效率和降低成本是件好事，可是人類的組織和機器不一樣，它們其實更像是不同的器官，每一個都有自己的脾氣。

以社會學的角度來看，它也代表了團體的生活方式：它的價值、行為方式，以及共

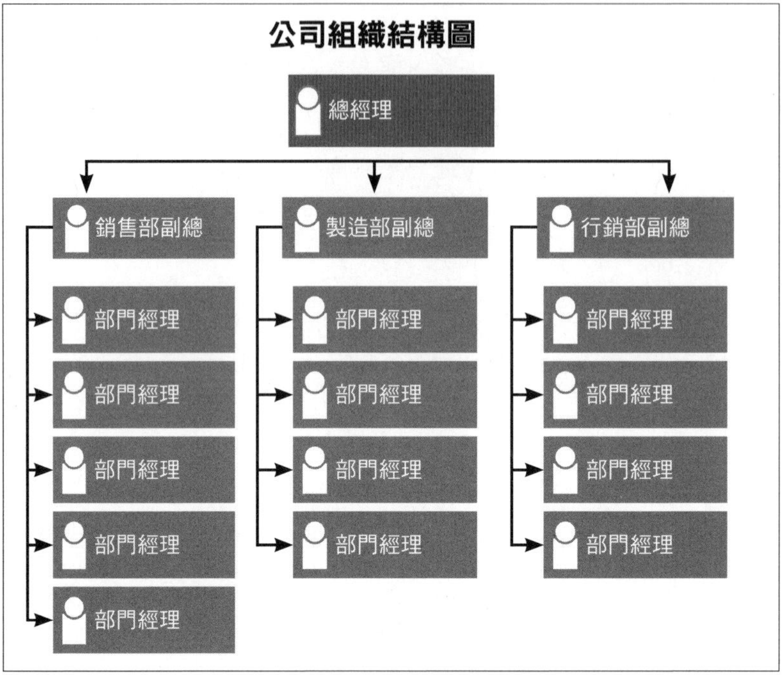
公司組織結構圖
總經理
銷售部副總
製造部副總
行銷部副總
部門經理
部門經理
部門經理
部門經理
部門經理
部門經理
部門經理
部門經理
部門經理
部門經理
部門經理
部門經理
部門經理

存系統的規則。如果以有機的角度來看，文化意味著成長和進化。在理想的情況下，學校是由許多前來一起學習探索、共同發展的獨立個體聚集而成。至於他們學習狀況的好壞，則和學校文化有極大的關係。

我在《讓創意自由》一書中談到組織文化時，特意將**習慣**和**環境**做出區別。要改變學校，你必須兩者兼顧，同時還要考慮彼此之間的相互影響。

習慣

為了讓事情順利完成，所有的機構都會發展出慣例和程序。這很容易理解。團體需要同意事情的處理方式，不然什麼事都沒辦法完成。麻煩的是，經過一段時間之後，這些程序很可能就固定下來，慢慢地和它們原先訂立程序時的目的脫了節，機構於是變得僵化，只會墨守陳規。就像英國首相溫斯頓・丘吉爾（Winston Churchill）說過的：「我們創造了機構，然後機構控制了我們[5]。」

許多學校常見的慣例，其實在法律上並沒有硬性規定非那麼做不可。許多學校之所以會那麼運作，是因為向來如此，不是因為必須如此。而我們在之前的章節也看過不少打破阻礙學習的舊習慣的好例子。

東尼・華格納（Tony Wagner）在他重要的著作《哈佛教育學院的一門青年創新課》（*Creating Innovators*，時報出版）中指出，是學校的環境文化以及態度與期望，造成了學生與老師在批判性思考、原創性思考與創新思考的反應[6]。最近有關學校文化變革最好的論述，就是《綜合成績：我們所有的鵝都是天鵝》（*Comprehensive Achievements: All Our Geese Are Swans*），內容是有關州立漢普斯特德綜合學校（Hampstead Comprehensive School）在二十年間發生的成功轉變。這本書記錄了塔姆西恩・愛米森（Tamsyn Imison）以及她所帶領的老師，如何提供「基礎廣泛、全面性與創造性的教育，使孩子熱愛學習，在通過測驗之外更能有全人成長」的故事[7]。在書中，學生、老師、學校行政人員與家長告訴我們：「領導有方的學校，以及選擇堅守專業與信念的工作人員，如何把改革變成可能，而且這麼做也讓學生、家長與社區產生了共鳴。」就像之前我們提過的許多學校一樣，這樣的變革是挑戰學校文化裡的習慣，並一起為學生的需求與學區裡社群的利益，量身訂製出新的文化。

環境

學校的物質環境不但影響到它給別人的感覺，而且影響到實際的運作。只要一走進學校大門，你的腦袋就立刻產生對這所學校的第一印象。和建築物的新舊無關，有些學校就是會給人沒有人情味、制度至上的感覺。而有些學校牆面全貼著學生和老師的作品，處處放著裝飾，到處都有設施，各式的表演和活動不時在進行，就會讓你覺得很有活力、生氣勃勃[8]。物質環境的氣氛和特點，並不只關係到外表的美觀與否，它們對學生的情緒、動機和學校整體的活力，都有很大的影響。

環境能讓學校的理想具體化。不同的活動需要不同的空間和氣氛，不同的活動分配到的空間，往往也可以看出學校對它的重視程度。同樣的道理也適用在學校的配置上。如果所有的設施彼此距離得很遠，通常每個科目在課程中也都很疏離。如果所有的教室都是一排一排的獨立書桌一起面對著前方，就會對老師和學生發送清楚的訊息，讓他們明白在這種教室裡進行的，大概會是什麼樣子的學習。高科技高中的教室在設計時就考慮到，要怎麼讓跨領域學習更容易交流，強調學校的中心主張。格蘭治小學藉由設立格蘭治鎮而帶來的改變，最終也徹底地改造了學校環境。還有許多其他模式的學校重新設計它們的環境，好讓不同的創新課程和學習概念得以實行。

滋養土地

我和奧克拉荷馬州政府合作發展創意及革新綜合策略已經好幾年了。在剛開始的籌劃階段，我和州長、多名州政府官員開了好幾次會。我記得曾有人在會上告訴大家，為了奧克拉荷馬州的未來，發展出革新的文化是非常重要的。「可是我不確定，我們要去哪兒找那麼多好的新點子，」他擔憂地表示。我回答他，整個州都會提供點子。任何人都有一些想實現的念頭，只是他們需要被核准，才能進行實驗。如果害怕失敗、被羞辱或不被認同，通常他們就不會將點子說出口；但是，如果受到鼓勵，有機會嘗試，他們就會勇於提出。

文化和許可其實是一體的兩面。它講的就是什麼可以被接受、什麼不能被接受，以及誰有權力決定這些。有時候許可的範圍會慢慢地發生變化，慢到只有在很久之後我們回顧時，才看得出它們的轉變過程。在我二十幾歲時，幾乎所有的英國人都有吸菸的習慣。當時的我吸菸，每個我認識的人也都吸菸。餐廳、酒吧、私人住宅總是飄著灰色的煙霧，將一切籠罩其中，普遍到大家甚至覺得聚在一起的氣氛就該是這樣。如果你在那時告訴朋友，十年之後就不能在室內吸菸，保證你一定會遭到大家的譏笑。可是十年之後，它真的發生了，而且一直持續到現在。

在我寫這本書時，美國的州議會一個接著一個通過了同性婚姻法案。即使是在社會風氣極開放的一九六〇年代，允許同性戀者結婚都是大家想都沒想過的事。可是到了今天，它已經完全可以被接受，彷彿本來就該如此。於是，許可的界線經過法案被清楚地重劃了。改變通常是多方面的複雜元素相互影響之後的結果。基於我們在前面討論過的各種理由，學校也在逐漸改變。至於改變的速度會有多快，大部分取決於學校經營者的願景，尤其是校長對學校的期待是什麼，以及他們劃下許可的界線到哪裡。

一位我最敬重的教育人士，曾在奧克拉荷馬州擔任公立學校校長多年。她的偉大成就讓我們看到了一個好校長的願景和領導，在改變學校文化和表現上，造成多大的影響。

珍・漢德克森（Jean Hendrickson）在十五年內擔任過三所不同小學的校長，其中一所位於奧克拉荷馬市頂尖的高級住宅區。珍告訴我：「它就在一家鄉村俱樂部附近，擁有了一切公立學校夢寐以求的優勢。凡是學區沒辦法提供的資源，家長和社區都有辦法提供。但是即使是這樣的一所學校，還是會有特別需要照顧的孩子，還是會有需要改變做法的事情。我們必須確定每個孩子都被視為獨立個體。

「我在那兒六年。我們做了部分的系統重組，改善教師的溝通方式，並把藝術教育引入學校。然後我被要求接手一所大多是西班牙裔學生、窮得不得了的小學。更糟的是它才剛度過很艱難的一年，因為去年才報到的前任校長，認為他的工作就是要徹底改造學校，而老師們卻認為他們的工作就是要保護自己。他們問我，是不是可以在這所學校做一些我在前一所學校引進的改變。我想了五分鐘，才終於說：『可以』。

「我到那兒履新時發現，學區裡有兩個壁壘分明的社區。一個是收入非常低的新移民社區，另一個是拓荒英雄的第四代，全是粗獷的白人，文化水準一樣不高。我第一次走進學校，舉目所見全是塗鴉，環境糟到不能再糟。看到我住的城市裡居然有孩子上的是這樣子的學校，我真是一肚子怒火。」

她對學校提出了尖銳的問題：「你們認為這兒的孩子，是不是也應該有接受完整教育的機會？就像我之前教的孩子一樣？」沒有人敢否認。「所以我們開始做一些只要你有孩子在上學，你一定會在意的事。換句話說，我們想重新建立一所你會想讓自己的孩子去讀的學校。我們需要導入藝術，我們需要社區參與學校活動，我們需要美化環境，將它改造成一個大家會尊重的地方。基本上，我們什麼都需要，而且馬上就要。我做的第一件事是將藝術和音樂課的時間加倍，以幫助學校擺脫掉沉鬱的氣氛。我申請了聯邦政府為了彌補低收入家庭學生和其他學生之間的差距，所提撥的『Title I』特別教育經費來支付這筆費用。

「後來奧克拉荷馬州決定在全美國尋求較好的教育模式，加以研究、借鑒。不過州政府預設了幾個大前提：必須是可以用在全校的模式，不能只用在單一年級或科目；必須要將藝術當成重要元素；必須要有已經完成的研究報告，證明它的效果。他們找到的其中一個可能，就是北卡羅萊納州的『A+』。而我剛好是被派去探索那個模式的小組成員之一。

「北卡的『A+』開始於學校評鑑熱潮襲捲全美的同時。它原本是肯南藝術學院（Kenan Institute for the Arts）的一個專案研究，因為他們校內的人提出許多諸如此類的問題：『如果你很重視藝術，學校會發生什麼改變？如果你經由藝術教導學科，或教導藝術方面的知識，會產生影響嗎？如果答案是肯定的，又會是什麼影響？』於是他們創立了一個實驗計畫，觀察全州二十五所學校，以上述的問題為中心進行教學，在長達四年的時間裡尋求答案。結果他們發現參加這個『A+』計畫的學校，普遍有八個共同點。

「他們一定天天讓每個孩子接觸藝術；課程一定相互關連、共享，並在設計時就考慮長期計畫；注重實作和現實世界的學習，而非只是紙上作業；多管齊下的學習方法；提倡多元評量；加強合作——不只是老師之間，還包括了家庭和學校、學生和老師的關係；改善學校物質環境；致力創造正面的學習氣氛，使學生開心學習、老師愉快教學、家長和社區對學校也有參與感。」

二〇〇一年，珍參加其中一所學校正在舉辦的夏季學院訓練課程。她白天是學校的一份子，但晚上則列席規劃團隊和老師們的檢討會，和大家一起討論白天發生的事。以她長年主導校務的經驗，她很快發現這就是她整個專業生涯裡一直在找的那個模式。在二〇〇三年，她受邀成為「A+」學校聯盟的執行董事。

「A+」學校聯盟的研究經驗指出，學校的效率和學生表現，其實和學校的類別或地點沒有什麼關係。重要的是它內含的三個可以改造任何學校設定的推動力，即校長的領導力、教職員願意改變的決心，還有專業發展的品質。

「A+」學校聯盟的測驗成績高於全州平均，所以教學效果顯然不錯。不只如此，它們學生的行為問題和轉介次數，也比其他學校低很多。它們甚至還別具巧思地設了一個「快樂指數」來衡量學生的投入程度。根據對老師做的意見調查，教師不但滿意度提升，而且對自己的專業能力都更有自信，覺得自己充滿了正面的能量。

珍說：「我想，最重要的是，你必須非常確定你想要給孩子們什麼。如果你想要的不只是在標準測驗裡拿高分；如果你想要的是孩子們專注快樂地投入、努力完成工作、高成就、全面的學習機會；如果你想要的是建立學校文化、讓社區積極參與、建立它的獨特性和價值觀，那麼你就應該找個可以系統性改變、朝向這些方向前進的完整架構。」

我相信所有的人都想要給我們的孩子這些東西，不是嗎？

大門之外

學校是廣義的文化經濟系統中的一部分，而好的學校懂得運用創意和它們所在的社區建立良好關係。它們並不是與世隔絕的團體，而是整個社區的學習樞紐。舉例來說，我們很習慣將教育切成好幾段：小學、國中、高中、大專院校、成人及長青學院。可是學習往往在混齡或跨校教學時效果最好。雖然學校和大學的學生通常處在人生的不同階段，但是現在有些學校已經在合作想辦法消除分隔它們的藩籬。麻州的克拉克大學就是個很好的例子。

克拉克大學的校長大衛・安琪爾（David Angel）一直在和教職員、學生合作，很努力地想在校園、當地城市和學生畢業後可能的生活之間，建立起緊密的連結網。他在最近的一次訪談中告訴我：「我們問自己：『如果我們想要克拉克大學的畢業生，擁有高度的人文修養，能在外頭的世界展現能力，成為一個有影響力的人，那麼學校應該培養他們什麼彈性，好讓他們在遇到低潮時能順利度過？』他們要怎麼面對問題，發展出全面的創意解答？如果你有計畫地培養這些技巧，善用真實情況模擬，學習效率自然會大大提升。如果學生加入的專題有個真正的問題要克服，最後發展的程度可能遠遠超過原本的預期。」

「自由教育和有效練習」（Liberal Education and Effective Practice）[9]是一個結合課堂內外的跨領域計畫，主旨是教導學生如何面對在畢業之後，即將遇到的真實世界的挑戰。克拉克的校友和幾個不同領域的專業人士，以專題的方式引導學生，相較於只是去公司打雜的傳統實習，這種方法讓學生學得更廣、更深。目標是將學生放進各個專案小組裡，要他們找出實際問題的解決建議，或完成一項工作任務。

克拉克的學生成立了「各式各樣的女孩」（All Kinds of Girls）專案小組，和附近社區的青少年合作，幫助解決認同和霸凌問題。小組決定從每週六在校園裡，為超過五十個少女提供一個特別的營隊開始著手。大衛說：「做這些不是為了拿到好成績，而是為了幫助十三歲的小女孩。它深深地進到他們的心、他們的腦。當你見到有人對他們在做的事這麼熱情，而他們做出的成果又有真正的影響時，就一定會看到他們的能力因此更上一層樓。」

這些專案小組也為克拉克大學贊助的「大學公園校區學校」（University Park Campus School）出了不少力。克拉克大學為了幫助附近貧困區域的高中學生，和其他單位聯合成立了大學公園校區學校。學校裡有四分之三是可以免繳午餐費的清寒學生，更糟的是他們往往在學術程度上落後了好幾年[10]。但是，經過高度個人化的教學，這兩百多個在七年級前就轉入大學公園校區學校的孩子，在畢業之後幾乎全上了大學，而且幾乎全是家族裡的第一個大學生[11]。克拉克大學的學生在大學公園校區學校裡，扮演了相當活躍的角色，這是讓學生能在畢業前就在現實世界裡擔任要角的方法之一。

重新思考克拉克大學理想畢業生的特質，讓大衛對課程有了全然不同的體悟。傳統上，大學都是分成大一、大二、大三和大四。克拉克大學決定拋下舊有觀念，將大學課程分成三個發展階段：轉變期（準備自己成為大學學術社區的一份子）、成長探索期（「打破框架」，發現自身真正的熱情和興趣），和綜合展示期（綜合你在主修和非主修所學到的知識，應用在實際問題上）。而且克拉克大學鼓勵學生以自己的步調完成這三個階段，時間可長可短，不一定所有人的大學都要念四年。

大衛・安琪爾在克拉克大學做的，是每所學校校長都該致力去做的最佳理想版本：重新修改、打造學校，讓它符合學生和社會進化的需求。大衛認為學校所需要的領導力就應該是這個樣子，而現在就是做和不做的分水嶺。

「我的看法是，教育正處在一個轉折點，大家愈來愈注重學生在教育過程中能夠學習到的真正成果。這可能是國家未來教育邁向更好的可行之道。我們想問的是：『在這種考量下，到底什麼樣的結果、什麼樣的教育實務才重要？』」

打破級別、突破現狀

三十多年來，美國中等學校校長協會（National Association of Secondary School Principals，簡稱NASSP）也一直在問同一個問題。美國中等學校校長協會在一九九六年，發表過一篇《打破級別：美國機構的改變》（*Breaking Ranks: Changing an American Institution*）的報告。基於數十年的測驗結果和觀察資料，協會在報告中列出許多建議，提醒學校領導人如何能以更好、更個人化的態度服務學生和學校[12]。從二〇〇七年之後的每一年，美國中等學校校長協會都會和大都會人壽基金會合作，全盤考慮領導能力、個人化、課程、教學和測量之後，提名五、六所突飛猛進的學校授獎[13]。

最近協會更參考篩選突飛猛進學校獎時的條件，創造出一個打破級別的架構。它的立意不是想標準化全國學校的行為，而是要提供一種學校領導人可以參考、調整成適合他們學校需求的模式。美國中等學校校長協會提出三個，他們認為每所學校領導人都該重視的核心環節：

- **協調的領導能力**：創造一個取得大家共識的願景，發展出明確且持續的改善計畫，指派教職員擔任有意義的角色。
- **將學校環境個人化**：摒棄讓學生整天都不被任何人注意的學校文化，為學生發展出量身打造的個人計畫。
- **以課程、教學和測量改進學生表現**：將知識深度擺在知識廣度之前，提供追蹤、分組的替代性方案，讓學生可以將課堂所學的知識和現實生活連結在一起[14]。

他們同時也提供了讓學校文化逐漸進化的方法和過程，期待在進化完成後，持續改變就能順利在校內推行。這套過程包含了六個階段：從蒐集資料、溝通計畫、判斷優先順序、監測計畫、檢視需要，並進行調整。除此之外，他們也列出了十項「學校領導人需要具備的技巧」，其中包括了：設定學校大方針、發展其他人的領導能力、建立有意義的團隊合作等等[15]。

美國中等學校校長協會提出的打破級別的架構，從幼稚園到十二年級都可以適用。雖然它不是學校領導人唯一可用的方法，但是從美國中等學校校長協會發表這篇報告之後，近二十年來已經有相當多的學校利用它得到了很好的成果。

成就的根源

我在第三章裡談到了有機農業的四個原則：健康、生態、公平、小心，然後將它們套用在教育系統上。有機農業注重的不只是產出，還有維持土壤的生命力，以及自然、永續生長所依賴的環境的品質。而在教育裡，自然、持續學習要依賴的，卻是學校的文化和學習環境的品質。呵護學習文化的生命力，則是校長的主要工作之一。

我們在之前看過一張以機械化原則製作的管理圖。這類圖表讓人能對組織結構有最粗淺的概念，但是卻完全沒辦法讓人了解真正的運作過程。幾年前，我和紐約市的一家設計公司合作，幫助他們解決改變和革新的問題，我們討論了有機農業概念的應用。幾星期後，公司以有機原則重新畫出它的組織結構圖（詳見下頁圖）。

組織的根部是它的客戶，也是它產生收入的來源。公司的成長依賴它兩個主要活動之間的相互授粉，也就是生產和收益，以及各次級部門。當那個生態環境順利進行時，公司便會欣欣向榮；當它運作失當，公司便會日漸萎縮。總經理必須扮演一朵雲，為公司阻擋董事會一部分過熱的期望，讓公司維持在一個人們可以舒服工作的溫度，好讓員工發揮所長。而那隻兔子……我承認我不知道它用來做什麼。

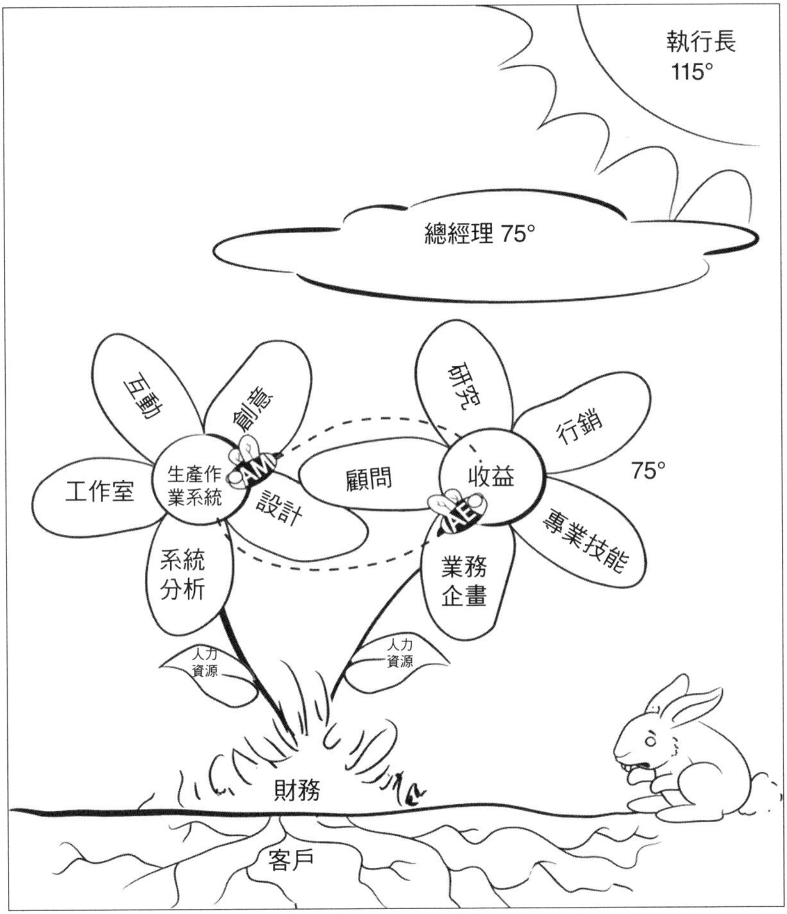
執行長
115°
總經理 75°
互動
創意
研究
行銷
75°
生產作業系統
AM
工作室
設計
顧問
收益
AE
專業技能
系統分析
業務企畫
人力資源
人力資源
財務
客戶

學校和公司雖然目的不同，但有些特點其實十分相似，能欣欣向榮的學校必定擁有它們獨特的生態環境。一般來說，它們全都符合以下的運作原則：

● **團隊精神**

所有成員全自認是充滿熱情的團隊中的一份子，會互相支持對方的需要和志向。如此強烈的身份認同感，驅使大家認真對待它服務的對象的夢想，並且在和其他組織合作時力求表現。

● **個人特性**

所有成員會被當成獨立個體，受到尊重。每個人的天賦、興趣和需求都會被認真對待。團隊會鼓勵成員進一步了解自己，明白自己的價值、志向、恐懼、焦慮。在所有人感覺自己是大團隊中的一份子時，心裡也明白他們永遠不會被淹沒在群眾之中。

● **可能性**

無形的學校文化藉由有形的課程、教導和評量傳送訊息。在之前的章節，我已經講解過和它們有關的重要原則。我的看法是，它們全以下列的方式和這些文化原則互動（參見下頁圖）。

組織愈適應環境就愈茁壯，而這個過程靠的是新點子的流動和嘗試新方法的意願。有創意的領導人並不需要自己想出所有的點子，而是應該培養一種鼓勵大家提出創意的文化。從這個觀點來看，學校校長的主要功用不是下令，不是控管，而是創造合適的氛圍。

學校文化深受環境氣氛的影響。為學校創造出最好的機會，是教育決策者最主要的工作，這一點我們很快就會討論到。不過，先讓我們來看一下學校最重要的夥伴：在學學生的家庭與家長。

成長的條件

文化	課程	教授方法	評量
團隊精神	多元化	激勵	動機
個人特性	深度	信心	成就
可能性	動態環境	創意	標準

09 — 讓一切歸於原點

孩子們和青少年一般在學校外的時間，比在學校裡的時間更長。家長和其他家人對他們在學校的表現有極大影響。當學校、家長和其他家人一起合作時，不管他們的社經地位為何，每個相關者都能得到各式各樣的好處。家庭性質的徹底改變，是今日學校和學生必須面對的複雜挑戰之一。不過，我們這裡說的「家長」指的又是誰呢？

如果單純考慮生物學的角度，這個答案很直接。但是如果以社會學的角度來看，情況便複雜許多。在美國，能和親生父母兩方一起住，在傳統上稱為「核心家庭」的兒童，其實屬於少數[1]。因為父母分居或離婚，或者父母本來就不是固定的伴侶，導致許多孩子只能和父母其中之一一起住。很多人和兄弟姐妹共住，因為他們有同一個媽媽，可是不同的爸爸；或者同一個爸爸，不同的媽媽。有些孩子的家庭是親生父母再婚後組合而成的，所以擁有不只一對的父母。有些孩子是兄姐或其他親戚養大的。有些孩子則無依無靠，只能自力更生。

也有孩子是經由代理孕母或由兩個同性家長撫養，雖然目前只佔一小部分比率，但數目正在逐漸上升。然而不管是哪一類家長，工作時間往往很長。不少人更是不得不想盡辦法身兼數職，才能勉強應付家庭開支。於是許多孩子，不管家長是什麼人，都只能在放學後自己照顧自己。

所以，現在的情況十分複雜。但是對我們來說，學生的家長就是必須對他們在學校外的福祉負起最大責任的人。有時候，是他們的親生父母雙方或其中之一；有時候是收養的父母雙方或其中之一。要曉得誰才是真的該負責的那個人，已經成了學校和學生常見的挑戰。

當個家長比你真正成為家長之前所想像的困難很多。相信我。看著你的孩子成長，感覺親子之間的關係愈來愈深厚，確實會讓你覺得既奇妙又幸福。可是現在的家長卻很容易為了養家的現實和經濟問題，無法在當家長要扮演的許多不同角色的情緒需求中找到平衡點，而苦苦掙扎。

同時，孩子們也和以前不一樣了。他們生理上成熟的速度比以前快。他們承受很大的同儕壓力、外在環境壓力，電子世界和社交媒體持續不斷地索求他們的時間，各種廣告爭先恐後跳出來奪取他們的注意力、認同和消費。

如果你是家長，什麼樣的支持才是對的支持？這個問題很複雜，不過讓我以自己的研究和經驗為基礎，提供你兩個實用的忠告。但是我想你應該先知道世界上並不存在什麼公認的「撫養教育孩子的最佳方法」這種事。好或不好，其實全視你的文化背景和個人經驗。許多只談這個主題的書本就比我這本書厚很多，更別提還有數不盡的報告和文件。有些「虎媽」相信堅定的方向、控制和紀律是最好的方法[2]；另一些人卻相信協助和引導才是父母的職責。這種事本來就沒有一定的對或錯[3]。

你是一個什麼樣的家長，往往受到很多因素的影響。不用說，我在這裡提出的忠告，自然大多基於我自己的背景和個性。而我也相信，許多其他人提出的家長觀點，也是從他們的經驗出發。

視為獨立個體

我常常和家裡有兩個以上孩子的人打賭。我從未輸過，將來肯定還是會繼續贏。我賭的是：這些孩子們個性完全不一樣。我知道這一點，因為本來所有的孩子就都不一樣，就像你也是世界上獨一無二的。他們可能某些地方有些相似，也許某些地方和某個親戚很像。我是這樣，而我相信你也是。但是每個人大多還是有獨特的脾氣、興趣、天賦和性情。將你的孩子視為獨立個體，而不假設他們應該要走大家走的路，或者用學校的標準來要求孩子，那麼你就算是幫了孩子一個大忙。

孩子未被當成獨立個體對待，是造成他們在學校掙扎的主要原因之一。他們特有的長處沒被看見、沒有地方發揮。用心的父母應當比其他人更了解自己的孩子，而這裡指的其他人自然也包括了老師。身為家長，你有義務幫助學校進一步地了解你的孩子，讓校方看到孩子獨特的個性和能力。

我們的孩子一直在發送訊號，讓我們知道他們將變成什麼樣的人，家長和老師提高警覺、眼觀四方是非常重要的。在《讓天賦自由》、《發現天賦之旅》的書中，我們談到好幾個在小時候被迫做許多和他們長大後發揮所長完全不相干的活動的例子。有時候，他們真正的天賦並不明顯，無法被一眼看出，往往就輕易地被家庭、學校忽視了。這些人包括了小時候總是在玩樂高的傑出建築師；小時候老是在塗鴉的著名漫畫家；「一秒鐘都靜不下來」的小朋友成了職業舞者或體操選手；躲在角落的小書蟲長大後成了勤奮刻苦的學者等等。

生命並非線性過程

將同樣標準套用在全部人身上，並且將生命視為線性過程，是標準化教育最大的風險之一。事實上，到終點的路不只一條，大多數人的生命也並非照著一套標準流程進行。人生常常會走到你之前想都想不到的方向，你可能發現新的興趣，或者遇上計畫之外的機會，時決定放手一試。所以你要記得，不要以為你接受過的教育就一定適合你的孩子，並因此限制了他們的未來。你可能認為某些科目在找工作時比其他科目更吃香，然而世界一直在變，沒有人說得準到底將來哪一科目更容易就業。你所能做的就是幫助他們以不同的方式，發展出我們在第六章討論過的能力，挖掘他們最喜歡、最投入的特殊才華和興趣。他們會創造、完成自己的生命，就像你一樣。不信的話你也可以嘗試一下，可是你終究會發現自己沒辦法替他們過日子。

你選擇什麼？

我在這本書的前言說過，如果你和教育沾得上一點點關係，你有三個選擇：你可以在體制內尋求改變、你可以施壓要求教育系統改變，或者你也可以積極參與體制外的革命。家長們同樣也有這些選項。當你和學校合作、改變學校時，兩種益處便因應而生。

不管家庭的社經地位或文化背景為何，家長參與他們子女的教育，對孩子的**動機和成就**都有非常直接的關係。根據《新一波證據》（*A New Wave of Evidence*），當家長「和他們的孩子談論學校，期待他們能表現良好，幫助他們計畫升學，確定他們的校外活動有建設性，這些孩子在學校的表現會更好[4]。」

藉由和家庭建立連結，學校可以更進一步了解學生的興趣和個性。當學校、家庭和社區串連起來支持學生學習，孩子們規規矩矩上學的機會就提高了，而且會自願花更長的時間待在學校，更喜歡上學，成績變好，畢業率提高，繼續升學的比率也會增加[5]。

許多學校現在面對的挑戰，如毒品、霸凌、暴力和紀律問題，也許會出現在教室裡，但絕不是在教室裡產生的。這些問題都是在學生花了最多時間、精力的外部世界產生，然後被帶進校園的。和家庭、社區建立緊密連結，是了解、阻擋這些問題的最好方法之一。

芝加哥大學（University of Chicago）經過七年研究、評估芝加哥市低收入地區小學的改善狀況之後，在二〇一〇年發表了一篇報告，提到：「研究顯示，在數學上進步的程度上，和學生家庭關係密切的小學，比起和學生家庭關係疏離的小學，前者是後者的十倍，而在閱讀上則為四倍[6]。」

對學生家長和學校而言，合作還能帶來不少其他的益處。學校和家庭之間的合作是**改善學校**的一個強烈動力。就像我們在前面看過的，學校可以藉由和它們所在的社區創意合作，豐富教學和課程。當學校和學生家庭建立起正面的夥伴關係，聆聽他們的想法和對孩子教育的擔憂，這種學校通常可以創造出更好、更成功的學習環境。

根據芝加哥大學的報告，「家長—社區連結」是成功的教育革命中，不可或缺的「五大必備支援」之一，和有力的學校領導人、教職員的素質、以學生為中心的學習氛圍、穩固的課程架構一樣重要。報告認為，家長和社區組織才是領導學校教職員改進的動力，並且不但能正面影響課程決策，而且還能提供更多、更好的課程外學校活動。同時，當家長和社區聯合起來要表現不佳的學校負責時，學區也比較可能會在政策、實務和資源上，做出正面回應[7]。

家長指導

在我長年的教育生涯中，有一件事我怎麼想都想不透：為什麼有這麼多學校系統不會利用學生家長和其他社區成員的專業才能，來讓學校變得更好？就像我們在之前章節談到的史提夫・李茲和「心靈之旅」，這類的參與可以帶來極為豐碩的成果。所以大多數的學區都不怎麼利用這些資源，有些似乎還避之唯恐不及，讓我怎麼想都想不通。

我的著作夥伴盧・亞若尼卡在和他孩子的學校打交道時，心裡也產生了相同的困惑。每一年開學，盧都會告訴他孩子的老師，如果有機會的話，他很樂意在學校的寫作專案中幫忙。盧不只是個橫跨小說和非小說類的暢銷書作家，還是個得過許多獎的編輯，而且他在大學副修教育，擁有紐約州核發的英文教師執照。所以他的提議合情合理，並非像有人一時興起，想要闖進開刀房幫人做顯微鏡手術那樣突兀。可是，年復一年，除了請他在學校的「職業介紹日」去做幾場簡短的演講之外，所有的老師和校長都拒絕了他的提議。好幾個盧的鄰居也告訴他，當他們問學校能否以自己的專業幫忙時，情況也都差不多。

終於，今年他最小的女兒就讀的小學，開始一個名為「發光」的提升計畫時，他們請盧主持一個短篇故事工作室，對象是幾個四到五年級的孩子。參加的孩子反應熱烈極了。雖然他們向他抗議，為什麼整所學校的「發光」計畫只有他們要寫作業，但是大多數的孩子全在五次研討會裡，完成了一個短篇故事，而且把他們第一次和最後一次所寫的東西做比較，你就能看出他們戲劇性的進步。當盧有事無法出席第二次研討會時，一位學校老師幫他代課，對學生熱烈投入的情況大吃一驚。

盧倒是不怎麼吃驚。這群孩子選擇參加他的工作室，當然就有投入的意願。只不過因為他們全都對寫作非常有興趣，所以他的作家背景讓孩子們的反應更加熱烈，得到的迴響自然比正常學校老師來帶這個工作室時大得多。這就是將社區成員帶進教室的價值，這也是為什麼家長願意為孩子的學校提供他們的專業是如此重要。沒有什麼能比一個熱情、專業、有奉獻精神的老師對孩子更好。如果家長或社區成員能提供學校不能提供的，不是人人皆贏嗎？

直升機家長

在這兒，我必須語重心長地提出警告，雖然證據顯示家長參與學校活動的價值很高，可是某些界線還是不要去碰比較好。根據美國獨立學校協會（The National Association of Independent Schools）會長派屈克・貝塞特（Patrick F. Bassett）的說法，「父母過度教養」發生在家長啟動「直升機模式」的時候，會「不停地在他們的孩子頭上盤旋，只要孩子一碰到困難，便立刻俯衝救援[8]。」

貝塞特說的就是某些父母關心孩子的福祉到一種覺得他們有權介入好讓孩子成功，卻不知自己在損害孩子成長的地步。他指出其中最糟糕的「直升機家長」，會為了讓孩子得到更好的成績遊說老師，或者為學生的犯錯圓謊，甚至會在孩子遭到處罰時，威脅對學校採取法律行動。

「學生從這種『直升機家長』身上學到的，就是他們可以一輩子依賴爸媽：『我沒有足夠能力打自己的仗，或接受我的不良行為產生的後果，所以感謝上帝，我的父母一定會救我。』這也許就是為什麼有的大學會遇上父母想幫他們的孩子選課，或有的企業僱主會遇上想幫孩子出面協商第一份工作合約的父母，或者為什麼有很多爸爸媽媽會同意已經大學畢業的兒女搬回家中居住，『因為這樣比較省錢』[9]。」

印地安納大學（Indiana University）心理學家克里斯・米諾（Chris Meno）同意貝塞特的看法。每次她看到有學生已是應該負責任的成人了，卻還和父母持續這種相互依賴的關係，她就會主動伸出援手和他們談一談，勸誡他們。她說：「我會給他們像是：『在你打電話回家求援之前，阻止自己。想一想自己是不是有辦法解決這個問題。』或是『如果你一天要打四次電話回家，試試看減成一天一次就好。』之類的忠告。」

米諾知道「直升機家長」通常都是好意；他們是真心關心孩子，想和孩子建立上一代不懂的「友誼」，想要保證孩子不被世上的危險傷害。可是他們其實正在不知不覺中，在幾乎得不到什麼好處的情況下，嚴重地傷害了孩子。

「當你不給孩子空間讓他們自己掙扎努力，他們就學不到怎麼解決問題。他們學不到對自己的能力有信心，更糟糕的是對他們自尊的不良影響。從來不需要自己掙扎的另一個問題是，你從來不曾嚐到失敗的滋味，可能會對失敗產生一種莫名的恐懼和對他人的失望。而自信心低落和恐懼失敗，都是人們沮喪或焦慮的來源。」

雖然米諾指出她說的是大學學生，可是同樣的父母教養原則，其實適用於孩子的任何學習階段。持續關心孩子的學習，知道孩子在學校是怎麼被教育的，是一件好事；代替他做作業、堅持你的孩子非贏不可、在有證據的情況下仍不承認孩子犯錯，卻是件壞事。在親師會和學區教育委員會上發言也是件好事，可是運用私人關係讓孩子能享有特權，絕對是害他，而不是愛他。

從家庭到學校

什麼才是學校和家長合作的最佳方法？我們已經在前面看了不少家長和其他成人，和學校肩併肩合作開辦專案的好例子。有些專案是校園內發起的，有些則是校外，而每一個合作，都對改造學校和家庭的傳統關係盡了一份力。

在《讓創意自由》中，我提過藍色學校（Blue school）這個位於紐約曼哈頓的中小學，其創新工作與獨特的校風。這所學校由藍人樂團（Blue Man Group）創立，它的宗旨是「在這個不斷變化的世界重新想像教育」。學校的做法源於兩個問題：「什麼是對孩子未來生活最好的教育？」以及「我們希望孩子活在什麼樣的世界裡？」藍色學校認為，我們要培育「有創意、快樂、富有同情心的學習者，而且他們能夠勇敢並用創新思考，建造一個和諧與永續的世界。」學校的工作則是「以探詢式的教育去啟發創意、促進學術上的發展、培育人際關係，並不斷激發學生們學習的熱情。」

這所學校的目的是幫助孩子，「在生活的各個層面，提供與他人深刻連結的機會。教育上的方法則支持孩子們了解相互尊重、合作、領導、指導、傾聽、個人誠信、差異並解決衝突。幫助培養孩子們未來在人際關係裡，應該發展的社交技巧[10]。」

學校的負責人艾莉森・蓋恩斯・佩爾（Alison Gaines Pell）說：「如果學校所教的超過了孩子所能吸收的，會怎樣呢？如果說學校的課程是根據孩子對世界的提問與好奇，以及人類天生對於創造與製造的渴望的話，會怎樣呢？如果我們從過去一些學校一直做的事情，以及癱瘓了我們國家的原則與實踐的標準中解放出來，而讓學校培養發明家、藝術家，以及能在不斷變化的世界裡，勇敢大膽行動的決策者的話，會怎樣呢？如果我們調整學校裡的學習，讓孩子們適應未來的生活，也就是我們希望他們擁有的生活，那又

學校與家長社群之間的夥伴關係，並非一種公關或宣傳活動，而是學校理念的核心，也是藍色學校成功地重新思考教育，並創造出他們想讓孩子生活的世界的一個重要因素，而且它並非唯一的特例。

美國家長教師聯誼會（National Parent-Teacher Association）是美國致力孩子在校福祉，規模最大、歷史最悠久的組織。數以百萬計的家庭、教育者和社區成員，都曾參與它的活動。美國家長教師聯誼會曾經發佈一套《美國家庭與學校的合作標準》（National Standards for Family-School Partnerships）範例，讓學校和家長知道怎麼樣的參與，才會讓孩子們受益。這六個標準是：

1. **歡迎所有的學生家庭加入學校團隊**：學生家庭應該時常參加學校活動，學校應該讓學生家庭感到受歡迎與尊重。學生家庭之間應彼此友好，並和老師建立關係，了解學生學習和課堂上的情況。

2. **有效溝通**：學生家庭和學校教職員應該就學生學習狀況，時常進行雙向、有意義的溝通。

3. **支持學生成功**：學生家庭和學校教職員，應該持續合作支持學生在家、在校的學習和健康發展，有效提供學生機會加強知識和技巧。

4. **為每個孩子發聲**：學生家庭有權為他們自己和其他的孩子發聲，以確定學生全受到公平的對待，並都能得到讓他們走向成功人生的學習機會。

5. **分享力量**：在做出影響孩子和家庭的決定時，學生家庭和學校教職員是權利對等的夥伴。兩方應該彼此分享資訊和影響力，一起擬定規則、實行細節和活動計畫。

6. **和社區合作**：學生家庭和學校教職員應該和社區成員合作，連結學生、家庭和教職員，以拓展學習機會、社區服務和公民參與[11]。

美國家長教師聯誼會會長歐撒・塞爾頓（Otha Thornton）說：「家庭的參與並不僅在協助孩子寫功課、參加學校會議，或偶爾和老師打個招呼。它還包括了在學區、州政府和聯邦政府的教育決策上發聲，確保學校有足夠的資源，為每個學生提供世界級的教育[12]。」

美國教育部也很重視家庭參與的議題，特別發表了一篇〈建立家庭和學校合作架構的雙重益處〉（The Dual Capacity Building Framework for Family-School Partnerships）的相關報告[13]。報告中明白指出家庭和學校合作的重要性，並列了一長串它相信家長和學校應該努力達成的狀況、目標和結果。它的架構描述了怎麼在學校和家庭缺乏合作能力的不良合夥關係下，藉由四個「C」，即能力（Capacities）、連結（Connections）、認知能力（Cognition）和信心（Confidence），改頭換面成能讓學校和家庭緊密合作、共同支持學生成就的有效合夥關係。

對教育者而言，這個架構提供了一個讓他們知道應該善用學生家庭的智慧、相互聯繫，創造一個歡迎家長參與的文化，建立家長和學校的互動管道，一起改善學生的學習狀況。對家長而言，「不管他們的種族、教育背景、性別、是否有殘疾或社經地位如何」，這個架構提供了一個家長可以支持、鼓勵、為孩子發聲的環境，同時還能成為孩子學習的典範[14]。

家庭參與非常重要，但是只有在學校容許的情況下，家庭才有辦法參與。學校通常必須積極延攬家長成為團隊的一份子、推薦合適的親子座談會、時常舉辦面對面的會議，並且在老師、家庭和社區成員之間，建立起互相信任的合作關係。

由非營利團體喬治・盧卡斯教育基金會（The George Lucas Educational Foundation）發起的「教育理想國」（Edutopia），提供了下列十個實用的建議，讓教育者可以用來營造更開放歡迎的氣氛，讓家長可以用來參考該如何和孩子的學校互動[15]：

- **參與其他家長的討論**：利用許多家長時常利用的社群網站，如臉書、推特或Pinterest等等，將訊息發送給家長，並鼓勵大家互動。
- **歡迎每個人**：明白在你的社區裡，有許多家庭的母語不是英文，利用科技工具來幫助和他們的溝通。
- **以虛擬方式陪伴**：善用提供師生互動平台的網站。教育理想國有個教室社群網站「Edmodo」和任務管理工具「黑板學習」（Blackboard Learn），都是不錯的選擇。
- **利用智慧型手機**：教育理想國鼓勵利用這些電子裝置，拉近和學生家庭之間的距離，例如發送群組簡訊，或者下載應用軟體幫助大家溝通。
- **抓緊當紅話題**：利用大眾媒體熱門話題（譬如一本剛出版的教育相關書籍或電影），當成創造討論學校活動或教育改革的開放式論壇平台。
- **讓閱讀成為全家人的事**：利用像「全美閱讀」（Read Across America）、「第一本書」（First Book）、「經驗志工團」（Experience Corps）等活動，將閱讀變成一家人的共同嗜好。
- **將對談帶回家**：顛覆親師會的模式，改由老師到學生家裡做家庭訪問。
- **學生主導的親師會**：讓孩子們主導親師會，展覽他們的作品、發揮他們的長處，陳述自己的挑戰和目標。

- **讓家庭動起來**：學校規劃提倡運動、玩耍的活動，讓全家一起參與。
- **建立家長合夥關係**：利用工具發起家長讀書會，或家庭訪問等共同任務，讓家長能積極參與學校活動。

在一九九〇年代末期，洛杉磯縣公立學校（Los Angeles County Public Schools）發起一項全面改善市區學校的運動。其中一個很關鍵的重點，就是增加家長的參與度。對市區內的學校而言，那其實是很困難的，因為許多家長只能說一點點英語，或者完全不會講英語，而且他們通常都身兼數職，無法到學校當義工，甚至沒有時間去參加親師會。

除此之外，不會說英語的家長常會覺得自己被學校系統排擠，事實上也有人遇過被當面告知「如果你不會說英文，你就不能參與孩子教育」的不愉快經驗。於是「學校裡的家庭」（Families in Schools）成立了，它的目標就是打破障礙，在共同的目標下將家長、學生、教育者連結在一起[16]。

奧斯卡・克魯茲（Oscar Cruz）是「學校裡的家庭」會長。他告訴我：「我們了解家長參與、支持他們的孩子和教育的重要性。但是比較被忽略的是，學校在鼓勵家長參與上所該扮演的角色。家長參與被視為是家長單方面的責任，可是在家長來學校尋求幫助時，如果他／她說的是另一種語言，通常學校職員給那個家長的感覺會是：『聽好，你應該學講英語。你先去學會怎麼說英語，然後回來，我們再幫你。』而這就是許多家長面對的阻礙。一個實用的家長參與策略會是，我們先讓學校教職員接受專業訓練，確定每一個到學校來尋求協助的家長，都覺得自己受到歡迎和尊重。

「一旦你開始檢視教育系統是怎麼對待家長的，就會發現許多盤根錯節的利益衝突。一個有家長會撐腰的家長的意見應該列入教師評鑑的參考嗎？有家長會撐腰的家長在學區合約協議上，意見就應該受到特別的重視嗎？我們都知道官僚主義有多厲害，教育政策有多難對抗，於是學生的利益常常就這樣被犧牲了。

「我們一直曉得家長的參與很重要。問題是，學校應該改變哪一些現狀，才能讓尤其是在平均收入較低的社區裡的家長，覺得他們受歡迎、被尊重？」

「學校裡的家庭」對這一點提出了三個建議。一是以家長母語編印說明資料，讓他們學習如何能夠更積極地參與孩子們的學校活動；二是幫助訓練學校教職員，讓他們知道該怎麼有效和家長溝通；三是致力改變學區政策，鼓勵學區撥出前面兩項的經費。「學校裡的家庭」甚至曾經在學校完全找不到經費時，親自為學校主辦教職員的訓練。

奧斯卡明白，要提高家長參與度的唯一方法，就是幫助更多家長關心孩子在家的學習。於是，他們發起了兩個著名的計畫。一是在洛杉磯地區舉行，鼓勵孩子課外閱讀的「百萬字挑戰」（Million Word Challenge）比賽。家長參與是這場比賽的關鍵，因為他們必須幫助孩子創造屬於自己的閱讀紀錄，並且在孩子每讀完一本書就要檢查簽名。另一個則是將二十個裝滿書的袋子送到每個教室，讓學生們帶回家和家人共讀的「和我一起閱讀」（Read With Me）的借閱計畫。由於這些書的存在，每個家庭每天的閱讀時間平均增加了二十分鐘。

奧斯卡說：「關於家庭參與的討論愈來愈多。我們可以在新聞上看到、在州政府的政治決策裡看到。我們看到家長掌握學校的控制權，要求改變。人們得到愈來愈多的資訊，讓他們更積極主動。我相信還有另一個正面影響，就是有愈來愈多的拉丁裔和少數民族領袖，開始在政界嶄露頭角，他們很清楚問題在哪裡，而他們也在努力找出解答。

「現在的家長參與被學校的框架限制住，家長只能藉由像家長教師聯誼會、學校理事會等正式管道發聲。但是民主組織的真正理念，應該是人們有足夠的流動資訊來做出決定，應該是合作夥伴，應該有共同了解、相互尊重。而這些，我們都還沒有做到。要讓家長成為夥伴，他們必須要能接收到充足的資訊，這一點顯然就是學校的責任了。」

奧斯卡・克魯茲和「學校裡的家庭」工作人員，之所以全心投入改變家長和市區內學校的生態，為的只是一個和大家都有關係的原因：不管住在哪兒，不管擁有何種社經地位，當家長積極參與孩子的教育時，孩子成功茁壯的機會就會大幅增加。

教好你的小孩

家長參與孩子教育的「最頂級」，就是在過去幾年愈來愈受到重視的「在家自學」。它曾經被視為有怪癖的人做的怪事，現在卻慢慢成為主流的一部分。根據美國教育部的統計，在二〇一一年到二〇一二年間，有大約百分之三的學齡兒童在家自學[17]。會考慮在家自學的理由很多，其中之一是為了解決我們在前面提到的，教育不夠個人化的問題，也可能是不想讓孩子接受以標準化測驗為導向的教學，還有想給孩子足夠的空間，讓他們挖掘出自己的熱情和興趣。除此之外，也有可能是因為證據顯示，在家自學的孩子在學術成就測驗和SAT上的表現，遠遠超過接受一般教育的學生。

奎茵・康明斯（Quinn Cummings）在她以教導女兒愛麗絲在家自學的經驗所寫的回憶錄《危險的學習之年》（*The Year of Learning Dangerously*）中描述：

愛麗絲的爸爸和我，比世界上任何人都要了解我們的女兒，我們終於不得不面對她在學校很不用功的事實。而這時人們也很難再找到「怠惰」的客氣說法，像「她沒有發揮自己的潛力」之類的場面話來安慰我。同時，我也擔心她的功課量逐年增多，會讓她愈來愈沒時間去研究她一時興起的好奇心、鑽研某個她特別喜歡的科目、放縱自己在沒有意義的活動，或者在靈感來時埋頭創作。我很貪心。我想要她探索潛能、建立自信，可是我也想要她能和朋友玩耍、閱讀、聽音樂，在不用趕去什麼地方、不用趕著做什麼事時，有閒情逸致享受長長的午後[18]。

奎茵・康明斯寫的這些，就是在家自學最重要的主張：它允許你加強孩子需要加強的地方（以愛麗絲為例，她老喜歡假裝她不會做有餘數的長除法），同時讓你能給予孩子極大的空間去自由創作和探索。

羅根・拉普蘭特（Logan LaPlante）一定會同意這種看法。羅根是個從小學四年級開始就在家自學的青少年。他覺得接受這樣的教育，讓他得以鑽研某些自己特別有興趣的領域，可是仍然還是能得到全面的教育。他告訴我：「我確實將我的注意力投注在某些事情上，可是我並沒有忽略其他的事。學校的每一個科目、每一個單元，我還是都有做，只是方法不同。我的課程是混搭式的，數學科走傳統路線，其他則利用網路學習。不過我在實習時，也透過設計學了一些數學。每個年級需要學習的東西，我也都學了。」

羅根認為在家自學比他朋友接受的傳統教育更有價值。「我的朋友學習得很吃力，因為他們上完歷史課，馬上換成數學課，然後又換成自然課，諸如此類。而且他們的課程也實在不夠深入。他們也想像我一樣把好幾個科目整合成一個大主題，然後深入鑽研。像今年秋天我學習政府學時，我們學了政府結構、政府歷史，一直追溯到南北戰爭，然後我們學了美國藝術……我們會把五、六個科目整合成一科。」

羅根在二〇一三年擔任TED於內華達大學（University of Nevada）舉辦的年會主講人，在演講中談到了他怎麼用「駭客精神」進行自己的教育，分享自己以手邊能取得的幾種資源，為自己設計了一個他認為對他最好的課程。他說：「我很善於利用社區提供的機會，還有朋友和家人的關係網路。我抓住每一個機會去驗證我正在學習的知識。為了得到更好、更快的成果，我不怕找捷徑或當駭客[19]。」

羅根不像有些在家自學的孩子只靠父母教育，他利用網路課程、專科補習老師和社區中心提供的課程當成輔助，接觸到社區內的一大群老師。他和一堆和他一樣在家自學的朋友，一起做這些事。「我們有老師是內華達大學雷諾（Reno）分校的化學教授，有些只是社區媽媽，有些精通文學，便成了我們的寫作老師。我們會在一起進行長達八週的密集課程，一星期上一到兩次。」

在家自學當然也有很多需要克服的挑戰。美國全國教育協會（National Education Association）最近在衡量之後表示，「相信家長選擇的在家自學，無法提供學生一個廣泛全面的教育經驗[20]。」不少人認為在家自學的孩子缺少社交機會，另外還有成本考量，從一年數千美元到上萬美元都有可能。最後，還有你整天都要和孩子綁在一起，這可能是在你生孩子時沒想到過的犧牲。這幾個問題全都影響深遠，需要仔細考量，不過愈來愈多的父母走上在家自學的路，顯然他們在考慮之後認為還是利多於弊吧？

10 改變氛圍

不管學校多麼努力地尋求改變，學校的文化還是會深受籠罩它們的政治氛圍影響。只有地方和國家政策真心支持，學校需要做的改變才能穩固地往下扎根。為了實現這一點，政策制定者必須徹底了解自己的責任和角色。

誰是政策制定者？就是那群設下學校運作時必須遵守的規定和實務條件的人，包括了教育委員會、學區教育局長、政治人物和工會領袖。他們之間交織著一張複雜的網，充斥著相異而且往往是相衝突的利益。我曾經和世界各地不同層級的政治人物合作過，大多數我認識的政治家，都很熱中於讓他們能力所及的學校變好，想為學生做出對的決定。即使在很艱難的情況下，他們也都是全力以赴。只是有些政策雖然立意良好，可是在推行時往往遭遇無法預見的挫折。

正如我們所見，教育環境非常複雜，是政治上極為困難的挑戰。可是如果政策一直將學校導向錯誤的目標或策略，而不專注在學校真正需要做的事情上，情況只會愈來愈糟。那麼，一般來說，政治人物在改造學校上又該扮演什麼樣的角色？他們應該做什麼才能真正幫助學校符合**經濟**、**文化**、**社會**、**個人**這四個教育的基本目的？

在我回答這個問題之前，我們先來看一個政策制定者和教育者合作，改變了美國最貧窮的地方之一的教育文化的例子，看看他們怎麼努力超越標準化文化的限制，有效改造了當地的公立學校。

成就的根源

南卡羅萊納州的統計數字看起來不是太好。根據「美國國家教育進展評估」在二〇一三年對四年級生和八年級生測驗的結果，在閱讀和數學兩科都達到精熟水準的學生百分比，都較全國平均數低。大約四分之一的學生沒有在四年內從高中畢業；就算畢業，百分之四十的人也得經過補救教學才能上大學[1]。而這些補助教學的經費，一年就要兩千一百萬美元，對困難的州政府財政無疑是雪上加霜。在一次公開投票中，四分之三有小孩在南卡羅萊納州公立學校就讀的家長，都同意教育系統需要重大改革。然而這卻表示他們必須先說服這些社區，支持學校應該是什麼樣子、該怎麼運作的正確觀念。

雖然改造的環境叫人卻步，可是有一群熱心的教育家還是決定接受挑戰。二〇一二年十月，他們向州政府教育委員會提交了一份革新報告，在報告內明白列出學校面對的問題和挑戰，同時也詢問南卡羅萊納州政府，本州有誰能夠幫忙引入需要的改變。州政府裡有人建議，也許致力經濟發展的非營利組織「新卡羅萊納」（New Carolina）可以幫忙，於是教育家和「新卡羅萊納」成員碰面開會，一起發起了「改造南卡羅萊納」（TransformSC）計畫。我在寫這本書時，「改造南卡羅萊納」計畫還在起步階段，可是我相信它的雄心壯志和使用的方法，真的能將該州的教育系統導向完全不同的方向。

摩雅・傑克森（Moryah Jackson）是「新卡羅萊納」的教育計畫主任。她告訴我「新卡羅萊納」對自己是個「能連點成線，以超越黨派的方法讓大家一起合作的組織」引以為傲。「新卡羅萊納」第一步做的是深入社區，了解大眾認為改進本州教育最需要的重大改變是什麼。因為雖然有改革報告，可是必須先確定改革報告和大眾的看法一致，不然在推行改變時大眾就不會鼎力支持，改變時所需要的往下扎根的力量就不會存在。摩雅說：「反應好到讓我大吃一驚。參議員、州議會、市政府官員、家長和老師，無不熱烈參與。我們覺得這次真是抓到要點了，每個人都很在乎我們打算怎麼做。而這就是我們接下來行動的穩固基礎。

「我們想要讓大家看得到改變正在進行。短期目標是讓所有人達成共識。我們已經讓學校校長們認同二十一世紀的畢業生所該具備的特質，而我們州的總商會也接受了這個看法。這一點很重要，因為教育界和企業界在觀念上往往有很大的歧異。」

在一次又一次的討論和學區教育局長的會議中，他們愈來愈肯定在南卡羅萊納州裡，有許多地方非常想發展我們在前面章節介紹過的、和現實世界合作的綜合課程。這些學校想做的是優先導入科技，使用以專題為基礎的學習模式，發展之前被忽略但重要的技巧，比如如何解決問題及進行有效溝通等，同時給予教育更大的自由，但也要他們為教學成果負責。「還有大家也都同意，我們需要一套新的評量方式。我們知道擁有『資料能被統計』的格式化評量很重要，畢竟我們還是需要即時的資料回饋，不應該要老師等到學年結束才考試，然後再等到下一年才有結果。同時，也要建立起「非認知」的評量架構，否則現在我們談的是以專題為基礎的學習，你要怎麼評量領導能力？要怎麼衡量溝通技巧？

「我們的長期目標則是，希望至少百分之九十以上的學生，在畢業時就能投入職場，或者具有投入職場的能力。這麼做的結果不一定能提高測驗成績。我們很努力地想做出聰明的決定，想要教室更貼近真實世界，而世界一直在改變。我們需要確保學生準備好，在知識經濟體中能和其他人競爭。」

「新卡羅萊納」計畫授權校長和老師，改變自己學校的整體成就文化。「他們有很大的發揮空間，可以嘗試的新點子也非常多，可是他們真的需要有人告訴他們：『沒關係，就放手去做吧！我們支持你們。我們會在立法機構為你們發聲。』因為南卡羅萊納州的組織結構，讓大家都不大敢跨越那條無形的線。每個學區有自己的教育委員會，他們握有學區教育局長的聘僱權，州政府的教育局長反而沒有太大的權力。如果地方社區對學區教育局長不滿，學區教育委員會很可能就會開除他。而我們在做的是告訴大家，這些學區教育局長和老師們在做的是對的事，所以我們一定要支持他們。」

這個計畫上路之後，他們遇上的最大挑戰之一是：即使家長和政治人物都同意教育非變不可，但是許多人對學校和教育應該是什麼樣子，卻有著根深柢固的舊觀念。「幾十年來第一次，所有的人都同意我們需要改變，可是改變文化卻是非常困難的事。每個人都知道學校本來是什麼樣子，因為大家對自己的學校都投注了不少感情。所以當我們開始想要重新改建校園，而新的設計看起來一點都不像傳統學校時，就有人站出來反對了。」

許多人在看到南卡羅萊納州列克星敦縣（Lexington）河濱陡岸高中（River Bluffs High School）先進的設計時，都會嚇一跳；而知道它探索型外展學習課程，以及學生不但沒有教科書也沒有置物櫃時，更是驚訝得目瞪口呆。有人抱怨它看起來簡直像星巴克咖啡店，一點都不像學校。「改造南卡羅萊納」計畫在這兒遇上的，是全世界的改革者都會遇到的問題：在新願景和長久以來的舊觀念衝突時的反對聲浪。

「改變的有力方法之一，是轉換我們談論公共教育時的說法。我們試著強調它的好處，那麼也許反對者就會說：『你知道嗎？也許它沒有我想的那麼糟。』或者『也許我們可以試試。』我們在談到要怎麼進行時，其實非常非常謹慎。我們不會說：『這兒的窮人太多了，所以學校表現得很差。』我們會說：『我們在找一所雖然不有錢，但是有成功潛力的學校。』」「改造南卡羅萊納」計畫啟動之後，發展的速度愈來愈快。在二〇一三年秋季，已經有三十五所學校加入，涵蓋了不少人口。

成長的原則

看到「改造南卡羅萊納」和其他的例子，高層的政治人物也開始鼓勵從下往上的革新。如此一來，就能創造出學校可以自我改造的環境。那麼，這樣的環境到底該是什麼樣子？

有效率的教育領導人的主要功用不是**命令與控制**，而是**創造合適的氛圍**。就像老師和校長應該要為學生和社區創造出成長的環境一樣，政策制定者就應該要創造一個能讓學校和社區成長的環境。我在前面建議過，教育應該以**健康**、**生態**、**公平**、**小心**這四個原則為基礎。為了實現這些原則，政策制定者需要強化某些環境條件。其實在我們前面討論過的例子裡，就可以看出端倪，不過我想還是應該在這兒明確地解釋一遍。

培育健康

熱情的學習者

有效教育的首要基礎，便是培養學生對學習的熱情。那代表要去了解學生怎麼學習，同時提供多元化課程，支持不同的教導方法，以及提供能讓學生產生動機而非阻礙的評量方式。如果學生在學校不專注學習，那麼在教育旗幟下所發生的任何事，都失去了意義。畢竟投資在學校激勵學生學習的費用，和學生不學習或中輟的成本相比，根本是小巫見大巫。

專業的教師

在本書一開始，我就對「學習」和「教育」做出了區別。教師的職責就是幫助學生學習，而那完全是專家的專業工作。這也就是為什麼表現好的學校系統，會如此重視高素質教師的招聘、續留和持續專業發展的原因。世界上沒有任何一個教育系統是比它的教師還可靠的。

振奮人心的願景

在願景和使命感的驅動之下，人們往往能達到出乎意料的高度成就，只是願景必須和他們個人緊密相連。我無法想像會有任何一個孩子在早晨起床時，想著他們要怎麼做才能提高本州的閱讀標準。可是無數的孩子為了自己不同的目的，確實想要學會閱讀、寫作和計算，而且也想唱歌、跳舞、探索世界、親手做實驗。所有的家長和老師都想支持他們，他們需要以孩子的利益和條件為重的政策和願景，而非被簡化為統計資料的政治鬥爭。

滋養生態

激勵人心的領袖

好的系統需要好的領導者，正如懂得激勵學生的老師，能帶領學生看到新的高度，有願景的校長能讓學校生氣勃勃，學校網絡也需要相信領導人的能力。他們需要知道政策制定者真的了解他們在教導和學習上天天面對的挑戰，而且在他們選擇、支持政策時，記得學校的最佳利益。畢竟，沒有真正在學校工作的教職員的信心和努力，再偉大的政治家也沒辦法改善學校的表現。

一致性和連續性

生物的健康都是整體性的，需要所有器官相互支援才能存活。教育也應該如此。在這樣的複合系統中，存在著許多更小的系統和動態環境，不同的利益團體看法不一致，是它永遠避不開的風險。在優秀的系統中，教育的願景必須和系統內各層級、階段的實務緊密相連。畢竟受系統影響的是活生生的人，而他們的教育經驗的連續性才應該是最主要的考量。

明確的資源

高成就的教育系統一定有豐富的資源，而這兒說的「資源」指的可不只是錢。教育的品質和花費的金錢不一定成正比，我們在這本書裡也看了不少學校在有限的經費下，以改變做法獲得極佳的成果。而且美國政府花在每個人身上的平均教育經費，高過全世界任何國家，但是它可不敢宣稱自己的教育系統是全世界最好的。高成就的系統懂得大量投資在專業訓練、科技應用和共同支援服務。因為多少錢不是重點，資源被運用在什麼地方才是。

提倡公平

合夥與合作

標準化運動讓學生之間、教師之間、學校之間、學區之間，甚至國家之間彼此競爭。教育就像人生其他部分一樣，都會有競爭。可是一個設計來讓大家彼此對抗的系統，可以說是徹底誤解了激勵成就的動態原則。因為不管是在學校之內、在學校之間，或者是和其他團隊、組織，彼此的合夥與合作，才是讓教育更茁壯強大的不二法門。

策略性革新

要走出現狀，開創新局面，需要想像力和願景的幫助，同時也需要小心和判斷。「小心」就是一邊守護已經知道的行得通的舊方法，一邊準備以負責的態度去探索新方法。系統化改變最有力的策略之一，就是測驗不同的做法會帶來的益處。當它的重要性比眼前看到的更高，當它能激勵其他人以類似的方法改變情況時，就是策略性革新。

發聲與許可

政策制定者重要的職責之一，就是創造出能積極鼓勵和支持地方革新的環境。改變通常很困難，尤其是挑戰的是沿襲以久、被視為理所當然的傳統。我在前面說過，文化和許可是一體的兩面，文化講的其實就是什麼行為可以被接受、什麼不能。政策制定者能夠為改變發聲，給予學校建立新做法、打破舊習慣的許可，進而幫助全面改革更加順利。

提供小心的照護

高標準

學校一定要設立高標準，而且不只在數學和讀寫上，而是在所有學習的領域裡。高標準可以激勵成就，鼓舞人們去完成他們從沒想過可以做到的事。對音樂、舞蹈來說是如此，對數學、工程學來說，也是如此。有效地設立高標準，應該是讓學生在達到標準後，會更積極追求更高的成就，而非就此打住。至於訂下的標準是什麼，則應該經過合作協調、相互尊重的程序，來達到大家都能認可的共識。

聰明的評鑑制度

高標準不只關係到學生的成績，它對教導、管理和領導力也很重要。教師評鑑不應該是條單行道。沒錯，老師確實應該為他們的績效負責，但是影響他們工作的政治人物也應該要負責。績效責任包括了責任和控制。一個聰明的評鑑制度應該要將所有影響學生生活的因素考慮進去，思考有哪一些是學校可以幫忙但是無法控制的？然後以同樣的原則套用在系統的每一階層、每個領域上。

持續的專業發展

教育是個非常吃力的專業。隨著世界的急劇變化，它吃力的程度又更上一層樓，因此，讓老師有機會定期充實專業知識是必須的。學校發展其實就是專業發展的過程。教師的持續專業發展並不是一種奢侈品，而是造就學生成功不可或缺的投資。

改變課程

如果標準化運動可以如原本預期地運作，現在根本沒有理由需要改變。可惜它沒有，而且全世界的政策制定者都很清楚。有趣的是，美國許多州之前在標準化測試中名列前茅，可是現在也在進行改革。「不讓任何一個孩子落後」法案，基本上是根據德州的政策延伸出來的。可是部分德州的學校卻已經走上提供更個人化教育的策略，將每個學生的不同天賦和地方的特別需要納入考量。

德州眾議院議員吉米・唐・艾卡克（Jimmie Don Aycock）在寫給我的信上是這樣說的：「德州各地所面對的經濟狀況和社會問題差異極大，有人在牧場中看顧牲口，有人在石油精煉廠揮汗工作。授權給學區，讓他們能為自己打造合適的教育策略是非常重要的。」

吉米是德州眾議院第五議案的發起人。這個案子在二〇一三年分別在德州眾議院和德州參議院無異議通過，對德州學生的高中畢業資格，和需要應試的州政府測試次數做了重大的改變，同時考慮到從不同高中出來的不同學生，對未來有不同的目標，因而提供了好幾條畢業的新管道。

「我在立法機構做的全是教育相關議題。事實上，我告訴大家那是唯一重要到足以讓我退休後再復出工作的事。我們有四成到五成的孩子很難找到工作，只因為學校沒有幫他們為面對職場做好準備，或者他們根本沒有足夠的教育水準可以找到工作。這樣不行。我希望透過這個法案，能為不想上大學的孩子提供夠多的教育資源。有些人不上大學是因為學業表現不佳，有些人是因為經濟因素，還有些人就是不想上大學，因為他們想要從事的行業，並不需要一張四年的大學文憑才能做。

「我相信大部分的人會同意，大多數的孩子不管是在高中或者是高中畢業之後，都需要某種形式的職前訓練。這個法案給學生取得某種專業技術，或能幫助他們找到工作的技巧。不去上大學，不代表他們就是失敗者。我們發現一旦孩子看到前方有他們做得到的目標，他們和家長就會再次投入，專注在他們以前看不到的教育目標上。我相信我們不只會看到職訓結果和就業決定的改善，也有可能看到上大學的人數增加，因為這些孩子會說：『只要我認真，我真的做得到。』而這樣的對話在以前是不可能發生的。即使事情沒有我想像的這麼美好，但是只要能將學生和家長再度拉回學校，我覺得就值得了。

「我們將高度利害攸關測驗的數目，從十五次減為五次。即使如此，明年還是有可能每四個學生就有一個不能準時畢業。如果我們還是堅持要考十五次，我相信那個數字可能會超過百分之四十，甚至百分之五十都有可能。許多孩子完成了他們的上課要求，也得到一個不錯的成績。但是如果你在學期末要考很多高度利害攸關測驗，那麼你將會面對的情況是，孩子們在學校表現良好，也做了所有他們認為他們需要做的事，可是他們還是沒有辦法通過期末的大考試。問題就變成了：是原本打他們成績的標準太寬鬆了嗎？還是那些大考有瑕疵？還是他們不擅長考試？事實上，答案有可能是以上三者皆是。

「為了讓這個法案可以順利運作，我們故意把它寫得很詳細。因為我們必須將測驗、課程、評鑑這三項全部考慮在內。我們是故意要將這三項捆在一起的，因為如果我們處理其中一項，不處理另外兩項，很有可能會發展出什麼不好的結果。當你平衡了這三項，我相信它就成了一個可以運作的立法綱要，像是在說：『這是學生需要的，這是德州需要的，而這是讓學區負責的比較好的方法。』我相信它是一個很實用的法案，我也相信大多數的教育者同意我的看法。家長和學生似乎也很滿意，有些教改支持者似乎滿開心的，不過有些就不怎麼高興了。

「反對這個法案最激烈的，是那些真心相信『不讓任何一個孩子落後』法案的人。他們覺得只要舉行更多的測驗，提高標準、繼續施壓，我們就會進步，教育成果就會變好。我必須承認，我以前也是這麼認為。我想在那種思維裡的盲點是，教育並不是機器，無法像機器般運作。以工廠生產的概念來看教育，注定會失敗，因為它忽略了『每個人都不一樣』的要點。有時候，你可能做的是一樣的事，得到的卻是完全不同的結果。所以我放棄了那種想法，並且開始理解其實那種思維就是『不讓任何一個孩子落後』的基礎，可是我卻不再相信它了。」

從標準化轉換成個別化，從制式答案轉換為創意至上，並不是只發生在美國。這股浪潮襲捲了全世界許多地方，而他們也得到了一樣的驚人成果。

以不同的方法來做

政策的決定是個極為複雜的集體過程，可是有時改變卻只需要一個有熱情的人，就能改造整個程序、整個世界。

點燃阿根廷的火花

當阿根廷在二〇〇一年遇上經濟蕭條時，希爾維娜・葛瓦茲（Silvina Gvirz）知道她的學術生涯非得轉個大彎不可了。她在拿到博士學位後，一直致力於教育研究，可是最近國家裡的貧窮兒童激增，她知道必須從書桌後站出來，採取實際行動。她從好幾家大公司募集了資金，發起一個改進經費拮据學校教育品質的偉大計畫。她和許多阿根廷貧困學區合作，掀起一波促進社區參與學校改善的風潮。她的努力也得到了激勵人心的成果，學區不但輟學人數從百分之三十降到百分之一，留級率也從百分之二十降成百分之一點五。

她告訴我：「我們和當地的學生家長合作。我們按照區域，加強當地政策。我們也和在地的老師、校長合作。讓校長明白我們想要和他們一起達成的目標很重要，然後他們才能將自己的想法轉告老師。我們從來沒有使用過任何負面的強迫手段。我們會和老師一起進教室，和他們合作判斷問題出在哪兒。我們的工作形式和醫師會診很像，都是大家坐下來一起解決問題。老師們會覺得有人可以依靠、伸出援手。」

雖然計畫進行得很順利，希爾維娜卻發現她所能做的規模實在太小。如果她真的想盡可能地幫助更多的兒童，她就必須走入政治，雖然這有違她一向中立的政治傾向。她成了布宜諾斯艾利斯省的教育局長，服務了將近八年。最近她開始一個致力讓阿根廷學生熟悉現代科技、名為「數位化學習方案」（Conectar Igualdad）的新計畫。在我寫書的同時，「數位化學習方案」已經在阿根廷國內發送了三百五十萬部簡易型筆記電腦。這些電腦在送出前已先安裝好幫助學習的免費自由軟體（open-source），但是計畫最主要的目的，還是希望點燃孩子的求知火花。

她說：「對我來說，孩子分成三種。一種是科技界的消極使用者，他們只會使用最普遍的軟體，完全不了解科技。另一種是對網路世界很熟悉的聰明使用者，他們對科技比較清楚，可是只會用不會做。最後一種孩子不但會用，還有能力製作，自由軟體讓他們能做到這一點。如果你想要孩子有創造力，你必須先教他們怎麼寫程式。在你給一個從不曾擁有電腦的孩子一部電腦時，數位差距就因此縮小了一點。而且它也可以應用在別的學科上，幫助孩子們發揮創意。」

曾經只專注在學術研究上的希爾維娜・葛瓦茲，如今在許多領域都扮演著領導人的角色。她是「數位化學習方案」的執行董事、聖馬汀大學（University of San Martin）的教授、阿根廷國家科學科技研究委員會的研究員（National Council for Scientific and Technical Research in Argentina）、紐約州立大學亞伯尼分校（Albany）的訪問教授，同時還身兼兩套教育書籍出版計畫的叢書編輯。大環境讓她決定挺身而出，對內心的召喚做出了不起的回應，終究成為一個改變許多人一生的領導人。

創意中國

江學勤看出中國的教育問題。數據是很漂亮，就像我之前提過的，上海在最近國際學生能力評量計畫中獨佔鰲頭，可是那卻是不斷重複訓練，和幾乎完全以考試為中心的教導成果。而他認為，這種教育過程「不僅提倡了功利主義，而且既不道德又短視，摧毀了學生本能的好奇心、創造力和對學習的熱情。在我來看，所有強調成績和目標多於過程和態度的教育系統，對學生而言都是不好的系統[2]。」他指的就是中國的高考制度。

一如西方教育是為了滿足工業革命的需求而產生的，高考制度就是中國在需要愈多愈好的工程師和中階管理人的時代下的產品。系統製造出大量的畢業生，然後將許多人送到美國念研究所。可是，現在的中國已經改變。中產階級逐漸擴大，對製造業的依賴愈來愈小，教育系統需要製造出不一樣的學生。江學勤表示：「如果中國要進步，它需要擁有不同技能的人民。它需要教育出中國現在缺乏的企業家、設計師、管理人才等等[3]。」

二〇〇八年，江學勤開始在深圳的一所新形態學校工作。那兒的學生不參加高考，他們花更多的時間寫作、幫助管理一家咖啡廳和報社。他們學習怎麼創業、具有同理心，並參與了不少社區服務。

之後江學勤擔任清華國際學校的副校長，繼續提倡這種新一代的教育方式來教導中國學生。他在最近出版了《創新中國教育》的新書，談論他推動創意教學的經驗，以及該怎麼提供平台，讓創意教學能被更廣泛的運用。

要求改變的中東

安明・安明（Amin Amin）博士認為，人才培育是阿拉伯地區最大的問題。他說：「對二十一世紀的人才需求，正在向現在的教育系統施壓，要它們提高效率，好好滿足每個學生的特殊需要[4]。」於是他發起了「ASK人才培育計畫」（ASK for Huamn Capacity Building），而這兒的「ASK」即為他所主張的態度（Attitude）、技術（Skills）和知識（Knowledge）三個英文字的開頭字母縮寫[5]。「ASK」主要目標之一，就是提供教育服務，希望能在阿拉伯地區培養出具有分析思考能力的下一代。這些服務分別在五種不同的平台上進行：提供給老師的專業發展、教師資格的認證、客製化的內容開發、控管與評量，以及擔任非營利機構和學校的顧問。

安明博士的努力得到了廣泛的回應，從二〇一一年至今，已經幫助了將近四千所學校。他也因為創立「ASK人才培育計畫」，得到了二〇一三年的「全球創業倡導獎」（Global Endeavor Advocate），和毛克利基金會（Mowgli Foundation）頒發的「年度最佳導師」（Mentor of the Year）的殊榮[6]。

改造蘇格蘭

蘇格蘭最近進行了一個我所見過最有趣的教育方案，它應用了許多我們在本書討論過的原則和條件。方案中心是一個適用於全校改造、被命名為「完美課程」（The Curriculum for Excellence）的通用架構。「完美課程」摒棄大多數英國和美國教改計畫的慣例，而採取芬蘭的做法，在它長長的籌劃期，便諮詢了許多蘇格蘭地區的教育者、家長、學生、企業家和社區領袖[7]。它呈現的是對國家未來教育的廣大願景，以及如何實現願景的通用架構。和北卡羅萊納州的「A+」一樣，它容允學校有去解釋打算如何解決學生和社區的需要的自由空間。特別注重這個程序，不僅將實行時會遇上的挑戰看得更清楚，而且也會在推動改變時更順利。

這個策略其實是由一群來自世界各地的教育家、政治家和學者組成的「國際未來論壇」（International Futures Forum）所發展出來的。和我之前做的一樣，國際未來論壇列出三個區域來幫助大家了解改變的過程：一是現有的系統、二是轉換過程、三是改變實現之後的新局面。而和蘇格蘭隔著大西洋相望的加拿大渥太華市，也以這些同樣的原則為中心，進行了它的教育改革。

聆聽渥太華

彼得・關維爾（Peter Gamwell）和我一樣都來自英國利物浦。他現在是渥太華卡爾頓公立教育局（Ottawa-Carleton District School Board）的局長。因為在融合和創意上的努力，它成了舉世聞名的模範學區。

根據彼得的說法，渥太華卡爾頓學區的突破，來自一場二〇〇四年舉辦的學區教職員領導力的研討會。在彼得和其他工作人員依照流程進行了半個多小時之後，會議室後方有人舉手發問，問彼得為什麼要來參加會議，而當彼得回答自己是來分享他對領導力的看法時，那個人表現出大吃一驚的樣子。他說他擔任學區監護員二十年了，從來沒有人關心他對領導力的看法。這時彼得才發現，他應該舉辦一次鼓勵學區裡所有人貢獻創意的活動，聽取學區裡老師、職員、家長，以及學生們的點子。

他告訴我：「每個人都有創造的能力，每個人都有天生的才華。我們需要去認同它、重視它，並將它化成行動，發現實現它的方法。如果你可以做到這點，你就有很大的機會，發展出一個兼具專注力、歸屬感和創造力的文化。」

彼得培養創意氛圍的方法之一，是主動去找學區裡的人，「發現他們可以提供你什麼，聆聽他們的故事，找出他們特有的能力，以此為基礎幫助他們成長。」另一個方法則是幫助所有在系統內的人了解，他們其實天生就有非常強的創造力。

「如果你到幼稚園的教室，觀察孩子，就會發現他們充滿了創意。可是當你到國中的教室問：『誰有創意？』時，他們的反應讓我難以置信。他們只會指著班上的某一、兩個同學。這實在是太令人難過了。然而，我們發現成人的情況也差不多。我們的目標是讓人們不再指著別人，而是指著自己；讓每個人都相信自己很有創造能力。」

渥太華卡爾頓公立教育局以這樣的原則，發起了學區內的激勵創意計畫。剛開始時，大家都擺出觀望的態度，反應並不熱烈。然而，一旦彼得和他的團隊認真而清楚地告訴大家，他們是真心想要大家參與時，便很快收到了數以百計的新建議。內容五花八門，從新的上課內容、為自閉症學生安排企業實行的機會，到庶務人員提出的縮減成本祕訣，什麼都有。

他們推出的許多計畫，都著重在提供學生個別化的教育，給學生更廣泛的課程選擇，開拓學生視野。

「這不是說數學和英文不重要，它們當然很重要，絕對絕對重要。但是，我們不能讓孩子們在走過教育系統後，仍然不知道自己的長處在哪兒，這種不幸發生在很多孩子身上。我們在追求一種平衡，以防止有任何孩子在離開學校時說：『我不知道我擅長做什麼。』當教室裡的老師是那麼興奮地要和孩子分享他們的熱情和專業時，對學習環境來說，一定會有正面的影響。」

我問彼得，如果其他學區也想要有和渥太華卡爾頓學區一樣的創造力和潛力，他能給那些學區的政策制定者什麼樣的建議，他回答的第一句話是：「要有面對挫折的心理準備。」因為渥太華卡爾頓學區的改變並非一蹴即成，也非一帆風順，而是漫長時間努力的成果。然後他給了下列的幾點建議：

- **為你的學習組織「量體溫」**。弄清楚人們對它的學習文化有什麼感覺。提出嚴肅且發人深省的問題。人們對學習、領導力和創意的看法是什麼？組織裡個人、團隊和整體組織的想像力如何？人們相信的領導能力、理想領袖的特質和行為是什麼樣子的？組織文化鼓勵非正式的領導和個人創造力嗎？我們能夠怎麼改進？做好聽到你不愛聽的答案的心理準備。告訴大家你是真心的想要他們真正的意見。
- **利用資訊進行以強項為本的文化改變**。立刻動手進行這件事。創造出一個共同設計出的願景或領導方向，將你到目前為止學到的想法放進裡頭。這種合作模式必須包括所有僱員類別的代表。階級結構愈扁平愈好，並且要讓大家清楚明白。
- **建立制度且真正實行**。讓人們知道你將他們的想法聽進去了，同時以感謝和正面的態度回應。
- **對話必須長期且持續地進行**。你需要發展出能聽得到大家意見的結構，一個會聆聽、會說故事的文化十分關鍵。每個人對此會有不同的反應，所以你必須提供多種表達意見的管道。一旦人們開始覺得有歸屬感，學習的風氣就被成功點燃了。

● **打破組織的藩籬，讓外人參與。**他們會提出完全不同的觀點。在這個創意掛帥的新時代，各種企業、市政、藝術或科學等組織，都在設法找出回應和經營之道，社會上充斥著許多精彩的改造故事。去把故事的主人翁找出來，邀請他們，和他們對談。經過思想的刺激和好奇的火花，你便從此拉開了另一個世界的大門。

只要適當地應用這些方法，不管是在什麼地方推行，從阿根廷到渥太華，從德州到杜拜，得到的結果都一樣傑出。然而，若是原則和條件都已經這麼明白了，不是應該全世界都要搶著照做才對嗎？可是為什麼沒有？

問題是什麼？

要實現在這本書中討論過的改造，一定會遇上不少阻礙。有的是機構裡（包括學校本身）一直存在的保守勢力，有的是對所需要做何改變看法不同，有的是文化和觀念上的差異，還有的是政治利益上的衝突。

風險規避

約翰・泰勒・賈托（John Taylor Gatto）在他重要的著作《公共教育的武器》（*Weapons of Mass Instruction*）中談到了學校改革的複雜限制。他曾經得過紐約市年度最佳教師獎，卻因為看破了工廠導向的教育，認為老師和學生全都一樣的標準文化，而決定退休。將一輩子貢獻給教育之後，他說他看到的學校「像個製造洋娃娃的工廠，長期將學生和老師監禁在思想的牢籠裡」。可是他完全看不出為什麼非要這麼做不可。

他說：「我的經驗告訴我，而且我相信其他老師在他們的職業生涯中，也看到了這一點：如果我們真心想拋棄愚蠢的舊架構、教育孩子，而非只是強迫他們上學，其實並不困難，代價甚至不會昂貴。只是大家都害怕會有嚴重的後果，所以沒人敢說出來罷了。只要我們在時間、課程和測驗上更有彈性，介紹孩子們認識真正有能力的成人，給予學生自主權，允許他們偶爾冒險挑戰，那麼就能鼓勵他們發揮年輕人特有的好奇心、冒險心、恢復力和令人驚奇的洞察力。可是，我們卻選擇不那麼做[8]。」

整個系統從上到下都有不願改變舊習慣的反對勢力，從教室到州政府無一例外。更何況，還有其他的干擾因素。

文化和觀念

教育政策不可避免的一定會和其他文化利益綁在一起。國家和地方文化對教育的影響力尤其深遠。舉例來說，在某些亞洲國家，學校文化非常強調服從和尊師重道，因為那本來就是傳統文化思想裡根深柢固的觀念。

在美國和英國，右派人士往往舉雙手贊成大幅改造並商業化公共教育。他們對市場經濟的信仰自然而然地讓他們認為，只要將同樣的邏輯套用在學校和家長選擇上，教育當然會變得更好。基於這類政治熱情所提出的教改方案，受到右派文化資本主義價值觀的影響比重，其實和真的認為教育會因此更有效率的信念差不多。

利益和影響

不少政治人物主張開放公共教育市場，讓利益團體以特許學校、幼稚園和獨立學校等方式來經營。但是到目前為止，我們並沒有看到任何這樣做，會比受到妥善支援的公立學校表現更好的證據[9]。

政治和野心

並不是所有的政治人物都真心在乎教育。有些政客只是想利用教育作為手段，為自己獲取額外的政治籌碼。因為連帶的政治利益與動機，他們對控制教育政策充滿野心。舉例來說，他們將政策制定得如此強調測驗結果的原因之一，就是想要利用學生成績在短期內提升，做為下一次選舉時可以宣傳的政績。在許多民主國家，每四年就選舉一次。因為競賽愈來愈激烈，競選活動往往在公民投票日十八個月前或更早就展開。所以政治人物通常只有兩年的時間可以做出一點什麼，好讓他們在巡迴演講時自吹自擂。學生在讀寫、算數和職業訓練上的成績，全變成他們眼中的政治績效。也難怪他們會這麼熱烈期待每一次國際學生能力評量計畫排行榜的公佈了。

命令和控制

政治人物通常會將「命令和控制」當成管理的唯一方法。雖然在修辭學上有一堆提倡追求個人理想和公益的甜言蜜語，但是翻開教育史，卻全都是在講社會控制、思想統一和全民服從。在某些觀念裡，公共教育從過去到現在都是一種社會工程。有時候混雜了政治的角力，有時候沒有。我在前言說過教育是一種「高爭議概念」，它的確是，而且有時候大家不只在教育的方法上意見不同，甚至對教育的目的也看法分歧。如果每人心中設想的目標彼此對立，再多策略上的爭辯都無法讓大家產生共識。

有條理地改變

我們很清楚，能激勵人心的領導者，才能創造革新的氛圍和教育的可能性。我很榮幸有機會和許多教育界裡相當能激勵人心的領袖合作過。提姆・布萊豪斯（Tim Brighouse）是讓我印象最深的一位。他是位傑出的英國思想領袖，除了主導過牛津郡（Oxfordshire）、伯明罕（Birmingham）兩個大學區的教育改造之外，他還是倫敦和全英國許多重要改革政策的主要推手。和國際未來論壇一樣，他知道要從願景到改變的路並不好走，那是一個必須在經驗和客觀條件的指引下，不斷採取行動、因時制宜、評估狀況、重新調整的持續過程。他有時會用下圖來解釋改變的重要元素[10]。

有效的改變需要圖中列出的五個元素，缺一不可。在之前的例子

裡，我們看到了人們需要看到他們被要求前往的未來願景。他們需要覺得自己有能力改變，需要相信改變有好的理由，而且目的地會比現在更好，所以他們投注在改造上的心力會值得。他們需要知道改造時人力和物質上的資源都會充足。然後，他們需要一個能幫助他們完成改變的行動計畫；或者至少要是一個能夠說服他們，讓他們願意開始行動，然後一邊進行再一邊修正的行動計畫。

改變最大的阻礙之一就是必備的五個元素不同步。只要一個或者更多個不見了，改變的過程通常就會進行地跌跌撞撞（參見下圖）[11]。

如果所有的因素都就位了，你就有合理的機會能幫助人們從他們現在的立足點邁向他們想去的地方。而確定一切都就緒了，則是領導人的責

	技巧	誘因	資源	行動計畫	=	疑惑
願景		誘因	資源	行動計畫	=	焦慮
願景	技巧		資源	行動計畫	=	反抗
願景	技巧	誘因		行動計畫	=	挫折
願景	技巧	誘因	資源		=	多頭馬車

任。說到底，那也是教育政策和教育政策決策者的真正職責。

你的行動

我們在這本書裡討論的原則和條件都不是新的，它們的歷史幾乎和教育存在的時間一樣悠久。其實每一所重視學生全面發展的成功學校，都是以它們為中心信念。以前是，現在也是。我和世界各地的學校、政府合作了四十年，也都是以這些為基礎。而我們在這本書中看到的改造案例，或多或少也都證明了它們的效果。現在的挑戰是將它們應用在各校的實務上。如同我們一再強調的，世界上還是有許多很棒的學校，有很多熱情、正面的專業人士投身教育。可惜的是，教育的強勢文化消耗了他們太多的精力，而沒給予他們應得的協助。

美國政治家兼思想家班傑明・富蘭克林（Benjamin Franklin）明白，一個均衡、廣闊的教育，才是能讓美國夢開花結果的重要根基。不管身在何地，讓人們能實現夢想都是非常重要的。現在的世界愈來愈複雜、愈來愈危險，改造教育和創造人民真正需要的學校的需求，也就變得愈來愈迫切。而這本書就是我向提出「應該怎麼做？」的人的回答。

富蘭克林曾經說過，世界上的人分成三種：不知不覺、後知後覺、知覺而動。有些人看不到改變的需要，所以不想改變。他們就像溪流裡的大圓石呆坐原處，讓世界潮流衝向他們，然後繞過他們。我的建議是不要去管這種人。時間和趨勢都是站在改造這邊，而改變的浪潮終究會將這些人遠遠拋在後頭。

至於那些後知後覺的人，他們看到改變的需求，雖然不知道該怎麼做，可是他們有採納別人意見的胸襟，只要能說服他們，他們就會奮起行動。和他們合作，利用他們的熱情去推動改變。先建立起夥伴關係，然後一起和他們想像未來、制定計畫。

最後，是那些知覺而動的人。他們是能看見不同的未來、決心要以自己的行動和帶領他人一起努力實現願景的變革推動者，知道不是事事都需要別人的點頭同意。就像印度聖雄甘地所說的：「如果你想改變世界，就得先改變自己。」因為只要有夠多的人採取行動，它就會變成一股潮流。只要潮流凝聚了夠多的力量，它就會成為革命。而革命，就是我們現在的教育最需要的。

結語──為了所有人的革命

我在一九六八年從英國高中畢業後，非常幸運地進入了位於紐克郡（Yorkshire）西區，以文科和表演藝術聞名的布萊頓赫爾學院就讀。它當時由改造公共教育的先鋒亞歷克斯・克雷葛爵士（Sir Alec Clegg）領導。最好的學校、最佳的學區、最棒的領導人，當真是夫復何求。布萊頓赫爾學院的校長亞蘭・戴衛斯博士（Dr. Alyn Davies）是個聰明、敏銳的年輕科學家。他不但有極具前瞻性的教育願景，而且擅長利用個人魅力、淵博學識和政治修養，來磨練教職員工和學生的智慧和識別能力。

學院裡的教授都很熱情而特別，每個人有自己的一套方法或誘導、或激勵出學生的最大潛能。還有它的學生。雖然我們的年齡、天份、喜愛全都不同，但是我們在彼此的密切陪伴之下，在英國最美麗的數百畝鄉間風光中，在一棟超大的宅邸校舍裡，度過了精彩的數年。而且學費全由當時的英國啟發政策吸收。我至今仍記憶深刻。

從布萊頓赫爾學院畢業時，我拿到了教育學位，以及可以在小學、中學教授英文和戲劇的教師資格。一路走來，我有幸能在我遇過的幾個最好的老師門下學習，和我見過的幾個最有天份的學生合作，在我聽過的幾所最有趣、最有創意的學校執教。然後，我開始對公立教育感到憂心，也愈來愈覺得我該為它做點什麼。

「個人化教育」聽起來或許像個大變革，但是這樣的革命卻不是現在才有。它早在教育的歷史就扎了根。十七世紀的哲學家約翰・洛克（John Locke），就曾大力鼓吹同時注重身體、個性和智力的教育，換句話說，他要教育的是整個人，而非只有腦袋。許多不同的個人和機構，不但已經在實行跟隨孩子自然步調的個人化教育，同時對造就更平等、更文明社會所需要的教育也非常重視。

包括了法國思想家盧梭（Jean-Jacques Rousseau）、瑞士教育家約翰・裴斯塔洛齊（Johann Pestalozzi）、美國哲學家約翰・杜威、德籍猶太裔教育家庫爾特・漢（Kurt Hahn）、印度靈性導師克里希那穆提（Jiddu Krishnamurti）、英國戲劇教育家桃樂絲・希斯考特（Dorothy Heathcote）、瑞士心理學家尚・皮亞傑（Jean Piaget）、蘇聯心理學家李夫・維高斯基、英國教育家亞歷克斯・克雷葛爵士、美國認知學家諾姆・杭士基（Noam Chomsky）等前輩，雖然來自不同的文化背景，觀點亦不一致，卻都是個人化教育和全人教育的擁護者和實踐者。然而，我們卻沒辦法將這些不同的方法加起來匯總成單一的思想或實行大綱，但是很清楚的，共同點就是對以「孩子怎麼學習」和「孩子需要為將來學習什麼」為中心的教育的熱情。

瑪麗亞・蒙特梭利（Maria Montessori）是醫師，也是教育家。二十世紀早期，她在義大利羅馬聖洛倫索（San Lorenzo）幫助來自弱勢家庭的貧窮兒童，教育事業因此萌芽。蒙特梭利強烈主張個人化教育，她認為：「老師應該在旁觀察孩子對某件事物是否有興趣。他怎麼對它感興趣、持續了多久，甚至連他的表情都要密切注意[1]。」她也指出，老師必須小心不要違反自由原則。因為如果煽動孩子做出非自然的努力，她就無法知道什麼才是孩子的自發性動作。到了今天，依照蒙特梭利方法教學的學校，全世界就有超過兩萬所[2]。

魯道夫・斯坦納（Rudolf Steiner）是奧地利哲學家兼改革家，他發展出一種以「人智學」為基礎的教育方法，也就是今天的「華德福學校基金會」（Steiner Waldorf Schools Fellowship）奉行的原則。斯坦納主張以兒童的學術、體育、情感和心靈的整體需求為中心，建立起個人化教育。第一所華德福學校創立於一九一九年，時至今日，在六十個國家裡有將近三千所學校實行著斯坦納的理念和方法[3]。

有趣的是，斯坦納也在生態學和永續性的原則下，發展出一套農業系統。他的生物動力農業系統，不噴灑化學肥料和農藥，跟著大自然的四季規律種植。現在這套系統已經發展成有機農業，在全世界各地被廣泛使用。

尼爾（A.S. Neil）於一九二一年創辦的夏山學校（Summerhill School），為所有後來的民主學校立下了典範。學校的理念是「允許個人自由，讓每個孩子都能為自己的生命負責，追隨他們的興趣發展成一個他們覺得自己應該成為的大人。這會讓他們擁有內在的自信，以及真心接受自己是誰的自在[4]。」

這類的學校其實還有不少。這些提倡個人化學習的不同教育方法，時常被歸類在「進步主義教育」（Progressive education）的大招牌下，有些評論者似乎認為它就是「傳統教育」的反面。然而這種破壞性的錯誤觀念常常會導致假二分法。過去的教育政策就常在這兩個人們以為的兩極之間，如同鐘擺一樣來回擺動。標準化運動是它最近的一次擺動。然而有效的教育其實一直都是在嚴苛和自由、傳統和革新、個體和團體、理論和實際、內在世界和外在世界之間追求平衡。

鐘擺走到頂點，終究會回頭。在它回頭之際，我們的工作，一如往常，就是去幫助學校和學生找到平衡點。教育裡沒有永遠的理想國，有的只是在不斷改變的世界裡，為了真正社區中活生生的人，創造出最好條件的持續奮鬥。而這就是活在一個複雜的動態系統的意義。這是個迫切的需求。教育經驗向來都是很私人的事，但是教育問題卻是愈來愈嚴重的全球難題。

革命不只意味著觀念創新，還要視其影響的程度。不管是不是觀念引起了革命，也要有夠多的人產生共鳴，並在適當的時候化為行動，才能算是真正的革命。我所倡導的革命背後的觀念，已經存在了很長一段時間，現在的成長與變化才剛加快步伐。

許多我主張的原則和做法，雖然以整個教育史來說只是很小的一部份，但已經有成功實踐的案例——在公立學校、整個地區、實驗學校、城市貧困地區、私立學校，而現在，至少還包含了一個國家。那麼，什麼是新的？首先，因為環境快速變化，使得改革變得迫切，而使這些方法能為人理解並大規模應用。其次，我們現在擁有的科技使得全新的個人化教育成為可能。第三，世界各地對於如何在思考與實踐教育的結構轉變上，開始感到至關重要。

我們在這本書裡討論的學校全都在努力提供嚴謹、個人化、讓孩子專心投入的教育。可惜的是，這種每個人都需要的教育，卻遭受這麼多人的否定。這是一場長期革命。而這一次的革命是為了所有的人，不只是為了少數的特權份子。我們賭上的是孩子的未來，賭注高得不能再高。它是如此重要，不管結果如何，我們都得全力以赴。

附注

【前言】改變，迫在眉睫

1. 你可能會對我的下列幾本著作有興趣：《從戲劇中學習》（*Learning through Drama*）、《學校的藝術課》（*The Arts in Schools*）、《讓創意自由》（*Out of Our Minds*）、《我們全部的未來》（*All Our Futures*）、《讓天賦自由》（*The Element*）、《發現天賦之旅》（*Finding Your Element*）。
2. 尤其是我在TED的演講被廣為流傳之後，我不得不為捍衛自己的主張和來自世界各地的質疑辯論，同時也看到不少人在網路上評論我的說法。我向來很樂意對自己的行事負責，可是被人曲解我還是會不高興。如果想要改變教育，先搞清楚我們同意或不同意什麼非常重要。我會試著把自己的主張闡述得盡可能清楚，然後你再來決定要不要同意我的看法。參見：http://edition.cnn.com/2002/ALLPOLITICS/01/19/bush.democrats.radio/index.html.

【第一章】回歸基本

1. 蘿莉花了九年在體制內尋找方法，幫助煙路中學脫胎換骨，達成令人難以置信的進步後，決定接受職業上的下一個挑戰。她即將前往蒙大拿州卡利斯佩爾（Kalispell）擔任長青（Evergreen）學區的教育局長。在她就任之後，我還沒有機會和她碰面，但是我相信她依然不會讓任何傳統或外在因素影響她改造學區的決心。
2. "Bush Calls Education 'Civil Civil Rights Issue of Our Time.' " CNN.com, January 19, 2014., <http://edition.cnn.com/2002/ALLPOLITICS/01/19/bush.democrats.radio/index>.
3. Xi Jinping's Speech at the Unveiling of the New Chinese Leadership (video)." South China Morning Post, November 15, 2012., <http://www.scmp.com/news/18th-party-congress/article/1083153/transcript-xi-jinpings-speech-unveiling-new-chinese>.
4. Edouardo J. Gomez. "Dilma's Education Dilemma." *Americas Quarterly*, Fall 2011.
5. Organisation for Economic Co-operation and Development (OECD). "PISA Key Findings.", <http://www.oecd.org/pisa/keyfindings.>
6. http://internationalednews.com/2013/12/04/pisa-2012-headlines-from-around-the-world/；http://www.artofteachingscience.org/pisa-headlines-from-the-uk-world-league-standings.
7. U.S. Department of Education. "The Threat of Educational Stagnation and Complacency." Remarks of U.S. Secretary of Education Arne Duncan at the release of the 2012 PISA, December 3, 2013. , <http://www.ed.gov/news/speeches/threat-educational-stagnation-and-complacency>.
8. The White House. "Race to the Top.", <http://www.whitehouse.gov/issues/education/k-12/race-to-the-top>.
9. "Background and Analysis: The Federal Education Budget." *New America Foundation Federal Education Budget Project*, April 30, 2014., <http://febp.newamerica.net/background-analysis/education-federal-budget>.
10. Sean Cavanagh. "Global Education Market Tops $4 Trillion, Analysis Shows." Education Week.com, Marketplace K-12. February 7, 2013., <http://blogs.edweek.org/edweek/marketplacek12/2013/02/size_of_global_e-learning_market_4_trillion_analysis_how.html>.
11. Elizabeth Harrington. "Education Spending Up 64% Under No Child Left Behind But Test Scores

Improve Little." CNSNews.com, September 26, 2011., <http://www.cnsnews.com/news/article/education-spending-64-under-no-child-left-behind-test-scores-improve-little>.

12. U.S. Department of Education. "A Nation at Risk: The Imperative for Educational Reform." April 1983. , < http://datacenter.spps.org/uploads /sotw_a_nation_at_risk_1983.pdf>.
13. World Bank Education Statistics, <http://datatopics.worldbank.org/education/EdstatsHome.aspx>.
14. 約翰霍普金斯大學（Johns Hopkins）研究學者羅伯特・班佛茲（Robert Balfanz）說：「許多學生處在共同的架構下，但擁有截然不同的環境，甚至和社會脫節的不平等條件。二十一世紀高中的目的是什麼？根據各州的人口普查結果，不管學區或學生的特色差異，所有仍在學的學生和學區都認為高中教育的基本目的，就是要幫助學生進入大學。」
15. Diane Ravitch. *Reign of Error: The Hoax of the Privatization Movement and the Danger to America's Public Schools*. New York: Knopf, 2013.
16. National Center for Education Statistics. "PISA 2012 Results.", <http://nces.ed.gov/surveys/pisa/pisa2012/index.asp>.
17. OECD. "PIAAC Survey of Adult Skills 2012—USA.", <http://www.oecd.org/site/piaac/surveyofadultskills.htm>.
18. Paul R. Lehman. "Another Perspective: Reforming Education—The Big Picture." *Music Educators Journal*, Vol. 98, No. 4 (June 2012), pp.29–30.
19. "2006 National Geographic Roper Survey of Geographic Literacy." *National Geographic*, < http://www.nationalgeographic.com/roper2006/findings.html>.
20. http://www.theguardian.com/education/2008/nov/19/bad-at-geography；http://www.britishairways.com/en-gb/bamediacentre/newsarticles?articleID=20140115072329&articleType=LatestNews#.VG226zB1-uY.
21. 英國的畢業生失業率從2001年到2011年，已經從5.6%增加到12%。同時期歐洲大陸，除了芬蘭從14.8%降到7.4%之外，其他國家幾乎也都增加了。2011年10月，美國大學畢業生二十至二十九歲失業率為12.6%，其中剛畢業的社會新鮮人為13.5%，碩士生以上則為8.6%。參見：http://www.bls.gov/opub/ted/2013/ted_20130405.htm.；http://www.slate.com/blogs/moneybox/2014/05/08/unemployment_and_the_class_of_2014_how_bad_is_the_job_market_for_new_college.html.；http://www.epi.org/publication/class-of-2014/；http://www.bls.gov/emp/ep_chart_001.htm.
22. European Commission. "Youth Unemployment Trends." Eurostat Unemployment Statistics, December 2013. , <http://epp.eurostat.ec.europa.eu/statistics_explained/index.php/Unemployment_statistics#Youth_unemployment_trends>.
23. Jaison R. Abel, Richard Deitz, and Yaquin Su. "Are Recent College Graduates Finding Good Jobs?" Federal Reserve Bank of New York report, *Current Issues in Economics and Finance*, Vol. 20, No. 1 (2014), pp. 1–8.
24. 在2008年，超過35%的大學畢業生找不到工作；到了去年6月，紐約聯邦儲備銀行（Federal Reserve Bank of New York）報告有44%的大學畢業生在失業中。而經濟蕭條並不是唯一的理由。自2001年開始，失業率就一直不斷上升。更高的學歷並不一定能幫助你找到工作；事實上擁有研究所學位只會讓事情更糟糕。在2008年，22%有博士學位或其他專業學位的人只能低就，而擁有碩士學位的低就人口更高達59%。
25. "Sustainable and Liveable Cities: Toward Ecological Civilization." *China National Human Development Report 2013*. February 2, 2014., <http://www.cn.undp.org/content/dam/china/docs/Publications/UNDP-CH_2013%20NHDR_EN.pdf>.
26. OECD. *Education at a Glance 2013: OECD Indicators*. OECD Publishing, 2013. DOI: 10.1787/eag-2013-en.

27. 學生貸款和其他負債不同，即使借款人申請破產也不能不還錢。對催帳公司來說，這自然是個好消息。從2008年經濟衰退之後，催帳公司面臨極大的困難。許多企業申請破產重整，催帳公司根本沒有機會收到佣金。學生貸款不一樣，它一定要被清償。我讀過一篇訪問一家催帳公司總經理的報導，他說他們這一行總算又看到黎明了。我聽到他以「垂涎三尺」來形容他們對催收學生貸款的感覺，不禁打了個冷顫，而那不過是崩壞制度中的冰山一角。
28. Donghoon Lee. "Household Debt and Credit: Student Debt." Federal Reserve Bank of New York media advisory, February 18, 2013.
29. Tony Wagner. *The Global Achievement Gap: Why Even Our Best Schools Don't Teach the New Survival Skills Our Children Need—and What We Can Do About It*. New York: Basic Books, 2014.
30. Yong Zhao. "Test Scores vs. Entrepreneurship: PISA, TIMSS, and Confidence." Zhaolearning.com, June 6, 2012., <http://zhaolearning.com/2012/06/06/test-scores-vs-entrepreneurship-pisa-timss-and-confidence/>.
31. "The Enterprise of the Future." IBM 2008 Global CEO Study., <https://www-935. ibm.com/services/uk/gbs/pdf/ibm_ceo_study_2008.pdf>.
32.http://zhaolearning.com/2012/06/06/test-scores-vs-entrepreneurship-pisa-timss-and-confidence/.
33. Yong Zhao. " 'Not Interested in Being #1': Shanghai May Ditch PISA." Zhaolearning.com, May 25, 2014., <http://zhaolearning.com/2014/05/25/not-interested-in-being-#1-shanghai-may-ditch-pisa/>.
34. U.S. Census Bureau. "Current Population Survey 2013." *Annual Social and Economic Supplement 2012.* , <http://www.census.gov/hhes/www/cpstables/032013/pov/pov28_001.htm>.
35. 在美國首府華盛頓、奧瑞岡州、阿拉斯加州、喬治亞州、內華達州，以及許多市區內的學區高中畢業率都遠低於70%。
36. Henry M. Levin and Cecilia E. Rouse. "The True Cost of High School Dropouts." *The New York Times*, January 25, 2012., <http://www.nytimes.com/2012/01/26/opinion/the-true-cost-of-high-school-dropouts.html?_r=3&>.
37. Daniel A. Domenech. "Executive Perspective: Real Learning on the Vocational Track." AASA, May 2013., < http://www.aasa.org/content.aspx?id=28036>.
38. Mariana Haynes. "On the Path to Equity: Improving the Effectiveness of Beginning Teachers." Alliance for Excellent Education report, July 2014.
39. Richard M. Ingersoll. "Is There Really a Teacher Shortage?" University of Washington research report R-03-4, September 2003.
40. Carla Amurao. "Fact Sheet: How Bad Is the School-to-Prison Pipeline?" PBS.com, *Tavis Smiley Reports.*, <http://www.pbs.org/wnet/tavissmiley/tsr/education-under-arrest/school-to-prison-pipeline-fact-sheet/>.
41. "School-to-Prison Pipeline." ACLU., <http://www.aclu.org/school-prison-pipeline>.
42. http://www.cea-ace.ca/sites/cea-ace.ca/files/cea-2012-wdydist-report-1.pdf.
43. "South Korea: System and School Organization." NCEE., <http://www.ncee.org/programs-affiliates/center-on-international-education-benchmarking/top-performing-countries/south-korea-overview/south-korea-system-and-school-organization/>.
44. Reeta Chakrabarti. "South Korea's Schools: Long Days, High Results." BBC.com, December, 2, 2013., <http://www.bbc.com/news/education-25187993>.
45. "Mental Health: Background of SUPRE." World Health Organization website., <http://www.who.int/mental_health/prevention/suicide/background/en/>.

【第二章】改變認知

1. Edward Peters. "Demographics." Encyclopedia Britannica Online., <http://www.britannica.com/EBchecked/topic/195896/history-of-Europe/58335/Demographics>.

2. Thomas Jefferson. *The Works of Thomas Jefferson*, ed. Paul Leicester Ford. New York: G. P. Putnam, 1904.
3. 法國將中學教育分成兩個階段。學生從十一歲到十五歲的第一階段的學院，和學生從十五歲到十八歲，提供三年課程，幫助學生取得高中會考文憑的第二階段的高級中學。義大利也將中學分成兩個階段。第一階段為期三年，教授所有科目，稱為初級中學（scuola secondaria di primo grado）。第二階段為期五年，稱為高級中學（scuola secondaria di secondo grado）。第二階段的前兩年課程是強制性的，後三年則可以自由選擇自己要修的課。美國的中學教育則是指義務教育最後的四年（從九年級到十二年級），通常就是指在高中的四年，或者在有些區域是國中的最後一年加上高中三年。
4. 《發現天賦之旅》中對本章議題有更進一步的討論。
5. 李查得到2005年英國國家教育獎的年度最佳校長獎，並在2006年於葡萄牙里斯本舉辦的聯合國教科文組織世界藝術教育大會（UNESCO World Arts Education Conference）上受到表揚。他現在則在世界各地和許多公家及私人組織合作，致力於改善教育、領導力、改變環境和潛能開發。
6. http://www.silentspring.org/legacy-rachel-carson.
7. T. Campbell, T. Colin, and Thomas M. Campbell, *The China Study: The Most Comprehensive Study of Nutrition Ever Conducted and the Startling Implications for Diet, Weight Loss, and Long-term Health*. Dallas, TX: BenBella, 2005.
8. "Principles of Organic Agriculture." IFOAM., <http://www.ifoam.org/en/organic-landmarks/principles-organic-agriculture>.
9. Partnership for 21st Century Skills website, <http://www.p21.org>.
10. James Truslow Adams. The Epic of America. Safety Harbor, FL: Simon Publications, 2001.
11. "Los Angeles, California Mayoral Election, 2013." Ballotpedia., < See http://ballotpedia.org/LosAngeles,_California_mayoral_election,_2013>.

【第三章】改變學校

1. North Star website, <http://northstarteens.org/overview/>.
2. "The Story of Liberated Learners.", <http://www.liberatedlearnersinc.org/the-story-of-liberated-learners/>.
3. U.S. Department of Education. "A Nation at Risk: The Imperative for Educational Reform." April 1983., <http://datacenter.spps.org/uploads/sotw_a_nation_at_risk_1983.pdf.>
4. 參注同上。
5. P. Sahlberg. *Finnish Lessons 2.0: What Can the World Learn from Educational Change in Finland?* New York: Teachers College Press, 2014.
6. "What Are Complex Adaptive Systems?" Trojanmice.com., <http://www.trojanmice.com/articles/complexadaptivesystems.htm.>
7. Steven Johnson. Emergence: The Connected Lies of Ants, Brains, Cities and Software. New York: Scribner, 2002.
8. Dave Price. "Open: How We'll Work, Live and Learn in the Future," 2013.
9. Dave Price. *Open: How We' ll Work, Live and Learn in the Future City*. Crux Publishing, 2013.
10. Marc Prensky. *Digital Game Based Learning*. New York: McGraw Hill,2001；www.janemcgonigal.com；McGonigal, ed. *Reality Is Broken: Why Games Make Us Better and How They Can Change the World*. Penguin, 2011.
11. Peter Brook. *The Empty Space: A Book About the Theatre: Deadly, Holy, Rough, Immediate*. New York: Touchstone, 1996.

【第四章】天生的學習者

1. Sugata Mitra. “The Child-Driven Education.” TED talks transcript., <http://www.ted.com/talks/sugata_mitra_the_child_driven_education/transcript?language=en>.
2. 參注同上。
3. Chidanand Rajghatta. “NRI Education Pioneer, Dr. Sugata Mitra, Wins $1 Million TED Prize.” *The Times of India*, February 27, 2013., <http://timesofindia.indiatimes.com/nri/us-canada-news/NRI-education-pioneer-Dr-Sugata-Mitra-wins-1-million-TED-Prize/articleshow/18705008.cms>.
4. “The School in the Cloud Story.” School in the Cloud., <https://www.theschoolinthecloud.org/library/resources/the-school-in-the-cloud-story>.
5. 公平的說來，並不是所有的人都相信蘇伽特・米特拉的研究結果，尤其是那些認為他鼓吹不要依賴傳統教育技巧和制度有些太過頭的人。布蘭特・席比（Brent Silby）就曾在一篇刊登在《教育學報》（*The Journal of Education*）的文章上表示：「米特拉相信過去傳統的智力教育模式，無法提供我們的學生在面對現代世界問題時所需要的工具。可是我不同意他的看法。我擔心的是從上到下的教學方法提供給學生不牢靠的知識基礎，所以學生要再更深入學習時就會有困難。當米特拉認為以過去的經驗不能解決當前的問題時，我卻認為忽略過去是非常危險的。傳統的智力教育模式提供給學生穩固的基礎知識，讓他們能夠輕易再進一步學習。如果我們要解決新問題，這是非常重要的。沒有穩固的基礎，任何取得新知識的意圖，都有可能徒勞無功。解決二十一世紀的問題需要專業的判斷和過去的知識。就是有了過去的知識，我們今天才能建立這個二十一世紀的世界。」
6. 關於學校變革資訊參見：newschoolsnetwork.org.
7. Jeffrey Moussaieff Masson. *The Pig Who Sang to the Moon: The Emotional World of Farm Animals*. New York: Ballantine, 2003.
8. “Are Crows the Ultimate Problem Solvers?” Inside the Animal Mind, BBC. 2014., < https://www.youtube.com/watch?v=AVaITA7eBZE>.
9. http://www.koko.org/history1.
10. 《讓創意自由》第四章〈學位不再至高無上〉。
11. “The Components of MI.” MIOasis.com., <http://multipleintelligencesoasis.org/about/the-components-of-mi/>.
12. Karl Popper. *Conjectures and Refutations: The Growth of Scientific Knowledge*. New York: Routledge Classics, 2003.
13. Daniel T. Willingham. *Why Don't Students like School?: A Cognitive Scientist Answers Questions about How the Mind Works and What It Means for the Classroom*. San Francisco: Jossey-Bass, 2009.
14. Carl Honoré. *In Praise of Slowness: How a Worldwide Movement Is Challenging the Cult of Speed*. San Francisco: HarperSanFrancisco, 2004.
15. Joe Harrison. “One Size Doesn't Fit All! Slow Education at Holy Trinity Primary School, Darwen.”, < http://sloweducation.co.uk/2013/06/13/one-size-doesnt-fit-all-slow-education-at-holy-trinity-primary-school-darwen/>.
16. Monty Neill. “A Child Is Not a Test Score: Assessment as a Civil Rights Issue.” *Root and Branch* (Fall 2009), pp. 29–35.
17. Peter Gray. “The Decline of Play.” TEDx Talks: Navesink., <https://www.youtube.com/watch?v=Bg-GEzM7iTk>.
18. Peter Gray. *Free to Learn: Why Unleashing the Instinct to Play Will Make Our Children Happier, More Self-reliant, and Better Students for Life*. New York: Basic, 2013.

【第五章】教學的藝術

1. Melissa McNamara. "Teacher Inspires Kids to Love Learning." CBS Interactive, January 31, 2007., <http://www.cbsnews.com/news/teacher-inspires-kids-to-love-learning/>.
2. 參注同上。
3. Rafe Esquith. *Teach Like Your Hair's on Fire: The Methods and Madness Inside Room 56*. New York: Viking, 2007.
4. John Hattie. *Visible Learning: A Synthesis of Over 800 Meta-analyses Relating to Achievement*. London: Routledge, 2009.
5. Alistair Smith. *High Performers: The Secrets of Successful Schools*. Carmarthen, Wales: Crown House Pub, 2011.
6. "Gove, the Enemy of Promise." Times Higher Education, June 13, 2013., <http://www.timeshighereducation.co.uk/features/gove-the-enemy-of-promise/2004641.article>.
7. 麥可・高夫並不是唯一批評管理大學教育學院和教師訓練課程的專家學者之人。有些人認為大學在教導未來的老師時，花太多時間講述無用的理論和社會批評。在美國，有許多特許學校擁有特許令，讓它們可以僱用不符合州和聯邦政府規定的老師，換句話說，就是可以聘請對自己要執教的科目研究非常深入，但完全沒有學過教育技巧的專業人才。
8. Jessica Shepherd. "NUT Passes Unanimous Vote of No Confidence in Michael Gove." TheGuardian.com, April 2, 2013. , http://www.theguardian.com/education/2013/apr/02/nut-no-confidence-michael-gove>.
9. "Minister Heckled by Head Teachers." BBC.com, May 18, 2013., <http://www.bbc.com/news/education-22558756>.
10. 新加坡只有一所教師訓練機構，即國立教育中心（National Institute of Education）。只有高中成績排名在前百分之三十的畢業生才有資格申請就讀，審查非常嚴格。未來的教師需要通過極為嚴峻的訓練課程，除了將來要教的科目之外，也要研習教學方法。在南韓，為了提供最好的老師給學生，他們連兼職教師都必須取得教師執照。
11. Thomas L. Friedman. "Foreign Affairs: My Favorite Teacher." *The New York Times*, January 8, 2001.
12. Hilary Austen. *Artistry Unleashed: A Guide to Pursuing Great Performance in Work and Life*. Toronto: University of Toronto, 2010.
13. Wright's Law, dir. Zack Conkle. 2012.
14. 參注同上。
15. Rita Pierson. "Every Kid Needs a Champion." Ted.com, May 2013.
16. Joshua Davis. "How a Radical New Teaching Method Could Unleash a Generation of Geniuses." Wired.com, October 13, 2013., < http://www.wired.com/2013/10/free-thinkers/>.
17. http://www.buildinglearningpower.co.uk.
18. Eric Mazur. Keynote Session, SSAT National Conference., <http://youtube/lDK25TlaxVE>.
19. Cynthia J. Brame. "Flipping the Classroom." Vanderbilt University Center for Teaching report., <http://cft.vanderbilt.edu/guides-sub-pages/flipping-the-classroom/>.
20. "Up Close and Personal in a Khan Academy Classroom." Khan Academyblog, September 6, 2013., <http://www.khanacademy.org/about/blog/post/60457933923/up-close-and-personal-in-a-khan-academy-classroom>.
21. 英國前任教育部長麥可・高夫曾經宣佈孩子們必須先學會所有必備技巧才可以開始創造。他說：「以英文為例，在講創意之前，你必須先取得熟練的技術和知識的主體，然後才有能力表達你想說的東西……在明白句子的結構、字彙的意義、文法的使用之前，你是無法創作的。」而對數學，他則說：「除非孩子們已經被教過基礎的知識，否則要怎麼知道正確地使用數字？除非他們已經可以將乘法和長除法應用自如，否則他們不可能在數學上有什麼創意……不可能發現什麼對將來的生活有益的事。」他甚至對有音樂天賦的孩子也持類似的看法：「你要先學音階。你要先把基礎打好，創造力才有可能開花結果。」他說的話聽起來很符合一般常識，但是就像許多世間流傳一般常識，許多都是不正確或似是而非的。

22. 我曾在《衛報》（*The Guardian*, May 17, 2013）回應麥可 ・ 高夫所說的話。參見：http://www.theguardian.com/commentisfree/2013/may/17/to-encourage-creativity-mr-gove-understand.

【第六章】什麼值得學？

1. http://www.hightechhigh.org/.
2. Jeff Robin. "Project Based Learning." Video, October 15, 2013., <http://dp.hightechhigh.org/~jrobin/ProjectBasedLearning/PBL_is.html>.
3. http://www.coreknowledge.org/ed-hirsch-jr.；"About the Standards." Common Core State Standards Initiative., <http://www.corestandards.org/about-the-standards/>.
4. Charles Darwin. *The Autobiography of Charles Darwin.*, <http://www.public-domain-content.com/books/Darwin/P2.shtml>.
5. 二十世紀三項社會巨變對教育的衝擊在《讓創意自由》中有詳細說明。
6. 我在第一章說過，不同國家以不同的方式辦教育，也以不同觀點看待課程。這是真的。舉例來說，上海在一九八〇年代大幅改革課程，將重心移向概念性和實驗性的學習。課程分成三部分：必修、選修和課後輔導。並且還有一句宣導口號是：「每個問題都不會只有一個答案。」對照之前課程只注重五、六個科目，老師將時間全投注在訓練學生如何應試，這可是極大的改變。然而，現在還是有許多國家的課程仍由政府主導，也是事實。
7. Terry Phillips and Andrew Wilkinson. *Oracy Matters: The Development of Talking and Listening* (Education, English, Language, and Education series), ed. Margaret Maclure. Bristol, PA: Open University Press, 1988.
8. William Damon. "Peer Education: The Untapped Potential." *Journal of Applied Developmental Psychology*, Vol. 5, Issue 4, October–December 1984, pp. 331–43.
9. Citizenship Foundation., <http://www.citizenshipfoundation.org.uk/index.php>.
10. Elliot Washor and Charles Mojkowski. "High Schools as Communities in Communities." *The New Educator 2* (2006), pp. 247–57.
11. Elliot Washor and Charles Mojkowski. *Leaving to Learn: How School Learning Increases Student Engagement and Reduces Dropout Rates*. Portsmouth, NH: Heinemann, 2013.
12. Washor and Mojkowski. *Leaving to Learn*.
13. "Big Picture Learning—A School for the 21st Century." Innovation Unit, November 18, 2013., <http://www.innovationunit.org/blog/201311/big-picture-learning-school-21st-century>.
14. http://www.mmhs.co.uk/we-are-different.
15. http://www.yaacovhecht.com/bio/.
16. Yaacov Hecht. "What Is Democratic Education?" Schools of Trust YouTube Channel. Retrieved from http://youtube/BlECircdLGs.
17. Yaacov Hecht. "Democratic Education: A Beginning of a Story." *Innovation Culture*, 2010.
18. http://www.educationrevolution.org/store/jerrymintz/.
19. K. Robinson. "All Our Futures: Creativity, Culture and Education." 1999.

【第七章】測驗測驗

1. Ronda Matthews. "What Testing Looks Like." , <https://www.youtube.com/watch?v=KMAjv4s5y3M&feature=youtube>.

2. “Washington State’s Loss of No Child Left Behind Waiver Leaves Districts Scrambling.” Associated Press, May 11, 2014., <http://www.oregonlive.com/pacific-northwest-news/index.ssf/2014/05/washington_states_loss_of_no_c.html>.
3. http://www.alfiekohn.org/bio.htm.
4. Yong Zhao. “Five Questions to Ask About the Common Core.” Zhao learning.com, January 2, 2013., <http://zhaolearning.com/2013/01/02/five-questions-to-ask-about-the-common-core/>.
5. “National Resolution on High-Stakes Testing.” FairTest., <http://fairtest.org/national-resolution-high-stakes-testing>.
6. Catey Hill. “Will New SAT Raise Test-Prep Prices?” MarketWatch.com, March 9, 2014., <http://www.marketwatch.com/story/test-prep-industry-expects-banner-year-from-new-sat-2014-03-06>.
7. Zach Schonfeld. “Princeton Review Founder Blasts the SAT: ‘These Tests Measure Nothing of Value.’ ” Newsweek.com, April 16, 2014., <http://www.newsweek.com/princeton-review-founder-blasts-sat-these-tests-measure-nothing-value-246360>.
8. “Unions Opposed to Testdriven Education.” M2 PressWIRE, July 31, 2012.
9. “Colleges and Universities That Do Not Use SAT/ACT Scores for Admitting Substantial Numbers of Students into Bachelor Degree Programs.” FairTest. May 13, 2014., <http://fairtest.org/university/optional#5>.
10. “Testing & Educational Support in the U.S.” IBISWorld Market Research Report, October 2014., < http://www.ibisworld.com/industry/default.aspx?indid=1549>.
11. “2013 Domestic Grosses.” Box Office Mojo Yearly Box Office Results., <http://boxofficemojo.com/yearly/chart/?yr=2013>.
12. Monte Burke. “How the National Football League Can Reach $25 Billion in Annual Revenues.” Forbes.com, August 17, 2013., <http://www.forbes.com/sites/monteburke/2013/08/17/how-the-national-football-league-can-reach-25-billion-in-annual-revenues/>.
13. Alyssa Figueroa. “8 Things You Should Know About Corporations Like Pearson That Make Huge Profits from Standardized Tests.” *Alternet*, August 6, 2013., < http://www.alternet.org/education/corporations-profit-standardized-tests>.
14. 參注同上。
15. Jim Armitage. “Watch Your Language: The Tories’ U-turn on Testers.” NewsBank, February 19, 2014.
16. Leonie Haimson. “The Pineapple and the Hare: Pearson’s Absurd, Nonsensical ELA Exam, Recycled Endlessly Throughout Country.” *NYC Public School Parents* (blog), April 19, 2012., <http://nycpublicschoolparents.blogspot.com/2012/04/pineapple-and-hare-pearsons-absurd>.html.
17. OECD. “PISA 2012 Results.”, <http://www.oecd.org/pisa/keyfindings/pisa-2012-results.htm>.
18. “Singapore: Instructional Systems.” Center on International Education Benchmarking., <http://www.ncee.org/programs-affiliates/center-on-international-education-benchmarking/top-performing-countries/singapore-overview/singapore-instructional-systems/>.
19. Anu Partanen. “What Americans Keep Ignoring About Finland’s School Success.” TheAtlantic.com, December 29, 2011., <http://www.theatlantic.com/national/archive/2011/12/what-americans-keep-ignoring-about-finlands-school-success/250564/#.Tv4jn7hW2CU.twitter>.
20. Tien Phong. “Vietnam Stops Using Grades in Elementary Schools.”PangeaToday.com, July 18, 2014., <http://www.pangeatoday.com/vietnam-stops-using-grades-in-elementary-schools/>.
21. “OECD and Pisa Tests Are Damaging Education Worldwide—Academics.” TheGuardian.com, May 6, 2014., <http://www.theguardian.com/education/2014/may/06/oecd-pisa-tests-damaging-education-academics>.
22. Joe Bower and P. L. Thomas. De-testing and *De-grading Schools: Authentic Alternatives to Accountability and Standardization*. New York: Peter Lang, 2013.

23. “The Learning Record.” FairTest, August 28, 2007., <http://fairtest.org/learning-record>.
24. Erin Millar. “Why Some Schools Are Giving Letter Grades a Fail.” TheGlobeandMail.com, April 4, 2014., <http://www.theglobeandmail.com/news/national/education/schools-that-give-letter-grades-afail/article17807841/>.

【第八章】校長的原則

1. http://en.wikipedia.org/wiki/Alex_Ferguson.
2. Kurt Badenhausen. “Manchester United Tops the World's 50 Most Valuable Sports Teams.” Forbes.com, July 16, 2012., <http://www.forbes.com/sites/kurtbadenhausen/2012/07/16/manchester-united-tops-the-worlds-50-most-valuable-sports-teams/>.
3. Jamie Jackson. “David Moyes Sacked by Manchester United and Replaced by Ryan Giggs.” TheGuardian.com, April 22, 2014., <http://www.theguardian.com/football/2014/apr/22/david-moyes-sacked-manchester-united>.
4. Simon Sinek. *Leaders Eat Last: Why Some Teams Pull Together and Others Don't*. New York: Portfolio/Penguin, 2014.
5. T. Wagner. *Creating Innovators: The Making of Young People Who Will Change the World*. Scribner, 2012.
6. “House of Commons Rebuilding.” *Hansard*, October 28, 1943, November 10, 2014., <http://hansard.millbanksystems.com/commons/1943/oct/28/house-of-commons-rebuilding>.
7. Tamsyn Imison, Liz Williams, and Ruth Heilbronn. *Comprehensive Achievements: All Our Geese Are Swans*. London: Trentham, 2013.
8. http://www.thethirdteacher.com.
9. “LEEP (Liberal Education and Effective Practice).” Clark University., <http://www.clarku.edu/leep/>.
10. “The School with a Promise.” Clark University., <https://www.clarku.edu/departments/education/upcs/>.
11. “University Park Campus School.” *Dispelling the Myth*. Education Trust., <http://action.org/content_item/university-park>.
12. 在初次發表的報告之後，NASSP另外發表了六篇報告並持續進行了一系列「打破級別」的領導人計畫。
13. “School Improvement.” NASSP., <http://www.nassp.org/School-Improvement>.
14. “MetLife Foundation–NASSP Breakthrough Schools.” MetLife Foundation—NASSP Breakthrough Schools. May 29, 2014., < http://www.nassp.org/AwardsandRecognition/MetLifeFoundationNASSPBreakthroughSchools.aspx>.
15. *An Executive Summary of Breaking Ranks: Changing an American Institution*. Reston, VA: National Association of Secondary School Principals, 1996.

【第九章】讓一切歸於原點

1. 根據2014年一份皮亞基金會（Pew Foundation）的調查報告顯示，在1960年，有73%的孩童與第一次婚姻的父親與母親同住；1980年降至61%；2014年則降為46%。
2. Amy Chua. *Battle Hymn of the Tiger Mother*. New York: Penguin Press, 2011.
3. Tanith Carey. *Taming the Tiger Parent: How to Put Your Child's Well-being First in a Competitive World*. London: Constable and Robinson, 2014.
4. Anne T. Henderson, Karen L. Mapp, and Amy Averett. *A New Wave of Evidence: The Impact of School, Family, and Community Connections on Student Achievement*. Austin, TX: National Center for Family and Community Connections with Schools, 2002.
5. 參注同上。
6. “Organizing Schools for Improvement: Lessons from Chicago.” University of Chicago Urban Education Institute, January 30, 2010., <http://uei.uchicago.edu/news/article/organizing-schools-improvement-

lessons-chicago>.

7. 參注同上。
8. Patrick F. Bassett. "When Parents and Schools Align." Independent School, Winter 2009., <http://www.nais.org/Magazines-Newsletters/ISMagazine/Pages/When-Parents-and-Schools-Align.aspx>.
9. 參注同上。
10. http://www.blueschool.org.
11. "National Standards for Family-School Partnerships." National PTA., <http://www.pta.org/programs/content.cfm?ItemNumber=3126&navItemNumber=3983>.
12. Otha Thornton. "Families: An Essential Ingredient for Student Success and Excellent Schools." HuffingtonPost.com, April 29, 2014. , <http://www.huffingtonpost.com/otha-thornton/families-an-essential-ing_b_5232446.html>.
13. U.S. Dept. of Education. "Partners in Education: A Dual Capacity-Building Framework for Family–School Partnerships.", <http://www2.ed.gov/documents/family-community/partners-education.pdf>.
14. U.S. Dept. of Education, "Partners in Education."
15. *Home-to-School Connections Resource Guide*. Edutopia., <http://www.edutopia.org/home-to-school-connections-resource-guide>.
16. http://www.familiesinschools.org/about-us/mission-history/.
17. "Fast Facts." National Center for Education Statistics., <http://nces.ed.gov/fastfacts/display.asp?id=91>.
18. Quinn Cummings. *The Year of Learning Dangerously: Adventures in Homeschooling*. New York: Penguin Group, 2012.
19. Logan LaPlante. "Hackschooling Makes Me Happy." TEDx Talks: University of Nevada., <https://www.youtube.com/watch?v=h11u3vtcpaY&feature=kp>.
20. Lisa Miller. "Homeschooling, City-Style."NYMag.com, October 14, 2012., <http://nymag.com/guides/everything/urban-homeschooling-2012-10/>.

【第十章】改變氛圍

1. "South Carolina Loses Ground on "Nation's Report Card." *FITSNews South Carolina Loses Ground on Nations Report Card Comments*. November 7, 2013., <http://www.fitsnews.com/2013/11/07/south-carolina-loses-ground-on-nations-report-card/>.
2. C. M. Rubin. "The Global Search for Education: Creative China." HuffingtonPost. com, August 10, 2014., <http://www.huffingtonpost.com/c-m-rubin/the-global-search-for-edu_b_5665681.html>.
3. Ian Johnson. "Solving China's Schools: An Interview with Jiang Xueqin. *New York Review of Books* blog, April 8, 2014., <http:// www.nybooks.com/blogs/nyrblog/2014/apr/08/china-school-reform-jiang-xueqin/>.
4. C. M. Rubin. "The Global Search for Education: The Middle East." HuffingtonPost.com, August 5, 2014., <http://www.huffingtonpost.com/c-m-rubin/the-global-search-for-edu_b_5651935.html>.
5. ASK's mission statement at http://www.ask-arabia.com/?page_id=644.
6. Rubin. "The Global Search for Education: The Middle East."
7. 芬蘭教育暨科學部長克莉斯塔・庫魯（Krista Kiuru）在講到教改計畫時說：「我們一定要以強而有力的行動發展芬蘭……我們不只需要學界和教育界的專家、政策制定者的參與，也需要聆聽學生代表和家長的聲音……我們必須找到增強並持續學習和念書動機的重要因素，將學校改變成一個學生想待在裡頭的好環境。」
8. John Taylor Gatto. *Weapons of Mass Instruction: A Schoolteacher's Journey Through the Dark World of Compulsory Schooling*. Gabriola Island, BC: New Society, 2009.
9. Diane Ravitch. *Reign of Error: The Hoax of the Privatization Movement and the Danger to America's Public Schools*. New York: Vintage, 2014.

10. Adapted by T. Brighouse from T. Knoster (1991). Presentation at TASH Conference, Washington, D.C. (Adapted by Knoster from Enterprise Group Ltd.)
11. 參注同上。

【結語】為了所有人的革命

1. Maria Montessori and Anne E. George. *The Montessori Method*. New York: Schocken, 1964.
2. "How Many Montessori Schools Are There?" North American Montessori Teacher's Assoc., < http://www.montessori-namta.org/FAQ/Montessori-Education/How-many-Montessori-schools-are-there>.
3. "What Is Steiner Education?" Steiner Waldorf Schools Fellowship., <http://www.steinerwaldorf.org/steiner-education/what-is-steiner-education/>.
4. http://www.summerhillschool.co.uk/about.php.

教育教養 BEP019A

讓天賦發光

Creative Schools

The Grassroots Revolution That's Transforming Education

作　者 — 肯・羅賓森（Ken Robinson）、盧・亞若尼卡（Lou Aronica）
譯　者 — 卓妙容

總編輯 — 吳佩穎
責任編輯 — 方意文（特約）
封面暨內頁設計 — 張議文

出版者 — 遠見天下文化出版股份有限公司
創辦人 — 高希均、王力行
遠見・天下文化 事業群榮譽董事長 — 高希均
遠見・天下文化 事業群董事長 — 王力行
天下文化社長 — 林天來
國際事務開發部兼版權中心總監 — 潘欣
法律顧問 — 理律法律事務所陳長文律師
著作權顧問 — 魏啟翔律師
社址 — 台北市 104 松江路 93 巷 1 號 2 樓
讀者服務專線 —（02）2662-0012
傳　真 —（02）2662-0007；2662-0009
電子信箱 — cwpc@cwgv.com.tw
直接郵撥帳號 — 1326703-6 號　遠見天下文化出版股份有限公司

電腦排版 — 立全電腦印前排版有限公司
製版廠 — 中原造像股份有限公司
印刷廠 — 中原造像股份有限公司
裝訂廠 — 中原造像股份有限公司
登記證 — 局版台業字第 2517 號
總經銷 — 大和書報圖書股份有限公司　電話／(02)8990-2588
出版日期 — 2015 年 6 月 25 日第一版
2018 年 10 月 11 日第二版
2023 年 11 月 28 日第二版第 3 次印行

國家圖書館出版品預行編目(CIP)資料

讓天賦發光 / 肯.羅賓森(Ken Robinson), 盧.亞若尼卡(Lou Aronica)著；卓妙容譯. -- 第一版. -- 臺北市：遠見天下文化, 2015.06
面；　公分
譯自：Creative Schools：The Grassroots Revolution That's Transforming Education
ISBN 978-986-320-741-2(平裝)

1.創造思考教學 2.創造力

521.426　　104008372

定價 — 420 元

EAN — 4713510945810
英文版 ISBN — 978-0-670-01671-6
書號 — BEP019A
天下文化官網 — bookzone.cwgv.com.tw

天下文化

BELIEVE IN READING